Organisation und Pädagogik

Herausgegeben von
Michael Göhlich, Erlangen, Deutschland

Michael Göhlich • Susanne Maria Weber
Halit Öztürk • Nicolas Engel
(Hrsg.)

Organisation und kulturelle Differenz

Diversity, Interkulturelle Öffnung, Internationalisierung

 Springer VS

Herausgeber
Prof. Dr. Michael Göhlich
Universität Erlangen-Nürnberg
Erlangen, Deutschland

Prof. Dr. Susanne Maria Weber
Philipps-Universität Marburg
Marburg, Deutschland

Halit Öztürk
Universität Erlangen-Nürnberg
Erlangen, Deutschland

Nicolas Engel
Universität Erlangen-Nürnberg
Erlangen, Deutschland

ISBN 978-3-531-19479-0   ISBN 978-3-531-19480-6 (e-Book)
DOI 10.1007/978-3-531-19480-6

Die Deutsche Nationalbibliothek verzeichnet diese Publikation in der Deutschen Nationalbibliografie; detaillierte bibliografische Daten sind im Internet über http://dnb.d-nb.de abrufbar.

Springer VS
© VS Verlag für Sozialwissenschaften | Springer Fachmedien Wiesbaden GmbH 2012

Einbandentwurf: KünkelLopka GmbH, Heidelberg

Gedruckt auf säurefreiem und chlorfrei gebleichtem Papier

Springer VS ist eine Marke von Springer DE. Springer DE ist Teil der Fachverlagsgruppe
Springer Science+Business Media.
www.springer-vs.de

Inhaltsverzeichnis

Verzeichnis der Autorinnen und Autoren

Birgit Althans, Prof. Dr. Universität Trier, Abteilung Sozialpädagogik I, Universitätsring 15, 54296 Trier, Deutschland
E-Mail: Althans@uni-trier.de

Bünyamin Aslan, M.A. Institut für Erziehungswissenschaft, Lehrstuhl Vergleichende Erziehungswissenschaft, Ruhr Universität Bochum, 44780 Bochum, Deutschland
E-Mail: Buenyamin.Aslan@ruhr-uni-bochum.de

Julia Elven, Dipl.-Soz., wissenschaftliche Mitarbeiterin Institut für Erziehungswissenschaft, Philipps-Universität Marburg, Bunsenstr. 3, 35032 Marburg, Deutschland
E-Mail: Julia.Elven@staff.uni-marburg.de

Nicolas Engel, M.A., wissenschaftlicher Mitarbeiter Friedrich-Alexander-Universität Erlangen-Nürnberg, Institut für Pädagogik, Bismarckstr. 1a, 91054 Erlangen, Deutschland
E-Mail: Nicolas.Engel@paed.phil.uni-erlangen.de

Julia Franz, Dr., wissenschaftliche Mitarbeiterin Lehrstuhl für allgemeine Erziehungswissenschaft I, Friedrich-Alexander-Universität Erlangen-Nürnberg, Regensburger Str. 160, 90478 Nürnberg, Deutschland
E-Mail: Julia.Franz@ewf.uni-erlangen.de

Dorota Gierszewski, Dr., wissenschaftliche Mitarbeiterin am Lehrstuhl für Sozialpädagogik und Erwachsenenbildung, Instytut Pedagogiki UJ, Jagiellonen Universität Krakau, ul. Batorego 12, 31–135, Kraków, Deutschland
E-Mail: d.gierszewski@uj.edu.pl

Mechthild Gomolla, Univ.-Prof. Dr. phil. Helmut-Schmidt-Universität Hamburg, Holstenhofweg 85, 22043 Hamburg, Deutschland
E-Mail: Gomolla@hsu-hh.de

Michael Göhlich, Prof. Dr. phil., Inhaber des Lehrstuhls für Pädagogik I Institut für Pädagogik, Friedrich-Alexander-Universität Erlangen-Nürnberg, Bismarckstr. 1a, 91054 Erlangen, Deutschland
E-Mail: Michael.Goehlich@paed.phil.uni-erlangen.de

Alisha M. B. Heinemann, Dipl.-Päd., wissenschaftliche Mitarbeiterin Arbeitsbereich lebenslanges Lernen, Universität Hamburg, Binderstr. 34, 20146 Hamburg, Deutschland
E-Mail: Alisha.Heinemann@uni-hamburg.de

Thomas Höhne, M.A., wissenschaftlicher Mitarbeiter Institut für Pädagogik, Friedrich-Alexander-Universität Erlangen-Nürnberg, Bismarckstr. 1 ½, 91054 Erlangen, Deutschland
E-Mail: Thomas.Hoehne@paed.phil.uni-erlangen.dez

Katharina Iseler, Dr. phil., Dipl. Sozarb./-päd., Akademische Rätin Institut für Pädagogik, Friedrich-Alexander-Universität Erlangen-Nürnberg, Bismarckstr. 1 ½, 91054 Erlangen, Deutschland
E-Mail: Katharina.Iseler@paed.phil.uni-erlangen.de

Yasemin Karakasoglu, Prof. Dr., Konrektorin der Universität Bremen für Interkulturalität und Internationalität Universität Bremen, Fachbereich 12, Bibliothekstr. GW2 A2460, 28334 Bremen, Deutschland
E-Mail: Karakasoglu@uni-bremen.de

Nicole Kimmelmann, Prof. Dr., Juniorprofessorin für Berufliche Kompetenzentwicklung Fachbereich Wirtschaftswissenschaften, Friedrich-Alexander-Universität Erlangen-Nürnberg, Lange Gasse 20, 90403 Nürnberg, Deutschland
E-Mail: Nicole.Kimmelmann@wiso.uni-erlangen.de

Matthias Klemm, Dr., wissenschaftlicher Mitarbeiter Institut für Soziologie, Friedrich-Alexander-Universität Erlangen-Nürnberg, Bismarckstr. 8, 91054 Erlangen, Deutschland
E-Mail: Matthias.Klemm@soziol.phil.uni-erlangen.de

Westfälische Wilhelms-Universität Münster, Scharnhorstr. 121, 48151 Münster, Deutschland
E-Mail: Klemm@uni-muenster.de.

Susanne Krogull, wissenschaftliche Mitarbeiterin Lehrstuhl für Allgemeine Erziehungswissenschaft I, Friedrich-Alexander-Universität Erlangen-Nürnberg, Regensburger Str. 160, 90478 Nürnberg, Deutschland
E-Mail: Susanne.Krogull@ewf.uni-erlangen.de

Juliane Lamprecht, Dr., wissenschaftliche Mitarbeiterin im Arbeitsbereich Qualitative Bildungsforschung Fachbereich Erziehungswissenschaft und Psychologie, Freie Universität Berlin, Arnimallee 11, 14195 Berlin, Deutschland
E-Mail: j.lamprecht@fu-berlin.de

Regine Mickler, Dipl.-Päd., wissenschaftliche Mitarbeiterin im Arbeitsbereich Erwachsenenbildung/außerschulische Jugendbildung Institut für Erziehungswissenschaft, Philipps-Universität Marburg, Bunsenstr. 3, 35032 Marburg, Deutschland
E-Mail: j.lamprecht@fu-berlin.de

Halit Öztürk, Prof. Dr., Professur für Pädagogik unter besonderer Berücksichtigung interkultureller und internationaler Pädagogik Institut für Pädagogik, Friedrich-Alexander-Universität Erlangen-Nürnberg, Bismarckstr. 1a, 91054 Erlangen, Deutschland
E-Mail: Halit.Oeztuerk@paed.phil.uni-erlangen.de

Steffi Robak, Prof. Dr., Professorin für Bildung im Erwachsenenalter / Interkulturelle Bildung Institut für Berufspädagogik und Erwachsenenbildung, Leibniz Universität Hannover, Schloßwender Str. 1, 30159 Hannover, Deutschland
E-Mail: Steffi.Robak@ifbe.uni-hannover.de

Carolin Rotter, Prof. Dr., Juniorprofessorin für Schulpädagogik/Schulentwicklung, Umgang mit Heterogenität Fakultät für Erziehungswissenschaft, Psychologie und Bewegungswissenschaft, Universität Hamburg, Fachbereich Erziehungswissenschaft 2, Von-Melle-Park 8, 20146 Hamburg, Deutschland
E-Mail: Carolin.Rotter@uni-hamburg.de

Michael Schemmann, Prof. Dr., Professor am Institut für Erziehungswissenschaft mit dem Schwerpunkt Weiterbildung Institut für Erziehungswissenschaft, Justus-Liebig-Universität Gießen, Karl-Glöckner-Str. 21, Haus B, 35394 Gießen, Deutschland
E-Mail: Michael.Schemmann@erziehung.uni-giessen.de

Annette Scheunpflug, Prof. Dr., Inhaberin des Lehrstuhl für Allgemeine Erziehungswissenschaft I Institut für Erziehungswissenschaft, Friedrich-Alexander-Universität Erlangen-Nürnberg, Regensburger Str. 160, 90478 Nürnberg, Deutschland
E-Mail: Annette.Scheunpflug@ewf.uni-erlangen.de

Altmann-Stadler Ulrike, Prof. Dr., Professorin für Schulpädagogik/Allgemeine Didaktik mit dem Schwerpunkt Schulentwicklung Institut für Pädagogik, Universität Koblenz-Landau, Universitätsstr. 1, 56070 Koblenz, Deutschland
E-Mail: Stadler-Altmann@uni-koblenz.de

Daniel Schönefeld, Dipl.-Soz., Doktorand am Lehrstuhl von Prof. Dr. Stephan Wolff Institut für Sozial- und Organisationspädagogik, Universität Hildesheim, Marienburger Platz 22, 31141 Hildesheim, Deutschland
E-Mail: Wolff.S@t-online.de

Susanne Weber, M., Prof. Dr. phil., Professorin für gesellschaftliche, politische und kulturelle Rahmenbedingungen von Bildung und Erziehung; Arbeitsbereich Innovation, Organisation, Netzwerke Institut für Erziehungswissenschaft, Philipps-Universität Marburg, Bunsenstr. 3, 35032 Marburg, Deutschland
E-Mail: Susanne.Maria.Weber@staff.uni-marburg.de

Stephan Wolff, Prof. Dr., Professor am Institut für Sozial- und Organisationspädagogik, Wissenschaftlicher Leiter des Weiterbildungsstudiengangs „Organization Studies" Institut für Sozial- und Organisationspädagogik, Universität Hildesheim, Marienburger Platz 22, 31141 Hildesheim, Deutschland
E-Mail: Wolff.S@t-online.de

Martine Wiltzius, M.A., Geschäftsführerin 1–3, rue Comte d'Autel, Diversity & Dialogue S.à.r.l., 7515 Luxembourg, Mersch, Deutschland
E-Mail: Martine.Wiltzius@dialogue.lu

Organisation und kulturelle Differenz

Eine Einführung aus pädagogischer Sicht

Michael Göhlich

Organisationen sind wesentliche Bestandteile unserer Gesellschaft und zum eigenen Fortbestehen auf ihre Weiterentwicklung in Auseinandersetzung mit gesellschaftlichen Entwicklungen angewiesen. Die Wahrnehmung und Gestaltung kultureller Differenz gehört zu diesen gesellschaftlichen Entwicklungen, mit denen die Organisationen Schritt halten müssen und die sie selbst proaktiv mitgestalten können (bzw. im spezifischen Fall der pädagogischen Organisationen: sollen). Aus organisationspädagogischer Sicht interessiert die auf kulturelle Differenz bezogene Weiterentwicklung der Organisationen als organisationaler Lernprozess, aber auch umgekehrt die Mitwirkung der Organisationen an der Gestaltung des Umgangs mit kultureller Differenz.

Im vorliegenden Beitrag wird zunächst der gesellschaftliche Hintergrund skizziert, vor dem das Verhältnis von Organisation und kultureller Differenz zu behandeln ist. Im zweiten Schritt geht es darum, die Spezifik der pädagogischen Perspektive zu verdeutlichen. Die dann folgenden vier Schritte nehmen die Systematik auf, die den vorliegenden Band insgesamt bestimmt: So werden das Verhältnis von Organisationen und kultureller Differenz, die Diversität in Organisationen, die Interkulturelle Öffnung sowie die Organisationen in internationalem Kontext aus einer pädagogischen Perspektive behandelt, bevor ein Resümee den Beitrag abschließt.

M. Göhlich (✉)
Institut für Pädagogik, Friedrich-Alexander-Universität Erlangen-Nürnberg,
Bismarckstr. 1a, 91054 Erlangen, Deutschland
E-Mail: Michael.Goehlich@paed.phil.uni-erlangen.de

M. Göhlich et al. (Hrsg.), *Organisation und kulturelle Differenz*,
Organisation und Pädagogik 12, DOI 10.1007/978-3-531-19480-6_1,
© VS Verlag für Sozialwissenschaften | Springer Fachmedien Wiesbaden GmbH 2012

1

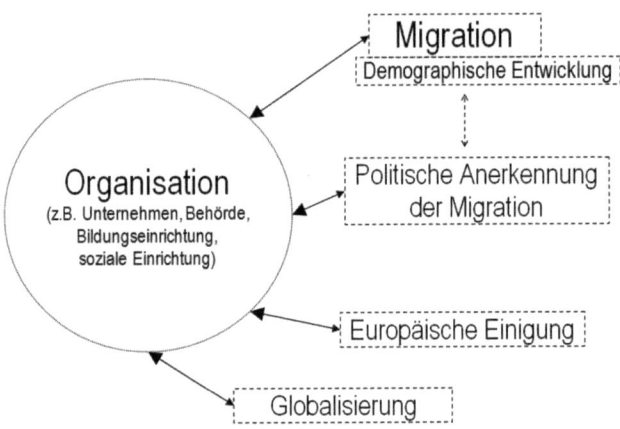

Abb. 1 Gesellschaftliche Entwicklungen als Kontextfaktoren von Organisationen

1 Gesellschaftlicher Hintergrund

Betrachten wir Organisationen als Systeme, so ist zu ihrem Verständnis immer auch nach ihrer Umwelt zu fragen. Auch wenn seit den kontingenztheoretischen Ansätzen der 60er Jahre klar ist, dass Organisationen mit verschiedenen Organisationszwecken sich auf durchaus verschiedene Umwelten, z. B. im einen Fall auf die Wissenschaft, im anderen Fall auf den Markt, beziehen (vgl. Lawrence und Lorsch 1967), stehen diese doch darüber hinaus im Kontext der Gesellschaft insgesamt und deren Entwicklung. Mit dem gut zehn Jahre später einsetzenden Neoinstitutionalismus (vgl. Meyer und Rowan 1977; DiMaggio und Powell 1983) ist zudem deutlich geworden, dass Organisationen institutionelle Elemente aus diesem gesellschaftlichen Kontext, beispielsweise die Diskurse um Gender, Ökologie und Qualität in Form von Frauenbeauftragten, Öko-Audit und Qualitätsmanagement, in sich aufnehmen. Um fortzubestehen, kommen Organisationen nicht an der Auseinandersetzung mit der gesellschaftlichen Entwicklung vorbei. Was unser Thema angeht, so sind vor allem vier Phänomene der gesellschaftlichen Entwicklung von Bedeutung: Migration (in Kombination mit der allgemeinen Bevölkerungsentwicklung), politische Anerkennung der Migration, Europäisierung, Globalisierung (Abb. 1).

Dass die migrantische Bevölkerung jahrzehntelang als Provisorium, als eigentlich nicht bzw. nicht eigentlich zu dieser Gesellschaft Gehörendes behandelt wurde, steht außer Frage. Weniger eindeutig sind die Gründe dafür und in der Folge die Gründe für den Wandel. Neben tradierten Stereotypen und identitätsstiftender Grenz- und Mitgliedschaftskontrolle der Gesellschaft hat die überkommene Haltung vermutlich auch mit dem demographischen Mengenverhältnis und mit den Chancen dauerhafter direkter interkultureller Kommunikation zu tun. Nicht zufällig erscheint die kulturelle Differenz in Großstädten mit einem hohen Anteil von Einwohnern mit Migrationshintergrund (z. B. Stuttgart, Nürnberg) vergleichsweise akzeptiert, hingegen gerade in jenen Bundesländern besonders konfliktär, in denen vergleichsweise sehr wenige Menschen mit Migrationshintergrund leben (vgl. Münch 2006; Lynen von Berg et al. 2004). Ein Blick auf die Alterspyramide (vgl. Die Beauftragte der Bundesregierung 2010, S. 614), insbesondere auf die Altersstufen von 0 bis 15, zeigt, dass die zunehmende Relevanz gelingender Interkulturalität demographisch weniger in der Zunahme der Bevölkerung mit Migrationshintergrund, als vielmehr in der Abnahme der nicht-migrantischen Bevölkerung begründet ist. Schon demographisch betrachtet, kann unsere Gesellschaft nur als Ensemble aller Gruppen fortbestehen.

Dass Organisationen sich inzwischen mit Migration, Diversität, Interkulturalität u. ä. auseinandersetzen, ist jedoch nicht nur demographisch, sondern auch politisch begründet. Die Entscheidung der rot-grünen Bundesregierung Ende der 1990er Jahre, Deutschland offiziell als Einwanderungsland zu kennzeichnen, und auch – trotz mancher Kritik – das neue Staatsbürgerschaftsrecht von 2000 gaben dem gesellschaftlichen und damit letztlich auch dem organisationalen Bemühen um Interkulturalität einen enormen Schub.

Als dritte Bedingung – neben faktischer Migrationsbevölkerung und politischer Anerkennung dieses Faktums – ist die Europäisierung durch den Vertrag von Maastricht 1992 zu nennen, die sich in der zeitgleichen Einrichtung expliziter Europaschulen (vgl. Göhlich 1998) und in europäischen Regelungen der Hochschul- und Berufsbildung niederschlug. Mit der territorialen Ausdehnung des Schengener Abkommens hat die Europäisierung einen weiteren Schub erhalten, der sich nicht nur, aber insbesondere auf Organisationen in den Grenzregionen, genauer: auf deren Umgang mit kulturellen Übersetzungszwängen, auswirkt (vgl. Göhlich et al. 2011; Engel 2012).

Als vierter Faktor des gesellschaftlichen Hintergrunds, vor dem sich Organisationen zu kultureller Differenz verhalten, ist schließlich die Globalisierung zu nennen. Weltweites Operieren und die damit verbundene Auseinandersetzung mit den jeweiligen Kulturen vor Ort ist nicht mehr nur der Politik und den Großunternehmen (vgl. Wortmann et al. o J) vorbehalten, sondern zunehmend auch für Klein- und Mittelunternehmen, Soziale Organisationen und Bildungsorganisationen von Bedeutung.

2 Die pädagogische Perspektive

Dass Organisationen angesichts der Kombination der vier benannten Entwicklungen ihres gesellschaftlichen Kontextes nicht mehr am Faktum kultureller Differenz und am Postulat der Gestaltung von Interkulturalität vorbei kommen, liegt auf der Hand. Tatsächlich stellen sich Organisationen zunehmend dem Thema. Auch die im vorliegenden Band publizierten Studien machen dies deutlich. Bestanden der pädagogische Diskurs zu Migration, Globalisierung, Europäisierung, Diversität und Integration einerseits und der pädagogische Diskurs zu Organisation(sentwicklung), Personal(entwicklung) und (Bildungs-)Management andererseits bislang getrennt, so besteht die neue Nuance – die dieser Band zu den einschlägigen Diskursen beisteuern möchte – darin, den Zusammenhang von Organisation und kultureller Differenz, wenngleich durchaus mit Hilfe interdisziplinärer Beiträge, doch aus primär pädagogischem Interesse zu untersuchen.

Worin besteht nun dieses Interesse, was macht die pädagogische Perspektive aus? Diese lässt sich aus der Allgemeinen Pädagogik, aber auch aus den beiden für die Themengebiete spezifisch ausgebildeten Teildiskursen der Organisationspädagogik und der Interkulturellen Pädagogik entwickeln.

Allgemein lässt sich Pädagogik als Wissenschaft und Kunst der Unterstützung menschlichen Lernens bestimmen. Mit dieser Definition schließen wir an Giesecke (1987), der die „Ermöglichung des Lernens" als zentrale Aufgabe pädagogischen Handelns ausgewiesen hat, ebenso an wie an den finnischen Pädagogen Engeström (1999), der Pädagogik als Ermöglichung expansiven Lernens fasst, oder an Faulstich (1996; Faulstich und Zeuner 2008), der speziell Erwachsenenbildung als „Lernvermitteln" bezeichnet. Ausdrücklich vermerkt sei, dass der Ausdruck „menschliches Lernen" das pädagogische Argument der Menschwerdung des Menschen aufgreift. Als Prozess und Resultat eines sinnhaften Dialogs mit einem sachlichen oder lebendigen Anderen enthält menschliches Lernen stets die Anerkennung dieses Anderen und die Verantwortung für das eigene Verhältnis zu diesem Anderen.

Diese pädagogische Perspektive lässt sich sowohl in der Organisationspädagogik als auch in der Interkulturellen Pädagogik als den beiden für unser Thema besonders relevanten Teildisziplinen der Pädagogik wiederfinden.

So heißt es im 2006 publizierten Antrag zur Einrichtung der Kommission Organisationspädagogik:

> Durch Organisationen werden Anforderungen an das menschliche Handeln ebenso gestellt, wie Organisationen nach Maßgabe humaner Kriterien gestaltet werden können. In den komplexen Vorgängen moderner Gesellschaften rücken Organisationen oft in den Status von Akteuren. Organisationen werden damit zu Adressaten von Reformen und zu Akteuren von Entwicklungs- und Lernprozessen. Globalisierung, Virtualisierung und demographischer Wandel bringen eine Fülle von Veränderun-

gen mit sich, auf die sich die Gesellschaft des 21. Jahrhunderts einstellen muss. Dies gilt auch und gerade für ihre Organisationen, seien es Schulen, Kindertagesstätten, Heime, Kliniken oder Betriebe. Organisationen (…) müssen sich heute international ausrichten, interkulturell verorten und ggf. eine transkulturelle Identität gewinnen. (…) All diese Entwicklungen erfordern nicht nur individuelles (…) Lernen, sondern auch überindividuelle, kollektive, organisationale Lernprozesse, sie erfordern die von den Organisationen zu betreibende Weiterentwicklung ihrer selbst. Diese Weiterentwicklung antwortet nicht nur (bildungs-)technologisch auf die genannten gesellschaftlichen Entwicklungen, sondern verantwortet sie mit (…). Die Unterstützung solcher Lern- und Entwicklungsprozesse ist eine pädagogische Aufgabe. (Homepage Kommission Organisationspädagogik)

Schon im damaligen Antrag wurde Interkulturalisierung als Lernprozess von Organisationen thematisiert. Auch das allgemeinpädagogische Argument des Zusammenhangs von menschlichem Lernen und Verantwortung ist wieder zu erkennen. Solche Betonung des normativen Moments findet sich in den organisationspädagogischen Publikationen Geißlers (2000), bei ihm unter Bezug auf Habermas, Argyris/Schön und Meueler diskursethisch begründet, ebenso wie in den organisationspädagogischen Arbeiten von Rosenbusch (2005), bei ihm unter Bezug auf Honneth anerkennungstheoretisch begründet. Dass das Verhältnis von normativer Orientierung und empirischer Forschung in der Pädagogik generell, auch in der Organisationspädagogik, umstritten ist, sei angemerkt, soll aber hier nicht weiter erörtert werden.

Zusammenfassend können wir festhalten, dass der organisationspädagogische Blick auf das Verhältnis von Organisation und Interkulturalität danach fragt, welche Lernchancen, Lernhindernisse und Lernfolgen sich für die Organisationen im Umgang mit kulturellen Differenzen und kultureller Diversität ergeben.

In der Interkulturellen Pädagogik lässt sich die eingangs benannte allgemeinpädagogische Perspektive ebenfalls wieder finden. So fasst Auernheimer (2007, 2010) als Aufgabe Interkultureller Pädagogik, die Sensibilisierung für Differenzen mit der Bewusstmachung von Ungleichheit zu verbinden, und erklärt dementsprechend Anerkennung und Gleichheit zu den beiden Leitmotiven Interkultureller Pädagogik. Angesichts der Nähe dieser interkulturell-pädagogischen Perspektive zur oben formulierten allgemeinpädagogischen Sicht, dass menschliches Lernen stets die Anerkennung des Anderen und die Verantwortung für das eigene Verhältnis zu diesem Anderen enthält, fällt die Zustimmung zu Auernheimers interkulturell-pädagogischer Perspektive nicht schwer. Ob der Weg hin zu Anerkennung und Gleichheit mittels dieser beiden Leitmotive ausreichend bestimmt werden kann, wäre zu prüfen. Vermutlich bedarf der Weg bzw. das Medium zur Erlangung des Ideals eines Ebenen- bzw. Modus-spezifischen Leitmotivs. Als solches mediales bzw. modales Leitmotiv bietet sich „Übersetzen" an, verstanden als Differenzbearbeitung, die um die Gleichheit des Verschiedenen ringt und die Verschiedenheit

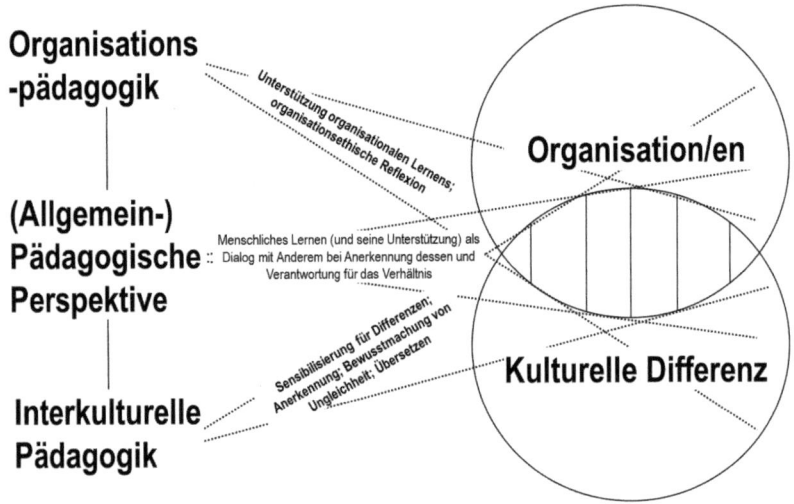

Organisations
-pädagogik

(Allgemein-)
Pädagogische
Perspektive

Interkulturelle
Pädagogik

Unterstützung organisationalen Lernens; organisationsethische Reflexion

Menschliches Lernen (und seine Unterstützung) als
Dialog mit Anderem bei Anerkennung dessen und
Verantwortung für das Verhältnis

Sensibilisierung für Differenzen;
Anerkennung; Bewusstmachung von
Ungleichheit; Übersetzen

Organisation/en

Kulturelle Differenz

Abb. 2 Pädagogische Perspektiven auf Organisation/en und kulturelle Differenz

des Gleichen anerkennt. Bei der Bestimmung des Übersetzens als modales Leitmotiv kann die interkulturelle Pädagogik an den translational turn in den Kulturwissenschaften anschließen (vgl. Bachmann-Medick 2006; Abb. 2).

Fassen wir die pädagogische Perspektive zusammen: Ihr Fokus ist menschliches
Lernen und seine Unterstützung. Dabei enthält menschliches Lernen stets die Anerkennung des Anderen, mit dem sich auseinanderzusetzen der Kern des Lernens
ist, sowie die Verantwortung für dieses Lernverhältnis. Organisationen interessieren als von Menschen gestiftete Sozialgebilde, die als solche einer Weiterentwicklung im Sinne menschlichen Lernens fähig sind. Interkulturalität interessiert als im
Medium des Übersetzens mögliches Ringen um Anerkennung der Differenzen bei
gleichzeitiger Bewusstmachung etwaiger Ungleichheit.

3 Zum Verhältnis von Organisation(en) und kultureller
Differenz

Aus dem bis hier Ausgeführten geht schon hervor, dass das Verhältnis von Orga-
nisation(en) und kultureller Differenz der Bearbeitung bedarf und dass diese Bearbeitung in Theorie und Praxis – die zweifellos seitens unterschiedlicher Diszipli-

nen bzw. interdisziplinär erfolgen kann und muss – nicht zuletzt eine pädagogische Aufgabe ist. Es geht aus pädagogischer Sicht darum, dass und wie sich Organisationen als menschliche Sozialgebilde in ihrem Umgang mit kultureller Differenz (im Hinblick auf eine Anerkennung der Differenzen bei gleichzeitiger Bewusstmachung etwaiger Ungleichheit) weiter entwickeln. Es geht aber auch darum, dass und wie speziell die pädagogischen Organisationen (z. B. Kitas, Schulen, Erwachsenenbildungseinrichtungen) den gesellschaftlichen Umgang mit kultureller Differenz bearbeiten. Dies können die pädagogischen Organisationen wiederum nur, wenn sie ihren eigenen Umgang mit kultureller Differenz reflektieren und sich ggf. selbst hinsichtlich ihres Umgangs mit kultureller Differenz weiter entwickeln.

Einige der bezüglich des Verhältnisses von Organisation(en) und kultureller Differenz gegebenen theoretischen Fragen werden im ersten Teil des vorliegenden Bandes von Gomolla, Elven/Weber, Engel, Franz/Stadler-Altmann und Schemmann erörtert. Mechtild Gomolla spannt im Rückgriff auf die Gerechtigkeitstheorie Nancy Frasers einen analytischen Orientierungsrahmen, um die programmatische Möglichkeit einer Verbindung von diskriminierungskritischer pädagogischer Arbeit mit der Entwicklung pädagogischer Organisationen unter Zielen der Inklusion und Gleichstellung auszuloten und diskutiert vor diesem theoretischen Hintergrund politische und pädagogische Antworten auf die Erfordernisse der Migration. Der Beitrag von Julia Elven und Susanne Weber zielt darauf, den Kulturbegriff und den Organisationsbegriff (v. a. unter Rekurs auf Bourdieu) praxistheoretisch zu schärfen und so für die Analyse kultureller Differenz in organisationalen Kontexten fruchtbar zu machen. Nicolas Engel fragt in seinem Beitrag danach, inwiefern sich organisationale Praktiken grenzüberschreitender Verständigung und Kooperation als unabgeschlossene Vorgänge des Nicht-Verstehens beschreiben lassen und wie darin organisationales Lernen erkennbar wird. Im Mittelpunkt des Beitrags von Julia Franz und Ulrike Stadler-Altmann steht die Frage, welche Möglichkeiten ein systemtheoretisch orientierter Kulturbegriff als Analyseperspektive für empirische Untersuchungen in Bildungsorganisationen bietet. Michael Schemmann schließlich untersucht am Beispiel des gemeinsamen europäischen Referenzrahmens für Sprachen, wie Institutionen in einem internationalen Kontext entwickelt werden und wie Prozesse des Institutionenwandels, hier konkret: die Etablierung des Referenzrahmens, in einzelnen Organisationen verlaufen.

4 Diversität in Organisationen

Bei der Behandlung der Frage der Diversität in Organisationen ist präsent zu halten, dass deren Abgrenzung gegenüber der Frage der Interkulturellen Öffnung (s. u. Abschn. 5) schwierig ist, insbesondere sobald bei Diversität auch von Diver-

sity Education und Diversity Management die Rede ist, also der Prozess bzw. die
Entwicklung hin zu mehr Diversität in den Blick genommen wird.

Was ist Diversität? International verbreitet ist die Definition von Lee Gardenswartz und Anita Rowe, zwei US-amerikanischen Pädagoginnen und Organisati-
onsberaterinnen:

> Diversity encompasses all of the ways that human beings are both similar and diffe-
> rent. It involves variations in factors we control as well as those over which we have
> no choice. This factors give us areas of commonality through which we can connect
> with others and aspects of difference from which we can learn. (Gardenswartz und
> Rowe 1998)

Vom Individuum ausgehend, unterscheiden sie vier Schichten von Diversität:
Persönlichkeit sowie internale (gender, ethnicity, physical ability u. a.), externale
(educational background, geographic location u. a.) und organisationale (management status, functional level u. a.) Dimensionen. Das Modell ist für uns insofern
hilfreich, als es die Partikularität sowohl speziell organisationaler als auch speziell
kultureller Diversität vor Augen führt. Der deutschsprachige Diskurs um die pädagogische Relevanz der Diversität referiert eher auf Annedore Prengels „Pädagogik
der Vielfalt" (1993). Sie führt Gender, Kultur und „special needs" als Vielfalt zusammen und argumentiert somit vor allem auf der zweiten der vier Schichten des
Gardenswartz/Rowe-Modells (Abb. 3).

Fragen wir speziell nach kultureller Diversität, so können wir etwa auf Dietz
(2007) zurückgreifen. In seiner Übersicht „Cultural Diversity. A Guide to the Debate" weist er zu Recht darauf hin, dass der Begriff „Diversity" im erziehungswissenschaftlichen Diskurs noch uneinheitlich gebraucht wird. Manchmal stehe der Begriff
für Ansätze, die Differenzen im pädagogischen Feld thematisieren. Das Konzept der
Differenz suggeriere allerdings die Möglichkeit einer scharfen Unterscheidung, die
doch zunehmend in Frage steht. Ähnlich kritisiert Mecheril (2006, S. 315):

> In der Fokussierung auf „kulturelle Differenz" wird das Gegenüber verfehlt, weil
> immer schon eine bestimmte Differenz vorausgesetzt ist und nicht aus der Bezogen-
> heit auf das Gegenüber zum Thema gemacht wird; insofern ist „kulturelle Differenz"
> produktiv, sie erzeugt ihr Gegenüber als kulturell Anderen und Fremden.

Ganz im Sinne der oben (s. Abschn. 2) ausgeführten pädagogischen Perspektive
postuliert er, dass die Differenz dem Allgemeinen nicht gegenüber steht, sondern
als das Allgemeine verstanden und deshalb fallspezifisch bedacht werden muss,
inwiefern Differenzen für eine bestimmte pädagogische Situation wirksam sind.
Während Mecheril beim – allerdings kritisch gewendeten – Begriff der Differenz
bleibt, weist Dietz auf die Option hin, das Konzept der Differenz durch das der

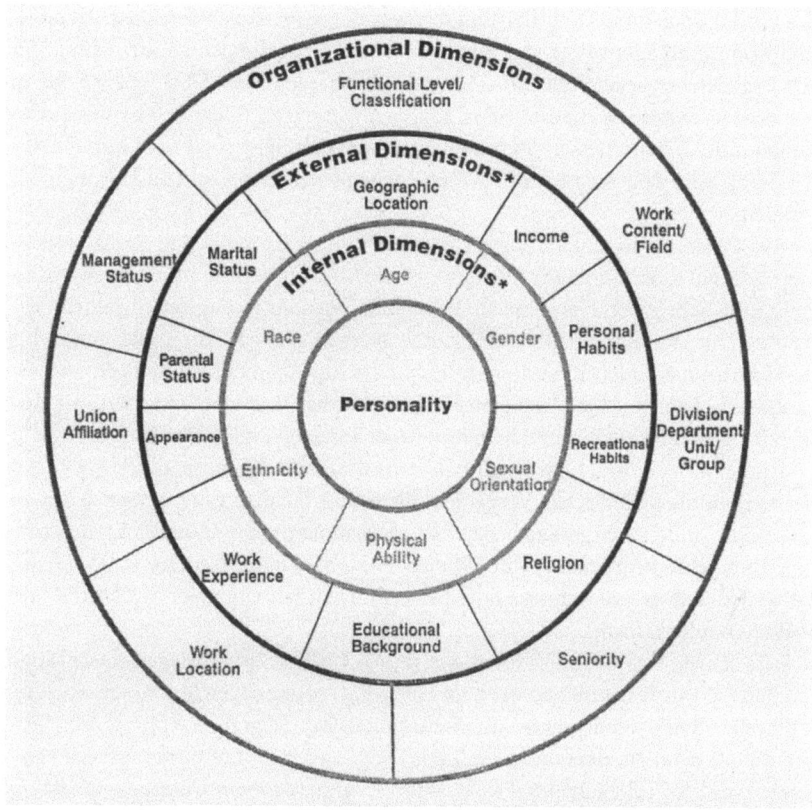

Abb. 3 Four Layers of Diversity. (Gardenswartz und Rowe 1998, S. 25)

Diversität zu ersetzen, weil dieses eben nicht den Unterschied, sondern das „over-lapping and crossing between sources of human variation" (Dietz 2007, S. 8) betont. Soweit die interkulturell-pädagogische Sicht, aus der Differenz und Diversität nicht als Abgrenzung oder Abweichung, sondern als allgemeine Bedingung pädagogischer Praxis interessieren.

Wenn wir nun organisationspädagogisch an das Thema herangehen, so ist zunächst zu konstatieren, dass Diversität Organisationen grundsätzlich Probleme bereitet. Dies gilt insbesondere für bürokratische Organisationen im Sinne Webers und tayloristische Organisationen. Denn Organisationen in diesem Sinne zielen ja auf Standardisierung. Sie gewinnen ihre Stärke aus der Standardisierung nicht nur

des Produktions- bzw. Dienstleistungsprozesses, sondern auch der Entscheidungs-
und Kommunikationswege, der Anreize für und Erwartungen an ihre Mitglieder
etc. Je gleichartiger alles abläuft – so dieses bis heute in Betrieben ebenso wie in
Schulen, in Behörden ebenso wie in Krankenhäusern zu findende Organisationsverständnis –, desto bessere Resultate werden erzielt. Diversität wird hier als Abweichung vom Standard begriffen und erscheint dementsprechend vorrangig als
Problem.

Aus Diversität wird dann rasch Diskriminierung. Gomolla und Radtke (2002)
haben dies in ihrer Studie zur institutionellen Diskriminierung am Beispiel der Organisation Schule deutlich gemacht. Eine bloße Sensibilisierung der einzelnen LehrerInnen im Hinblick auf Diversität kann, so ergibt sich aus der Studie, angesichts
des diskriminierenden Zusammenspiels politischer Rahmenbedingungen und organisatorischer Routinen wenig ausrichten, stattdessen müssten konzertierte Ak-
tionen auf unterschiedlichen Ebenen zugleich ansetzen (vgl. Gomolla 2005, S. 12).

Andererseits eröffnet Diversität den Organisationen Chancen zu lernen, zumal
das Lernen als dialogisches Verhältnis mit einem sachlich oder personell Anderen dieses Anderen ja gerade bedarf. So gesehen ist organisationales Lernen eine
organisationale Bearbeitung von Differenzen, die zu einer Neuerung des organisationalen Selbstverständnisses oder bestimmter organisationaler Strukturen und
Praktiken führen kann.

Wie schwer sich Organisationen mit diesen Chancen tun, belegen einschlägige
Studien. So wurde in einer an meinem Lehrstuhl entstandenen Studie zur Nutzung
kultureller Ressourcen junger MitarbeiterInnen mit Migrationshintergrund (Kucher 2007) deutlich, dass deren kulturelle Ressourcen in ihren international agierenden und auf solche kulturellen Ressourcen angewiesenen Unternehmen kaum
anerkannt oder gar genutzt werden.

Ausser Frage steht, dass sich Organisationen in ihrer Außendarstellung zunehmend um Diversität bemühen. Prominentes Beispiel hierfür ist die „Charta der
Vielfalt" (http://www.vielfalt-als-chance.de), die seit 2006 von inzwischen über 800
Unternehmen unterzeichnet wurde und von der Beauftragten der Bundesregierung
für Migration, Flüchtlinge und Integration unterstützt wird. Darin heißt es, dass
alle MitarbeiterInnen – unabhängig von Geschlecht, Rasse, Nationalität, ethnischer
Herkunft, Religion oder Weltanschauung, Behinderung, Alter, sexueller Orientierung und Identität – Wertschätzung erfahren sollen. Das jeweils unterzeichnende
Unternehmen werde

1) eine Unternehmenskultur pflegen, die von gegenseitigem Respekt und Wertschätzung jedes Einzelnen geprägt ist (…), 2) unsere Personalprozesse überprüfen und
sicherstellen, dass diese den vielfältigen Fähigkeiten und Talenten aller Mitarbeiterinnen und Mitarbeiter sowie unserem Leistungsanspruch gerecht werden, 3) die Vielfalt

der Gesellschaft innerhalb und außerhalb des Unternehmens anerkennen, die darin liegenden Potenziale wertschätzen und für das Unternehmen gewinnbringend einsetzen, 4) die Umsetzung der Charta zum Thema des internen und externen Dialogs machen, 5) über unsere Aktivitäten und den Fortschritt bei der Förderung der Vielfalt und Wertschätzung jährlich öffentlich Auskunft geben, 6) unsere Mitarbeiterinnen und Mitarbeiter über Diversity informieren und sie bei der Umsetzung der Charta einbeziehen. (http://www.vielfalt-als-chance.de, Link: „Die Charta im Wortlaut")

Die explizite Gewinnorientierung ändert nichts daran, dass die Charta einen großen Anspruch enthält. Eine wissenschaftliche Studie zur Umsetzung der Charta liegt meines Wissens bislang nicht vor, so dass nicht zu beurteilen ist, ob es sich hier um bloße Imagepflege handelt oder tatsächlich ein organisationaler Lernprozess einsetzt, der die Praxis der Organisationen verändert.

Als Beleg dafür, dass zumindest einzelne Organisationen auch intern ihren Umgang mit Diversität weiterentwickeln, lässt sich die Diversity-Strategie der Ford Aus- und Weiterbildung anführen, die Magdalene Kellner, eine Diplompädagogin, die als pädagogische Koordinatorin eben jener Ford Aus- und Weiterbildung arbeitet, beschreibt. Ford verfolgt laut Kellner (2009) schon seit 1996 einen Diversity-Ansatz, der die Unterschiedlichkeit der Beschäftigten als Chance und Potenzial sowohl für die Beschäftigten als auch für das Unternehmen versteht. Dabei geht es nicht allein um kulturelle Diversität, sondern um Diversität bezüglich der Lebensverhältnisse der MitarbeiterInnen (z. B. Kindererziehung, Angehörigenpflege, Geschlecht, sexuelle Orientierung und schließlich eben auch Migrationshintergrund). Ungefähr 40 % der Auszubildenden bei Ford haben einen Migrationshintergrund. Obwohl vorwiegend in technisch-gewerblichen, also traditionell männlichen, Berufen ausgebildet wird, liegt der Anteil weiblicher Auszubildender bei 20 % (bundesweit hingegen unter 5 %, vgl. Kellner 2009, S. 155).

In diesem Fall liegt erfreulicherweise nicht nur eine Beschreibung aus der Unternehmensperspektive, denn als solche muss man Kellners Beschreibung bei aller pädagogischen Professionalität ja charakterisieren, sondern auch eine wissenschaftliche Studie (Bednarz-Braun und Bischoff 2006) vor, da Ford eines der vier in der Xenos-Studie des Deutschen Jugendinstituts untersuchten Unternehmen war. Die Xenos-Studie ging der Frage nach, wie bei bestehenden herkunftskulturellen Distanzen ein gelingendes interkulturelles Miteinander gefordert werden kann. Laut der Xenos-Studie unterstützen sich die Ford-Azubis verschiedener Herkunft gegenseitig und verbringen auch die Freizeit gemeinsam. Sogar persönliche Probleme werden mit Mit-Azubis anderer Herkunftskultur besprochen, allerdings wenden sich hier die deutschen Azubis eher Auszubildenden der eigenen Kultur zu. Insgesamt konstatiert das DJI, dass die bei Ford befragten Auszubildenden über hohe interkulturelle Kompetenzen verfügen und führt dies insbesondere auf die sogenannten Arbeitspädagogischen Seminare innerhalb dieses Unternehmens zurück. Diese Seminare zielen auf die Förderung persönlicher, sozialer und methodischer Kompetenzen, sind teambildend angelegt und bestehen aus einer Vorbereitung durch die Ausbildenden im Ausbildungszentrum, einem aushäusigen Seminar, das von Ausbildenden und externen Erlebnispädagogen gemeinsam geleitet wird, und einer Nachbereitung im Ausbildungszentrum.

Im vorliegenden Band wird die Frage der Diversität in Organisationen insbesondere in den Beiträgen von Öztürk, Wiltzius/Karakasoglu, Mickler, Kimmelmann und Schönefeld/Wolff behandelt, die allesamt auf empirischen Studien der AutorInnen beruhen. Halit Öztürk untersucht anhand von Leitfadeninterviews mit Professionellen in Weiterbildungsorganisationen sowie deren Angebotsbeschreibungen, inwiefern Weiterbildungsorganisationen Menschen mit Migrationshintergrund als Adressaten differenzieren und spezifisch ansprechen. Martine Wiltzius und Yasemin Karakasoglu erkunden mittels des explorativen Vergleichs zweier Grundschulen in Bremen und in Luxemburg die organisationalen und unterrichtsbezogenen Voraussetzungen für die Implentierung eines Diversity Management an Grundschulen. Regine Mickler stellt Ergebnisse eines Forschungsprojekts vor, in dem aus der Perspektive von Volkshochschulakteuren der Frage nachgegangen wird, welche interkulturellen Herausforderungen sich in kooperativen Kontexten von sogenannten Bildungs- und Kulturzentren stellen. Nicole Kimmelmann zeigt auf der Basis von Interviews mit Auszubildenden, Lehrkräften und interkulturelle Trainings anbietenden WeiterbildnerInnen im berufsbildenden Bereich, welche Dimensionen und Themenfelder eine Qualifizierung der Lehrenden im Rahmen eines Diversity Management Systems der beruflichen Bildung enthalten sollte. Daniel Schönefeld und Stephan Wolff schließlich gehen in ihrem Beitrag auf der Grundlage von über 40 Stunden aufgezeichneter Kommunikation in Soft-Skill-Seminaren mit multinational zusammengesetzten Auszubildendenteams eines Unternehmens der Frage nach, wie Diversity Management praktisch realisiert und als solches in der konkreten Teamkommunikation erkennbar gemacht wird.

5 Interkulturelle Öffnung

Wenn im Folgenden von interkultureller Öffnung die Rede ist, ist wie gesagt zu bedenken, dass das Thema Diversität über die Konzepte der Diversity Education und des Diversity Management eng mit dem Thema der interkulturellen Öffnung verbunden ist. Ging es im vorigem Abschnitt allerdings primär um eine *interkulturell-pädagogische* Sicht auf einen *Status*, so geht es nun primär um eine *organisationspädagogische* Sicht auf einen *Prozess*.

So können wir uns dem Verständnis Filsingers anschließen, der die interkulturelle Öffnung als einen längerfristigen Entwicklungsprozess versteht, „der entsprechend dem Modell der ‚lernenden Organisation' zu konzeptualisieren ist" (Filsinger 2008, S. 32) und dementsprechend eines Konzepts bedarf, das Kompetenz-, Personal- und Organisationsentwicklung integriert. Interkulturelle Öffnung ist also eine inhaltlich spezifisch akzentuierte Form von Organisationsentwicklung (vgl. Göhlich 2010).

Nach Hoogsteder (vgl. Besamusca-Janssen und Scheve 1999, S. 72 ff.) lassen sich 7 Stufen interkultureller Öffnung unterscheiden: 1) Zunächst herrschen allein die Normen der dominanten kulturellen Mehrheit. Bei Personalauswahl und –förderung gibt es dementsprechend kulturelle Vorbehalte; 2) Dann wachsen die Leistungen der Organisation für Leistungsabnehmer aus Minoritätengruppen; 3) Auf der dritten Stufe wird dies von der Organisation wahrgenommen. Ein interkulturelles Management setzt ein, um Mitarbeiter für Umgang mit den neuen Kunden/Klienten zu sensibilisieren; 4) Nun werden MitarbeiterInnen aus Minoritätengruppen mittels positiver Diskriminierung und speziellen Rekrutierungsprojekten eingebunden; 5) Ein interkulturelles Personalmanagement entsteht, das den Abbau von Diskriminierungen als Organisationsaufgabe ansieht. Dies können Mehrheitsangehörige allerdings als Bedrohung und Konkurrenz wahrnehmen; 6) Dementsprechend ist die sechste Stufe ein Integrales kulturelles Management, das Konflikte durch Anerkennung von Unterschieden zwischen Mitarbeitern löst und diese Unterschiede organisational nutzt; 7) Auf der siebten Stufe ist die Organisation schließlich eine interkulturelle Organisation, in der kulturelle Diversität zum Mehrwert geworden ist, zur Normalität des Arbeitsalltags gehört und von allen Akteuren auch als produktive Chance gesehen wird (Abb. 4).

Trotz der Existenz solcher Stufenmodelle steht die Entwicklung von Indikatoren für die Interkulturelle Öffnung erst am Anfang. Gefordert werden nicht zuletzt harte Indikatoren: Anteil und Einstellungsquote von MitarbeiterInnen mit Migrationshintergrund; Potential- und Strukturanalyse inklusive Bedürfnis- und Bedarfsanalysen bezüglich Menschen mit Migrationshintergrund; Prozessqualität inclus. Analyse der Nutzung durch die Menschen mit Migrationshintergrund sowie Ergebnisqualität aus Sicht der diversen NutzerInnen.

Mein Hinweis auf Hoogsteders Stufenmodell impliziert keineswegs die Annahme, dass hier von einer quasi-natürlichen Evolution auszugehen ist. Im Gegenteil: Interkulturelle Öffnung ist kein Selbstläufer. So klagt Gaitanides (2004) mit Blick auf die Sozialen Dienste zu Recht, dass die Forderungen nach deren interkultureller Öffnung fast ein Vierteljahrhundert ungehört blieben. Zwar wurde schon Mitte der 80er in einem Gutachten gefordert, die Migrationssozialdienste in die Regelversorgung zu überführen, und Ende der 80er förderte die Bosch-Stiftung entsprechende

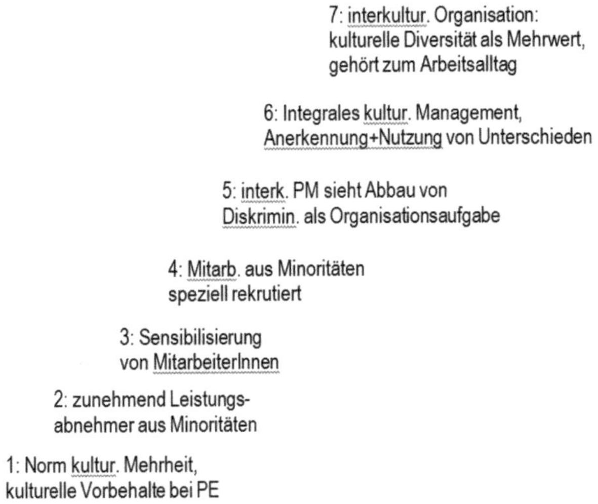

7: interkultur. Organisation:
kulturelle Diversität als Mehrwert,
gehört zum Arbeitsalltag

6: Integrales kultur. Management,
Anerkennung+Nutzung von Unterschieden

5: interk. PM sieht Abbau von
Diskrimin. als Organisationsaufgabe

4: Mitarb. aus Minoritäten
speziell rekrutiert

3: Sensibilisierung
von MitarbeiterInnen

2: zunehmend Leistungs-
abnehmer aus Minoritäten

1: Norm kultur. Mehrheit,
kulturelle Vorbehalte bei PE

Abb. 4 Stufen interkultureller Öffnung (nach Hoogstedter)

Projekte, von denen eines übrigens von Hubertus Schröer, dem späteren Münchner
Jugendamtsleiter und engagierten Propagandisten interkultureller Öffnung geleitet
wurde. 1995 publizierte schließlich auch die Bundesausländerbeauftragte Empfehlungen zur interkulturellen Öffnung Sozialer Dienste. Breiter vorangetrieben wird
die Interkulturelle Öffnung jedoch erst in den letzten gut zehn Jahren, seit nämlich
regierungsamtlich akzeptiert wird, dass Deutschland ein Einwanderungsland (ergänzend sei festgehalten: und zugleich ein Auswanderungsland) ist.

Dass die interkulturelle Öffnung kein Selbstläufer ist, gilt für Bildungs-, Sozial-
und vor allem Verwaltungsorganisationen möglicherweise (das wäre eine Untersuchung wert) noch stärker als für Unternehmen, die wie oben skizziert unter dem
Label „diversity management" bzw. „managing diversity" Diversität als gewinn-
bringende Ressource zu nutzen suchen. Noch laut dem Mikrozensus von 2008 haben nur rund 8 % der MitarbeiterInnen im öffentlichen Dienst einen Migrationshintergrund. Für den Erwachsenenbildungsbereich liegt u. a. eine Untersuchung
von Volkshochschul-Programmen bezüglich der Angebote für Eltern und Familien
mit Migrationshintergrund vor, derzufolge von 136 Volkshochschulen lediglich 16
solche Angebote in ihrem Programm aufweisen (Fischer 2007, S. 41). Und eine
Untersuchung der Caritas ergab noch vor wenigen Jahren, dass von deren knapp
500.000 hauptamtlichen MitarbeiterInnen nur 24.000, d. h. 4,9 % nicht-deutscher

Staatsangehörigkeit sind, und dass diese nicht-deutschen MitarbeiterInnen kaum in Leitungsfunktionen eingesetzt werden und wenn, dann eher in migrationsbezogenen Einrichtungen (Czock, nach Fischer 2007, S. 38). Als lokaler Beleg dafür, wie schwer sich trotz ihrer Nähe zum pädagogischen Diskurs soziale Organisationen mit der interkulturellen Öffnung tun, kann z. B. die Gründung des AWO Ortsverein Nürnberg International angesehen werden, die trotz aller Chancen, die sich mit ihr bieten, primär als organisationale Reaktion darauf zu verstehen ist, dass die traditionellen Ortsvereine der AWO sich nicht interkulturell geöffnet haben.

Interkulturelle Öffnung ist also kein Selbstläufer. Ob die von Gaitanides (2008, S. 46 ff.) im Hinblick auf Organisationen des Sozialwesens notierten Hindernisse interkultureller Öffnung dort generelle Gültigkeit haben oder womöglich auch in anderen Organisationen bestehen, wäre zu untersuchen. Er nennt im Einzelnen: 1) Akzeptanzprobleme seitens der Mitarbeiterschaft; 2) Verdrängung der Zugangsprobleme; 3) Abwehr interkultureller Fortbildung; 4) Einstellungsbarriere nicht-christliche Religionszugehörigkeit; 5) Mangel an einschlägig qualifizierten Kräften mit Migrationshintergrund; 6) Etikettenschwindel; 7) Reformverschleppung durch Krise öffentlicher Finanzen; 8) geringe Nachhaltigkeit; 9) geringe Durchsetzungsmacht der Adressaten.

Dennoch steht ausser Frage, dass sich Organisationen verschiedenster gesellschaftlicher Bereiche zunehmend um ihre eigene Interkulturalisierung bemühen. Durchaus auch als Erfolg der Kritik an institutioneller Diskriminierung kann verbucht werden, dass sich neuerdings die öffentliche Hand ihrer Vorbildfunktion bewusst zeigt. So heisst es im neuesten Bericht der Beauftragten der Bundesregierung für Migration, Flüchtlinge und Integration:

> Interkulturelle Öffnung der Verwaltung bedeutet vor diesem Hintergrund auch, dass der öffentliche Dienst auf allen Ebenen die kulturelle und ethnische Vielfalt der Bevölkerung angemessen berücksichtigt. (…) Dies ist eine politische Richtungsentscheidung, die auch in Zeiten Geltung beansprucht, in denen es zu einem Abbau von Personal in der öffentlichen Verwaltung kommen kann. (…) interkulturelle Öffnung ein in Teilen als tiefgreifend empfundenes Umsteuern bei der Organisation, der Arbeitspraxis und der Zusammenarbeit in den Behörden bedeutet. Ein solches Umsteuern kann Vorbehalte und Widerstände erzeugen. Interkulturelle Öffnung muss daher als Veränderungsprozess verstanden und kommuniziert werden. Sie muss langfristig angelegt und mit Beständigkeit vorangetrieben werden. Sie sollte daher unbedingt „Chefsache" sein. Soweit Größe und Struktur dies erlauben, sollte jeweils eine eigenständige Organisationseinheit eingerichtet werden, die die interkulturelle Öffnung als Querschnittsfunktion in allen Verwaltungsbereichen und auf allen Ebenen koordiniert und weiter entwickelt. (Die Beauftragte der Bundesregierung 2010, S. 300 ff.)

Aus organisationspädagogischer Sicht geht es bei interkultureller Öffnung um organisationales Lernen. Interkulturelle Öffnung als organisationales Lernen zu erforschen, ist etwa im Rahmen evaluativer Begleitforschung möglich, insbesondere im Rahmen einer formativen Evaluation, die zugleich die Möglichkeit bietet, das organisationale Lernen spezifisch zu unterstützen. Exemplarisch sei hier auf die Evaluation der Einrichtungen eines großstädtischen Kulturamts hingewiesen (Göhlich und Iseler 2012). In der Evaluation ging es darum herauszufinden, wie weit die Prozesse des Gender Mainstreaming und der Interkulturellen Öffnung fortgeschritten sind, und aus sich zeigenden Stärken und Schwächen des Amtes Empfehlungen für weiterführende Maßnahmen abzuleiten. Manche Ergebnisse der Evaluation sind naheliegend und doch aufschlussreich, so etwa dass die Bedeutung der Interkulturellen Öffnung am Arbeitsplatz von den MitarbeiterInnen mit und ohne Migrationshintergrund unterschiedlich beurteilt wird; während erstere Schwächen erkennen, geben letztere eine fast durchweg positive Bewertung ab. Zudem droht der Interkultur-Diskurs in dieser Organisation den Gender-Diskurs zu überlagern, was mit dem explizit kulturbezogenen Aufgabengebiet des Amtes zu tun haben mag. Ob Interkulturelle Öffnung grundsätzlich als partikulares Konzept einem Diversity Management im umfassenden Sinne zuwider läuft bzw. unter welchen Bedingungen dies geschieht, wäre eine daraus resultierende Frage.

Im vorliegenden Band wird die interkulturelle Öffnung von Organisationen vor allem in den Beiträgen von Rotter, Heinemann, Aslan und Iseler fokussiert. Carolin Rotter stellt die Ergebnisse einer Studie vor, in der anhand von Interviews mit Schulleitern und Lehrern mit und ohne Migrationshintergrund untersucht wurde, wie Schulen mit der bildungspolitischen Idee einer verstärkten Rekrutierung von Lehrkräften mit Migrationshintergrund umgehen. Alisha Heinemann fokussiert in ihrer Darstellung von Ergebnissen einer interviewbasierten Studie zu Entscheidungen von Frauen für oder gegen eine Weiterbildungsteilnahme auf die Dimension des subjektiven Erlebens von (Nicht-)Zugehörigkeit zur deutschen Gesellschaft. Der Beitrag von Bünyamin Aslan geht der Frage nach, wie Gedenkstätten als zunächst „nationalgeschichtlich" ausgerichtete Einrichtungen des Gedenkens auf eine durch Migration geprägte Adressatenschaft reagieren, und gibt einen ersten Einblick in den Prozess der Interkulturalisierung von Gedenkstätten. Katharina Iseler geht in ihrem Beitrag, der auf dem bereits erwähnten Evaluationsprojekt zu Einrichtungen eines großstädtischen Kulturamts gründet, der Frage nach, welche Kriterien und welche Methoden sich für die Evaluation interkultureller Öffnung von Organisationen eignen.

6 Organisationen im internationalen Kontext

Die Zahl der internationalen Unternehmen, im Fachjargon als Multinationals oder Transnationals bezeichnet, ist in den letzten zwei Jahrzehnten erheblich angestiegen, laut UNCTAD (2005, S. 13) hat sie sich weltweit zwischen 1990 und 2004 in etwa verdoppelt, die ausländischen Tochtergesellschaften haben sich gar vervierfacht. Circa 45.000 internationale Unternehmen haben einen Sitz in Deutschland (vgl. magazin-deutschland.de). Dieser Trend zur globalen Aufstellung und Ausrichtung der Unternehmen ist schon seit den 1970er Jahren zu beobachten. Verändert hat sich jedoch, wie Michael Wortmann et al. (o J) im Rahmen eines diesbezüglichen DFG-Schwerpunkts herausgearbeitet haben, der Wachstumsmodus der Unternehmen: In den 50er und 60er Jahren dominierte das interne, in den 80er und 90er Jahren das externe Wachstum. Das heisst: Seit den 80er Jahren drückt sich organisationale Mobilität in der Wirtschaft nicht mehr in der Alternative aus, wo zusätzliche Kapazitäten geschaffen werden sollen, sondern in der Frage, wo bestehende Kapazitäten konzentriert oder abgebaut werden sollen. Damit werden Verlagerungsdrohungen zu einem Machtinstrument der Unternehmensleitung. Zugleich nimmt der Flexiblisierungs- und Mobilisierungsdruck auf die MitarbeiterInnen zu. Die Bereitschaft, sich für Einsätze als sogenannter „Expatriate" bzw. „Delegate" zur Verfügung zu stellen, gehört immer selbstverständlicher zu den Erwartungen der Organisation an den Mitarbeiter. Umgekehrt stellt sich für die Unternehmen immer dringlicher die Frage, wie die Befähigung der MitarbeiterInnen und der Organisation insgesamt, sich international an die jeweils relevanten sozialen Systeme anschließen zu können, in Lernunterstützungsstrukturen verankert wird.

Die Organisationen im Bildungs- und Sozialbereich sind in der Regel nicht, jedenfalls noch nicht, so international aufgestellt und ausgerichtet. In für den pädagogischen Arbeitsmarkt aufgrund ihrer Größe durchaus bedeutenden Einzelfällen, nämlich bei einigen privaten Weiterbildungsorganisationen, ist eine solche Internationalisierung allerdings sehr wohl festzustellen. So ist etwa die TÜV SÜD Akademie nicht nur in zwölf europäischen Ländern, sondern auch in USA, China, Indien, Japan, Dubai und andernorts vertreten und bietet Schulungen passend zu den jeweiligen nationalen und internationalen Normen in der entsprechenden Landessprache an. Auch die Hochschulen internationalisieren sich in den letzten Jahren zunehmend. Dazu gehört nicht nur, dass beispielsweise die FAU Erlangen-Nürnberg seit 2009 einen Campus in Südkorea hat, sondern auch dass die Hochschulrektorenkonferenz 2009 das Audit „Internationalisierung der Hochschulen" ins Leben gerufen hat, das die einzelnen Hochschulen bei ihrer Internationalisierung vorantreiben und unterstützen soll. Europäische Rahmengebungen wie etwa

der Europäische Qualifikationsrahmen für Lebenslanges Lernen wirken in ge-
wisser, nämlich: standardisierender, Weise ebenfalls als Internationalisierung, hier
im engeren Sinne Europäisierung, auf die berufliche Bildung und damit sowohl auf
ausbildende Unternehmen als auch auf die Schulen ein.

Derzeit besonders spannend im Hinblick auf die Frage, wie Organisationen mit
ihrem internationalen Kontext umgehen, ist der Blick auf Organisationen in Regi-
onen entlang einer Grenze, deren Öffnungsprozess noch gegenwärtig ist. Hierzu
betreiben wir seit 2009 ein vom BMBF gefördertes interdisziplinäres Forschungsprojekt (http://www.grenzorganisationen.de), an dem Pädagogen, Soziologen und
Linguisten der Universitäten Erlangen-Nürnberg, Regensburg und Münster mitar-
beiten. Die aus organisationspädagogischer Sicht interessante Frage des Verbund-
projekts ist, wie die grenzregionalen Organisationen des Bildungs-, Sozial-, Kul-
tur- und Verwaltungsbereichs mit den ihnen begegnenden Übersetzungszwängen
umgehen. Die Organisationen müssen ja Übersetzungen verschiedenster Art – keineswegs nur sprachliche, sondern verschiedenste kulturelle und programmatische
Übersetzungen – vornehmen und dabei eine organisationale Identität bewahren
und weiterentwickeln. Auch hier müssen die Organisationen einen Lernprozess
durchlaufen, Lernunterstützungsstrukturen für ihre Mitglieder aufbauen und ggf.
auf externe Unterstützung zurückgreifen. Internationalisierung erscheint hier als
Übersetzung, Übersetzung wiederum als organisationaler Lernprozess.

Im vorliegenden Band wird die Internationalisierung von Organisationen vor
allem in den Beiträgen von Klemm, Althans/Lamprecht, Höhne, Gierszewski, Robak und Krogull/Scheunpflug fokussiert. Matthias Klemm untersucht mittels des
Vergleichs dreier Settings organisierter interkultureller Kommunikation, welche
organisatorischen und individuellen Rahmenbedingungen gegeben sein müssen,
damit die Potenziale interkultureller Konstellationen sichtbar und nutzbar werden.
Birgit Althans und Juliane Lamprecht fragen auf der Basis eines internationalen
Forschungsprojekts zu Kooperationsformen unterschiedlicher Professionskulturen
in einer berufsvorbereitenden Klasse, wie sich internationale und interdisziplinäre
Kooperationen als Erfahrungsraum professions- und damit verbundener organisationskultureller Differenzen untersuchen lassen und welche Rückwirkungen die
Irritationen der TeilnehmerInnen auf die jeweilige Herkunftsorganisation haben.
Thomas Höhne fragt nach einem für das Verständnis der Praxis grenzüberschreitend agierender Organisationen fruchtbaren Kulturverständnis, erörtert hierzu das
Modell von „Kultur als Übersetzung" und analysiert Formen und Ebenen grenzüberschreitender und grenz(en)bearbeitender pädagogischer Praxis im Hinblick
auf Anschlussmöglichkeiten für eine organisationspädagogische Perspektive. Dorota Gierszweski zeigt in ihrem Beitrag auf der Basis von Erhebungen zu sieben,
auf binationale Verständigung ausgerichteten Nicht-Regierungs-Organisationen,

welche Rolle diese Organisationen auf dem Gebiet des Interkulturellen Lernens spielen, und entwirft eine Systematik der pädagogisch relevanten Funktionen solch binationaler Organisationen. Der Beitrag von Steffi Robak diskutiert Optionen der Konzeptualisierung kultureller Differenz in ihrer Rolle für Lernen und Bildung in Unternehmen, die in China operieren, und erläutert ein abduktives Forschungsmodell, das kulturelle Differenzen speziell für den chinesischen Kulturraum aufnimmt und ihr als Grundlage einer empirischen Studie zu Erfahrungen deutscher Expatriates in China dient. Susanne Krogull und Annette Scheunpflug schließlich fragen auf der Grundlage von Daten aus ihrem Forschungsprojekt zum Lernen von Jugendlichen in Begegnungsreisen danach, welche informellen Lerneffekte eine Organisation im Hinblick auf das Verständnis von Weltgesellschaft induziert.

7 Resümee

Zusammenfassend lässt sich festhalten:

- Migration (in Kombination mit der sonstigen demographischen Entwicklung), politische Anerkennung der Migration, Europäisierung und Globalisierung sind gesellschaftliche Rahmenbedingungen, auf die die Organisationen mittels einer Weiterentwicklung ihrer Diversität, Interkulturalität und Internationalität antworten müssen, um nicht an ihnen zu scheitern.
- Aus pädagogischer Sicht interessiert dies als Lernprozess, der der (entweder selbst geschaffenen oder extern bereit gestellten) Unterstützung bedarf. Organisationen interessieren als von Menschen gestiftete Sozialgebilde, die als solche einer Weiterentwicklung im Sinne menschlichen Lernens fähig sind. Interkulturalität interessiert als im Medium des Übersetzens mögliches Ringen um Anerkennung der Differenzen bei gleichzeitiger Bewusstmachung von Ungleichheit.
- Differenz und Diversität erscheinen aus interkulturell-pädagogischer Sicht nicht als Abgrenzung oder Abweichung, sondern als allgemeine Bedingung pädagogischer Praxis. Aus organisationspädagogischer Sicht ist zu konstatieren, dass Diversität Organisationen grundsätzlich Probleme bereitet, da Organisationen auf Standardisierung zielen, andererseits auch Chancen eröffnet, da Lernen, auch organisationales Lernen, nur im Dialog mit einem (hier: gegenständlich bzw. prozessual) Anderen erfolgen kann.
- Interkulturelle Öffnung kann als längerfristiger, entsprechend dem Modell der lernenden Organisation zu konzipierender Entwicklungsprozess verstanden werden. Auch wenn sich Stufen interkultureller Öffnung unterscheiden lassen,

ist sie kein Selbstläufer, sondern sieht sich typischen Hindernissen gegenüber. Ein besonderes Problem ist die Frage, wie sich interkulturelle Öffnung zu anderen Diversitätsentwicklungen, etwa zum Gender Mainstreaming, verhält.

- Im Zuge ihrer Internationalisierung wird für Organisationen die Frage dringlich, wie die Befähigung der MitarbeiterInnen und der Organisation insgesamt, sich international an die relevanten sozialen Systeme anschließen zu können, in Lernunterstützungsstrukturen verankert wird. Schließlich ist zu konstatieren, dass Organisationen nicht nur aus demographischen oder aus ökonomischen Gründen oder aus Gründen wirtschaftlich oder politisch bedingter Internationalisierung sich der Frage der Diversität stellen und dem Prozess der Interkulturellen Öffnung bzw. des Managing Diversity unterziehen müssen, sondern dass sie zunehmend mittels nationaler und internationaler Normen verpflichtet werden, sich bewusst und verantwortlich um Diversität, um Anerkennung der Diversität und Abbau von Diskriminierung und Ungleichheit zu bemühen.

Literatur

Auernheimer G (2007) Einführung in die interkulturelle Pädagogik, 5. Aufl. Wissenschaftliche Buchgesellschaft, Darmstadt

Auernheimer G (2010) Pro Interkulturelle Pädagogik. Erwägen Wissen Ethik 21(2):121–131

Bachmann-Medick D (2006) Cultural Turns. Neuorientierungen in den Kulturwissenschaften. Rowohlt, Reinbek

Bednarz-Braun I, Bischoff U (2006) Interkulturalität unter Auszubildenden im Betrieb. DJI, München

Besamusca-Janssen M, Scheve S (1999) Interkulturelles Management in Beruf und Betrieb. Iko-Verlag, Berlin

Die Beauftragte der Bundesregierung für Migration, Flüchtlinge und Integration (2010) 8. Bericht der Beauftragten der Bundesregierung für Migration, Flüchtlinge und Integration über die Lage der Ausländerinnen und Ausländer in Deutschland. Berlin

Dietz G (2007) Cultural diversity. A guide through the debate. Z Erziehungswissensch 11(1):7–30

DiMaggio PJ, Powell WW (1983) The iron cage revisited: institutional isomorphism and collective rationality in organizational fields. Am Sociol Rev 48(2):147–160

Engel N (2012) IdentitätsBildung von Organisationen? Zur Praxis der (Re)Präsentation von Organisationen im Kontext der Grenzüberschreitung. In: Miethe I et al (Hrsg) Qualitative Bildungsforschung und Bildungstheorie. Leske & Budrich, Opladen, S 263–281

Engeström Y (1999) Lernen durch Expansion. BdWi-Verlag, Marburg

Faulstich P (1996) Lernvermitteln als Tätigkeitskern. Außerschulisch Bild 27(4):411–415

Faulstich P, Zeuner C (2008) Erwachsenenbildung, 3. Aufl. Juventa, Weinheim

Filsinger D (2008) Bedingungen erfolgreicher Integration – Integrationsmonitoring und Evaluation. Expertise im Auftrag der Friedrich-Ebert-Stiftung, Bonn

Fischer V (2007) Interkulturelle Öffnung von Organisationen. In: Fischer V (Hrsg) Chancengleichheit herstellen – Vielfalt gestalten. Frank & Timme, Berlin, S 37–52

Gaitanides S (2004) Interkulturelle Öffnung der sozialen Dienste – Visionen und Stolpersteine. In: Rommelspacher B (Hrsg) Die offene Stadt. Interkulturalität und Pluralität in Verwaltungen und sozialen Diensten. Dokumentation der Fachtagung vom 23.09.2003. Alice-Salomon-Fachhochschule, Berlin, S 4–18

Gaitanides S (2008) Interkulturelle Teamentwicklung – Beobachtungen in der Praxis. In: Auernheimer G (Hrsg) Interkulturelle Kompetenz und pädagogische Professionalität. VS Verlag für Sozialwissenschaften, Wiesbaden, S 153–172

Gardenswartz L, Rowe A (1998) Managing diversity. A complete desk reference and planning guide. McGraw-Hill, New York

Geißler H (2000) Organisationspädagogik. Umrisse einer neuen Herausforderung. Vahlen, München

Giesecke H (1987) Pädagogik als Beruf. Grundformen pädagogischen Handelns. Juventa, Weinheim

Göhlich M (1998) Europaschule – Das Berliner Modell. Beiträge zu Zweisprachigem Unterricht, Europäischer Dimension, Interkultureller Pädagogik und Schulentwicklung. Luchterhand, Neuwied

Göhlich M (2010) Interkulturelle Öffnung und interkulturelle Kompetenz. Kultursensible Organisations- und Personalentwicklung als pädagogische Aufgabe. Erwägung Wissen Ethik 21(2):163–166

Göhlich M, Iseler K (2012) Gender Mainstreaming und Interkulturelle Öffnung. Design und Ergebnisse einer Evaluation kommunaler Einrichtungen. In: Zeitschrift für Evaluation 11(1):61–83

Göhlich M, Engel N, Höhne T (2011) Grenzüberschreitende Organisationen. Pädagogisch-ethnographische Untersuchungen in der deutsch-tschechischen Grenzregion. In: Meinke MA, Brunnbauer U (Hrsg) Die tschechisch-bayerische Grenze im Kalten Krieg in vergleichender Perspektive. Politische, ökonomische und soziokulturelle Dimensionen. Engel, Regensburg, S 201–212

Gomolla M (2005) Schulentwicklung in der Einwanderungsgesellschaft. Waxmann, Münster

Gomolla M, Radtke FO (2002) Institutionelle Diskriminierung. Die Herstellung ethnischer Differenz in der Schule. Leske & Budrich, Opladen

Kellner M (2009) Die Diversity-Strategie der Ford-Werke – Kompetenzen von Ausbildenden im Umgang mit Vielfalt. In: Kimmelmann N (Hrsg) Berufliche Bildung in der Einwanderungsgesellschaft. FAU Erlangen-Nürnberg, S 152–167

Kucher K (2007) Erschließung und Nutzung interkultureller Ressourcen als persönliche und professionelle Kompetenz – untersucht bei jungen Menschen mit Migrationshintergrund. Magisterarbeit, FAU Erlangen-Nürnberg

Lawrence P, Lorsch J (1967) Organization and Environment: Managing Differentiation and Integration. Harvard University Press, Boston

Magazin-deutschland.de: Starker Player in der Weltwirtschaft. http://www.magazin-deutschland.de/de/wirtschaft/standort/artikelansicht/article/starker-player-in-der-weltwirtschaft.html. Zugegriffen: 17. Sept. 2010

Lynen von Berg H, Palloks K, Steil A (2004) Pädagogische Handlungsansätze und zivilgesellschaftliches Engagement im kommunalen Raum. Kontextanalysen von Projekten zur Auseinandersetzung mit Rechtsextremismus und Fremdenfeindlichkeit im Rahmen des CIVITAS-Programms. Berlin

Mecheril P (2006) Das Besondere ist das Allgemeine. Überlegungen zur Befremdung des „Interkulturellen". In: Badawia T u. a (Hrsg) Das Soziale gestalten. Über Mögliches und Unmögliches der Sozialpädagogik und Sozialarbeit. VS Verlag für Sozialwissenschaften, Wiesbaden, S 311–326

Meyer JW, Rowan B (1977) Institutionalized organizations. Formal structure as myth and ceremony. Am J Sociol 83:340–363

Münch AV (2006) Imaginäre Grenzziehungen und fragile Orientierungssysteme. Zur Diskrepanz zwischen lokalisierter Gewaltbedrohung und Tatorten am Beispiel von Studierenden mit dunkler Hautfarbe in Frankfurt (Oder). In: Hengartner T, Moser J (Hrsg) Grenzen & Differenzen. Zur Macht sozialer und kultureller Grenzziehungen. Leipziger Universitätsverlag, Leipzig, S 325–331

Prengel A (1993) Pädagogik der Vielfalt. Verschiedenheit und Gleichberechtigung in interkultureller, feministischer und integrativer Pädagogik. Leske & Budrich, Opladen

Rosenbusch HS (2005) Organisationspädagogik der Schule. Grundlagen pädagogischen Führungshandelns. Luchterhand, München

UNCTAD United Nations Conference on Trade and Development (2005) World Investment Report 2005. Transnational Corporations and the Internationalization of R&D. New York

Wortmann M et al (o J) Globalisierung und internationale Mobilität deutscher Industrieunternehmen. Abschlussbericht DFG Schwerpunkt 197 „Regulierung und Restrukturierung der Arbeit in den Spannungsfeldern von Globalisierung und Dezentralisierung"

Teil I
Zum Verhältnis von Organisation(en) und kultureller Differenz

Interventionen gegen Diskriminierung und Ungleichheit als Aufgabe pädagogischer Organisationen: Konzeptionelle Überlegungen und Praxisbeispiele

Mechtild Gomolla

Ähnlich wie in den anglo-amerikanischen Ländern zwischen Mitte der 1980er und Mitte der 1990er Jahre ist im letzten Jahrzehnt auch in der deutschsprachigen Literatur über interkulturelle und antirassistische Bildung und Erziehung ein Sichtwechsel zu verzeichnen. Galt die Aufmerksamkeit bisher überwiegend den Individuen und den eher informellen sozialen Interaktionen im Bildungsgeschehen, liegt der Akzent nun stärker auf den pädagogischen Organisationen, die unter Gesichtspunkten der Differenz und Gleichstellung gezielt gestaltet werden sollen. Dabei werden zunehmend die Vielfalt und Interaktion unterschiedlicher Differenzmerkmale – v. a. ethnische Zugehörigkeit, sozio-ökonomischer Status und Geschlecht – als Bezugspunkte für Identitätskonstruktionen wie als potentieller Anlass für Diskriminierung und Ungleichheit betont. Diese Neuorientierung manifestiert sich mit Bezug auf unterschiedliche Bildungsbereiche – von Kindergarten und Schule über die berufliche- und Erwachsenenbildung bis zur Sozialpädagogik – in neuen Leitbegriffen wie Heterogenität, Diversity, interkulturelle Öffnung und Anti-Diskriminierung. Bei genauerer Betrachtung stehen Begriffe wie Diversity oder Heterogenität jedoch für z. T. ganz unterschiedliche Strategien, die mit Zielen der Inklusion und Anti-Diskriminierung nicht immer zu vereinbaren sind. Während Programme zum Mainstreaming und Management von Differenz und Vielfalt oft schnelle und einfache Lösungen versprechen und auf dem Bildungsmarkt reißenden Absatz finden, sind die theoretischen Grundlagen eines neuen Paradigmas,

M. Gomolla (✉)
Fakultät für Geistes- und Sozialwissenschaften, Allgemeine
Erziehungswissenschaft, Helmut-Schmidt-Universität Hamburg,
Holstenhofweg 85, 22043 Hamburg, Deutschland
E-Mail: Gomolla@hsu-hh.de

M. Göhlich et al. (Hrsg.), *Organisation und kulturelle Differenz*,
Organisation und Pädagogik 12, DOI 10.1007/978-3-531-19480-6_2,
© VS Verlag für Sozialwissenschaften | Springer Fachmedien Wiesbaden GmbH 2012

das tatsächlich als konsequente Weiterentwicklung der in den 1980er und 1990er-
Jahren entstandenen Konzepte interkultureller und antirassistischer Bildung und
Erziehung gelten könnte, noch weitgehend ungeklärt.

Ein Schlüsselproblem betrifft das Verständnis der institutionellen Ursachen von
Diskriminierung und die damit verbundene Definition von Zielen und Strategien
institutionellen Wandels. Zwar bekennt sich der Großteil der Programme zur interkulturellen Öffnung oder zum Diversity Management ausdrücklich zum Ziel der
Antidiskriminierung. Viele Konzepte wollen gegen institutionelle Diskriminierung
intervenieren. Was mit institutioneller Diskriminierung gemeint ist, bleibt jedoch
oft vage. Der Tatsache, dass Diskriminierung im institutionellen Leben von Kindertageseinrichtungen, Schulen, Universitäten oder Behörden nicht nur aus individuellen Vorurteilen resultiert, sondern auch in den *formalen* Rahmungen des pädagogischen Handelns eingebettet ist, wird kaum Rechnung getragen. Die Besonderheit
institutionalisierter Diskriminierung – und die Schwierigkeit, ihre Mechanismen
sichtbar zu machen und zu unterbinden – liegt gerade darin, dass Repräsentationen
und Wahrnehmungen von „Anderen" nicht direkt und unmittelbar in Vorurteile
und Entscheidungen übersetzt werden:

> Precisely because it is, to a large extent, a form of institutionalization of racism, discri-
> mination functions at a level which is not that of the production of the phenomenon.
> It is not the direct, immediate transcription of representations and perceptions of the
> Other and of prejudices, but, rather an expression distanced from it to a greater or les-
> ser degree, a set of practices which have acquired a certain autonomy and a dynamic of
> their own, but a dynamic which is shaped by contradictory affects and interests arising
> out of history and the work of society on itself. (Wieviorka 1995, S. 65)

Die Bedingungsfaktoren institutioneller Diskriminierung können daher nur in
einem breiteren Geflecht institutioneller Strukturen und Praktiken gesucht werden,
die eine gewisse Autonomie und Eigendynamik erreicht haben (z. B. die historisch
gewachsenen Strukturen, Normen und Praktiken der Leistungsdifferenzierung in
der Schule). Diese sind, wie Michel Wieviorka ausführt, von widersprüchlichen Interessen geformt und können nur im Kontext breiterer gesellschaftlicher Machtverhältnisse und Konflikte verstanden werden. Dabei sind die Beziehungen zwischen
diskriminierenden Einstellungsmustern und Absichten, Praktiken und Effekten (in
Form von Ungleichheiten) komplex. Sie können theoretisch postuliert, aber nur
empirisch geklärt werden (vgl. auch Gomolla und Radtke 2009; Gomolla 2005,
2010a).

Durch die mangelnde Konzeptionalisierung der Mechanismen institutioneller
Diskriminierung als Gegenstand der auf Inklusion und Gleichstellung zielenden
Organisationsentwicklung, so die Leitthese für die folgenden Überlegungen, blei-
ben auch die neuen, organisationszentrierten Konzepte zur Bildung in der Ein-

wanderungsgesellschaft in den altbekannten Problemen der Ausländerpädagogik und der Interkulturellen Pädagogik verhaftet: in defizitären Sichtweisen und der Tendenz zur Essentialisierung kultureller Unterschiede, während diskriminierende Strukturen intakt bleiben. Eine Transformation institutioneller Arrangements in Richtung auf die Ziele der Inklusion und Gleichstellung wird verfehlt bzw. gar nicht erst anvisiert. Konzepte des Diversity Mainstreaming oder -Management entpuppen sich sozusagen als alter Wein im neuen Schlauch des populären Organisationsentwicklungsjargons.

Um auszuloten, wo eine breitere bildungspolitische Programmatik, die eine rassismus- bzw. diskriminierungskritische pädagogische Arbeit mit der Entwicklung der pädagogischen Organisationen unter Zielen der Inklusion und Gleichstellung verbindet, ansetzen sollte, spanne ich zunächst im Rückgriff auf die Gerechtigkeitstheorie Nancy Frasers einen analytischen Orientierungsrahmen. Vor diesem theoretischen Hintergrund werden unterschiedliche politische und pädagogische Antworten auf die Erfordernisse der Migration diskutiert.

1 Die Gerechtigkeitstheorie Nancy Frasers

1.1 Drei Dimensionen der Gerechtigkeit

Im letzten Drittel des 20. Jahrhunderts hat sich der Diskurs über soziale Gerechtigkeit in Forderungen nach *Umverteilung* und Forderungen nach *Anerkennung* geteilt. Dabei ist das in der liberalen Tradition wurzelnde Paradigma der Verteilungsgerechtigkeit zunehmend durch Ansprüche auf Anerkennung der Identitätsentwürfe und kulturellen Leistungen sozial marginalisierter Gruppen abgelöst worden. Politiken der Anerkennung zielen in ihrer bündigsten Formulierung

> auf eine differenzfreundliche Welt, in der für Ebenbürtigkeit und Gleichbehandlung nicht mehr der Preis einer Assimilation an die Mehrheit oder herrschende kulturelle Normen zu zahlen wäre. (Fraser 2003, S. 15)

Fraser zufolge machen tief greifende soziale Wandlungsprozesse, die unter die Begriffe „Globalisierung" und „Wissensgesellschaft" gefasst werden, eine konsequente Kritik der beiden in der politischen Philosophie vorherrschenden Modelle von Gerechtigkeit erforderlich. Hierzu zählen Veränderungen der Arbeitswelt, der Aufstieg moderner Informationstechnologien, sowie die Dynamik internationaler Migration und transkultureller Kommunikation. Aber auch der Übergang von einer internationalen Ordnung souveräner Nationalstaaten zu einer globalisierten Ordnung, in der große transnationale Kapitalflüsse die nationalen Steuerungsmöglichkeiten beschneiden, und zunehmende Anfechtungen der Vormachtstellung der westlichen Staatenwelt tragen zu dieser Dynamik bei. In Anbetracht der Erfordernisse des 21. Jahrhunderts greifen für Fraser das Modell der distributiven Gerechtigkeit wie auch Konzepte von Gerechtigkeit als Anerkennung für sich genommen zu kurz. So verfehlten z. B. Forderungen nach ökonomischer Umverteilung i. d. R. die geringer werdende Bedeutung von Arbeit für die Identitäten und Lebensentwürfe der Menschen. Kämpfe um Anerkennung ethnischer Gruppen verschärften sich paradoxerweise in einer Zeit, in der die Bedeutung transkultureller Kommunikation und die Hybridisierung von Identitäten zunehmen. Politiken der Umverteilung oder Anerkennung würden beide gleichermaßen verkennen, dass Gerechtigkeitskonflikte oft in einem unangemessenen politischen Rahmen abgehandelt werden. In Anbetracht der schwindenden Bedeutung des Nationalstaats sei jeweils neu zu klären, ob Gerechtigkeitsforderungen in einem nationalen, lokalen, regionalen oder im globalen Rahmen prozessiert werden müssten.

Um die Engführungen von egalitären Umverteilungspolitiken wie von Forderungen nach kultureller Anerkennung zu überwinden und zugleich ihr Potenzial zu bewahren, konzipiert Fraser Gerechtigkeit als dreidimensionales Konzept. Dabei versteht sie Gerechtigkeit zunächst allgemein als gleichberechtigte Teilhabe (*parity of participation*):

> Nach dieser Norm erfordert die Gerechtigkeit gesellschaftliche Vorkehrungen, die allen (erwachsenen) Gesellschaftsmitgliedern erlauben, miteinander als Ebenbürtige zu verkehren. (ebd., S. 54 f.)

Die Überwindung von Ungerechtigkeit bedeutet Fraser zufolge, institutionalisierte Barrieren, die bestimmte Individuen oder Gruppen daran hindern, als gleichwertige Partnerinnen und Partner mit anderen interagieren zu können, aus dem Weg zu räumen. Fraser ordnet solche Hindernisse unterschiedlichen Dimensionen von Gerechtigkeit zu: ökonomisch, kulturell, politisch. Die Möglichkeit gleichberechtigter Teilhabe ist demzufolge an drei Bedingungen gekoppelt: Als *objektive* Bedingung gleichberechtigter Teilhabe gilt eine Verteilung materieller Güter, die die Unabhängigkeit der Gesellschaftsmitglieder sicher stellt. Die *intersubjektive* Bedingung gleichberechtigter Teilhabe verlangt, dass institutionalisierte kulturelle Wertmuster allen Partizipierenden gegenüber den gleichen Respekt zum Ausdruck bringen. Dieses Kriterium schließt

> alle institutionalisierten Wertschemata …, die einigen Leuten den Status eines vollberechtigten Partners in der Interaktion vorenthalten – sei es, indem ihnen in übertriebenem Maße eine „Andersartigkeit" zugeschrieben wird, sei es, indem man es versäumt, ihnen ihre Besonderheit zuzubilligen. (ebd.)

aus. Als *politische* Bedingung gleichberechtigter Teilhabe fordert Fraser, dass die Norm partizipatorischer Parität dialogisch und diskursiv angewandt werden müsse. Alle drei Bedingungen sind für gleichberechtigte Teilhabe unerlässlich.

Im Rahmen ihrer dreidimensionalen Gerechtigkeitstheorie hat Fraser den Begriff der Anerkennung grundlegend neu definiert. Sie betrachtet Anerkennung nicht durch die Linse der Identität, sondern als Frage des sozialen Status in Interaktionen bzw. aus der Perspektive der Möglichkeiten, gleichberechtigt am sozialen Leben zu partizipieren. Das Augenmerk liegt nicht auf vermeintlichen Gruppenidentitäten, sondern auf den Wirkungen, die institutionalisierte Normen (z. B. im Kontext von Schule oder Einrichtungen der Jugendhilfe) auf die Fähigkeit zur Interaktion von Angehörigen unterschiedlicher Gruppen haben. Gerechtigkeitspolitiken müssen demnach v. a. darauf zielen, kulturelle Wertmuster abzuschaffen, die gleichberechtigte Teilhabe verhindern, und dafür andere einzusetzen, die sie fördern. Dabei werden die Chancen, in sozialen Interaktionen respektvoll behandelt zu werden und soziale Wertschätzung erfahren zu können, in enger Beziehung zur Verteilung materieller Güter wie auch der politischen Repräsentation unterschiedlicher Gruppen betrachtet.

Auch wenn gleichberechtigte Teilhabe eine universalistische Norm darstellt, kann laut Fraser die intersubjektive Bedingung dafür dennoch die Anerkennung individueller oder gruppenbezogener Besonderheiten erforderlich machen. Nicht alle unzureichend anerkannten Individuen oder Gruppen bräuchten unter allen Umständen dasselbe, um als Gleichberechtigte am Gesellschaftsleben partizipieren zu können:

> In einigen Fällen mag es für sie wichtig sein, dass ihnen nicht im übertriebenen Maße eine Besonderheit zugeschrieben wird. In anderen Fällen sind sie womöglich darauf angewiesen, dass ihnen eine bislang unterschätzte Besonderheit in Rechnung gestellt wird, und in wieder anderen Fällen könnten sie es für nötig befinden, dass der Schwerpunkt auf dominante oder bessergestellt Gruppen verlagert wird, um deren Besonderheit, die irrtümlicherweise für universal gegolten hat, herauszustellen. Bisweilen könnten sie es nötig haben, dass gerade die Begriffe dekonstruiert werden, an denen die konstatierten Differenzen zum betreffenden Zeitpunkt entfaltet werden. Und schließlich könnten sie alle genannten Maßnahmen oder einige von ihnen gleichzeitig und in Verbindung mit der Maßnahme der Umverteilung brauchen ... Dies lässt sich indes nicht durch abstraktes philosophisches Räsonnement bestimmen, sondern nur mit Hilfe einer kritischen Gesellschaftstheorie, einer Theorie, die normativ ausgerichtet ist, empirisch gesättigt und von der praktischen Absicht geleitet, Ungerechtigkeit zu überwinden. (ebd., S. 68 f.)

1.2 Strategien zur Herstellung von Gerechtigkeit zwischen Affirmation und Transformation

Um die Vor- und Nachteile unterschiedlicher Strategien zur Umsetzung von Gerechtigkeit differenziert betrachten zu können, bedient sich Fraser der Unterscheidung von affirmativen und transformativen Handlungsansätzen. Diese liegen quer zu Politiken der Umverteilung, Anerkennung und Repräsentation. Affirmative Maßnahmen zielen auf die Korrektur unfairer Wirkungen gesellschaftlicher Strukturen, ohne die zugrunde liegenden sozialen Strukturen, die sie hervorbringen, anzugreifen. Dagegen beseitigen transformative Strategien ungerechte Wirkungen durch Restrukturierung des zugrundeliegenden allgemeinen Rahmens.

Bezogen auf die Perspektive der Verteilungsgerechtigkeit ist das paradigmatische Beispiel für affirmative Strategien der liberale Wohlfahrtsstaat. Das paradigmatische Beispiel für eine transformative Strategie wäre der Sozialismus. Eine affirmative Strategie der Anerkennung ist eine Form des naiven Multikulturalismus, den Fraser wie folgt definiert:

> Dieser Ansatz schlägt vor, mangelndem Respekt dadurch zu begegnen, dass ungerechterweise abgewertete Gruppenidentitäten wieder aufgewertet werden, während weder der Gehalt jener Identitäten noch die ihnen zugrundeliegenden Gruppendifferenzen angetastet werden. (ebd., S. 103 f.)

Eine transformative Strategie der Anerkennung ist dagegen die Dekonstruktion: Statusförmige Benachteiligung soll dadurch beseitigt werden, dass symbolische Gegensätze dekonstruiert werden, die gegenwärtigen kulturellen Wertmustern zugrunde liegen. Dabei soll sich die Selbstidentität *aller* verändern.

Affirmative Strategien zur Herstellung von Gerechtigkeit weisen Fraser zufolge schwer wiegende Nachteile auf. Unter dem Ziel der Umverteilung greifen affirmative Maßnahmen wie etwa Sozialhilfeprogramme in Wohlfahrtsstaaten die tiefer liegenden Strukturen, die die Armut hervorbringen, nicht an. Durch relative Wirkungslosigkeit dieser Maßnahmen werden die Hilfebedürftigen potentiell als unersättlich und unfähig, sich selbst zu helfen, wahrgenommen. Dies führt in puncto Anerkennung zu einem Rückfall. Auch affirmative Anerkennungspolitiken haben Fraser zufolge gravierende negative Nebenfolgen. Das Bestreben, missachtete Gruppen und ihre Beiträge positiv zu bewerten, führt oft zu einer Verdinglichung kollektiver Identitäten.

Welche Vorteile eröffnen demgegenüber transformative Strategien, um Ungerechtigkeiten Paroli bieten zu können? Transformative Strategien der Umverteilung, die darauf zielen, allgemeine Bedingungen zu rekonstruieren, haben Fraser zufolge den Vorteil, dass Ansprüche in universalistischen Begriffen begründet werden. Daher vermindern sie Ungleichheit, ohne gleichzeitig stigmatisierte Klassen verletzlicher Menschen zu schaffen. Anstelle eines Rückfalls in Sachen Anerkennung zu bewirken, tendieren sie eher dazu, Solidarität zu fördern. Ähnliches gilt für die Dekonstruktion als transformative Strategie der Anerkennung:

> Indem sie die Komplexität und Mannigfaltigkeit der Auffassungen in Rechnung stellen, versuchen sie, die herrschenden und globalen Dichotomien (wie schwarz/weiß oder schwul/heterosexuell) durch die dezentrierte Anhäufung geringfügigerer Differenzen zu ersetzen. Wenn sie erfolgreich sind, sprengen solche Reformen den kompakten Konformismus auf, der oftmals den Mainstream-Multikulturalismus begleitet. Und anstatt einem Separatismus oder repressiven Kommunitarismus Vorschub zu leisten, befördern sie die Interaktion, die über alle Differenzen hinweggeht. (ebd., S. 107)

Aber auch transformative Strategien haben Nachteile. Sie stehen Fraser zufolge den unmittelbaren Anliegen der Betroffenen meist fern und sind nur unter ungewöhnlichen Umständen umzusetzen, wenn „mehrere Leute gleichzeitig aus dem gegenwärtig gültigen Arrangement ihrer Interessen und Identitäten herausfallen" (ebd., S. 108). In Anbetracht der Schwierigkeiten bei der Entwicklung und Umsetzung transformativer Strategien weist Fraser darauf hin, dass die Unterscheidung zwischen Affirmation und Transformation nicht absolut sei, sondern vom jeweiligen Kontext abhänge:

> Reformen, die abstrakt gesehen affirmativ scheinen, können in einigen Kontexten transformative Wirkungen zeitigen, wenn sie nur radikal genug sind und konsequent verfolgt werden. (ebd.)

Als Ausweg aus den aufgezeigten Dilemmata fasst Fraser eine Reihe von Mittelwegen zwischen Affirmation und Transformation ins Auge – Strategien, die sich zwar zunächst auf vorhandene Identitäten und Bedürfnisse von Menschen innerhalb eines bestehenden Rahmens von Anerkennung und Verteilung beziehen; die jedoch eine Dynamik lostreten, in deren Zuge radikalere Reformen möglich werden. Wenn sie Erfolg haben, verändern sie mehr als die spezifischen institutionellen Merkmale, auf die sie anfangs zielen:

> Indem sie das System der Anreize und der politischen Opportunitätskosten verändern, schaffen sie neuen Spielraum für künftige Reformen. Längerfristig könnten sie, durch Kumulation ihrer Effekte, auch auf die zugrundeligenden Strukturen einwirken, die Ungerechtigkeiten bedingen. (ebd., S. 110)

Allerdings können derartige Strategien nicht additiv, d. h. isoliert für Umverteilung und Anerkennung entwickelt werden. Die Stärke der dreidimensionalen Gerechtigkeitstheorie Frasers liegt gerade darin, dass Strategien denkbar werden, die sich die Verzahnung unterschiedlicher Dimensionen der Ungerechtigkeit zunutze machen. Übertragen auf den Bildungsbereich lassen sich die Kategorien Frasers nutzen, um etablierte und neuere politische und pädagogische Antworten auf Migration und ihre Folgen genauer zu betrachten.

2 Bildungskonzepte für die Einwanderungsgesellschaft im Spiegel der Gerechtigkeitstheorie Frasers

Die von Fraser hervorgehobenen Risiken affirmativer Strategien der Umverteilung und Anerkennung sind auch für die bildungspolitischen Antworten auf migrationsbedingte Heterogenität in Deutschland charakteristisch. So lassen sich die bis heute vorherrschenden kompensatorischen Fördermaßnahmen für Kinder und Jugendliche mit Migrationshintergrund dem Handlungstyp der affirmativen Umverteilungspolitik zuordnen. Diese zusätzlichen Fördermaßnahmen stehen in der Tradition der Beschulung der Arbeiterkinder in den 1960er-Jahren („Ausländerpädagogik"). Sie sollen Kindern aus Einwandererfamilien besonders in sprachlicher Hinsicht den Anschluss ermöglichen. Weil sie als additive Maßnahmen konzipiert sind, lassen sie die regulären Prozesse im Unterricht und in den Schulorganisationen jedoch weitgehend unangetastet. In einzelnen Fällen können sie geförderten Kindern und Jugendlichen fraglos zugute kommen. Insgesamt haben sie sich jedoch als untauglich erwiesen, um das eklatante Gefälle in den Bildungserfolgen entlang der Trennlinien Migrationshintergrund, sozio-ökonomischer Status und Geschlecht zu minimieren. Mehr noch: Indem der Umgang mit Differenz weiterhin als Sonderaufgabe betrachtet wird, leisten sie einem defizitorientierten Blick auf Kinder und Eltern mit Migrationshintergrund und weiteren Formen der Benachteiligung und Ausgrenzung Vorschub.

Ähnlich verhält es sich mit einem Großteil der in den 1980er und 1990er Jahren ursprünglich als Alternative zur sog. Ausländerpädagogik entwickelten Handlungskonzepte zur interkulturellen oder antirassistischen Bildung. Zwar wurde die Auseinandersetzung mit Fragen der Differenz, Diskriminierung und Gleichheit auf alle – Angehörige von Minderheiten wie der Mehrheitsgesellschaft – ausgeweitet. Im Vordergrund stand dabei die Verankerung von Fragen der Differenz und Vielfalt als Spezial- und Querschnittsaufgabe in die Curricula. Die Bildungseinrichtungen selbst, mit ihren historisch gewachsenen Strukturen, Regeln, Praktiken und Machtbeziehungen wurden jedoch kaum thematisiert.

Welche Vorteile bieten demgegenüber transformative Strategien? Die Umsetzung integrativer Schulstrukturen (u. a. Gesamtschulmodell, Aufhebung separater Sonderschulen) lässt sich als eine transformative Strategie der Umverteilung betrachten. Obwohl die prekäre Situation von Kindern und Jugendlichen mit Migrationshintergrund nicht direkt im Vordergrund steht, ist von der Abschaffung der selektiven Schulstrukturen ein hoher Einfluss auf die Bildungschancen dieser Gruppe zu erwarten.

Transformative Strategien der Anerkennung verkörpert eine rassismuskritische Bildungsarbeit, die auf die Dekonstruktion binärer Unterscheidungen gerichtet ist. In den Worten des Rassismusforschers Paul Mecheril:

> Hier könnte es somit um die Anerkennung von Zwischenformen und -tönen, um die Anerkennung von Innen-außen-Verschränkungen und Mehrfachzugehörigkeiten gehen, eine Anerkennung, die unter der Voraussetzung transformativ ist, dass sie nicht die Eindeutigkeit der Grenzgänger, die Zugehörigkeit der Unzugehörigen, den Inländerstatus der Ausländerinnen fordert, sondern das Deplazierte, den Ort der Ortlosigkeit bejaht. Die transformative Strategie widersteht der verführerischen Kraft des Identitätsdenkens, eben weil sie – in den Worten von Bauman (1995, S. 80) – das dritte Element, das dem binären Kodex nach nicht sein darf, bejaht und damit das Prinzip der Unterscheidung zwischen *anders und nicht-anders* in Frage stellt. (Mecheril 2005, S. 139; Hervorhebung. i. Orig.)

Aber diese Bildungspolitiken weisen auch die von Fraser aufgezeigten allgemeinen Schwierigkeiten transformativer Strategien auf. Wie jüngere tagespolitische Debatten, z. B. der erfolgreiche Widerstand von Eltern gegen die Ausweitung der gemeinsamen Grundschulzeit auf sechs Jahre im Stadtstaat Hamburg im Sommer 2010, bestätigen, lösen Initiativen zur Abschaffung segregativer Schulstrukturen erhebliche Proteste aus – v. a. von Eltern, deren Kinder die höheren Bildungsgänge besuchen. Aber auch Teile der Lehrerschaft opponieren gegen solche Reformvorhaben, weil sie sich mit den vielfältigen Ansprüchen an die schulische Arbeit überfordert und von der Politik nicht genügend unterstützt fühlen. Dekonstruktivistische Handlungskonzepte sind nicht nur in inhaltlicher und methodisch-didaktischer Hinsicht schwierig zu operationalisieren. Sie stehen auch den unmittelbaren Bedürfnissen der Beteiligten oft fern. Aufgrund ihres potentiell verunsichernden und destabilisierenden Charakters können sie ebenfalls beträchtlichen Widerstand auslösen.

In Anbetracht dieser Schwierigkeiten ist die Frage interessant, ob sich im Schnittfeld von Migration und Bildung auch Mittelwege zwischen Affirmation und Transformation finden lassen. Als Beispiel für einen Mittelweg zwischen Affirmation und Transformation könnte sich die schulpolitische Strategie erweisen, Aspekte der Heterogenität und Ziele der Gleichstellung marginalisierter Gruppen in die Qualitätssteuerung im Bildungssystem zu integrieren. Eine solche Strategie wird seit Ende der 1990er Jahre im Schweizer Kanton Zürich mit dem Schulentwicklungsprogramm „Qualität in multikulturellen Schulen" (QUIMS) praktiziert (vgl. http://www.quims.ch). Dieses Programm zielt auf die Transformation der pädagogischen Arbeitskulturen und -strukturen in den Schulen, begleitet von Veränderungen auf der Systemebene (v. a. Aufbau von Unterstützungssystemen für die Arbeit in den Schulen). Die auch im Kanton Zürich hoch selektiven Strukturen des Bildungssystems bleiben zunächst unangetastet. In Anlehnung an Fraser lässt sich jedoch argumentieren, dass diese Politik langfristig dazu beitragen könnte, die Spielräume für grundlegendere Strukturreformen zu erweitern, etwa durch den gleichzeitigen Fokus auf Schul- und Systementwicklung. Da QUIMS auf durchdachte Weise Erkenntnisse der Schul(qualitäts-)- und Schulentwicklungsforschung mit Perspektiven der interkulturellen Bildung(sforschung) verknüpft, sind auch Verbesserungen auf den Dimensionen der Anerkennung und Repräsentation zu erwarten. Die in ersten Evaluationen und wissenschaftlichen Studien festgestellten Transformationen der pädagogischen Arbeitskulturen und professionellen Handlungsorientierungen beteiligter Lehrkräfte (vgl. diverse Evaluationsberichte auf der Projekthomepage; Edelmann 2007; Gomolla 2005) bestätigen diese Einschätzung.

Eine vergleichbare Handlungsorientierung weist auch das Berliner Projekt „KINDERWELTEN – Vorurteilsbewusste Bildung und Qualitätsentwicklung in Kindertageseinrichtungen" auf (vgl. http://www.kinderwelten.net). Ziel ist eine Kultur des Aufwachsens, in der Verschiedenheit von sprachlichen Voraussetzungen, Identitäten, Erfahrungen und Lebenshintergründen anerkannt und als Ressource genutzt werden. Alle Kinder sollen in ihrer Entwicklung gefördert und darin unterstützt werden, eine positive Haltung zu sich selbst und zu anderen auszubilden, mit Unterschieden respektvoll umzugehen und gegen Herabwürdigung und Diskriminierung einzutreten. Zugleich soll die gleichberechtigte Teilhabe *aller* Kinder an den Bildungsangeboten im Elementarbereich gewährleistet werden. Mit dieser Ausrichtung will Kinderwelten auch vorfindbaren Disparitäten in den Schulerfolgen entgegenwirken. Im Projekt Kinderwelten werden Interventionen auf zwei Handlungsebenen konsequent verbunden: 1) In der pädagogischen Arbeit mit Kindern geht es darum, schon kleine Kinder zum konstruktiven Umgang mit Aspekten von Differenz, Gleichheit und Diskriminierung zu befähigen. Betont werden vier Bildungsziele: Stärkung der Ich- und Bezugsgruppenidentität, Kennenlernen von Vielfalt und Entwicklung von Empathie, Thematisieren und Kritisieren von Einseitigkeiten, aktives Widersprechen gegen Diskriminierung. 2) Eine differenz- und diskriminierungsbewusste Organisationsentwicklung zielt darauf ab, strukturelle Barrieren abzutragen, die für Kinder mit bestimmten Voraussetzungen den Zugang zu den Angeboten der Kindestagesstätten versperren und ihre Lern- und Entwicklungsmöglichkeiten einschränken. Methoden des Situationsansatzes (vgl. Preissing 2003) eröffnen einen strukturierten Rahmen, in dem die Beteiligten in einem längeren Verständigungsprozess Qualitätsansprüche aushandeln und Veränderungen planen und umsetzen können. Die Partizipation der Fachkräfte in den Kitas und Trägerorganisationen wie die von Eltern und Kindern soll eine dialogische Kultur begründen, in der auch Kontroversen ihren Platz haben.

Mit Fraser lässt sich die Vorurteilsbewusste Bildung als integrierte Strategie verstehen, die Verbesserungen auf den Dimensionen der Umverteilung, Anerkennung und Repräsentation gleichzeitig anstrebt und die Verzahnung der unterschiedlichen Gerechtigkeitsdimensionen ausnutzt. Unter Zielsetzungen einer diskriminierungskritischen Bildungsarbeit werden dabei transformative pädagogische Handlungskonzepte, die auf die Dekonstruktion binärer Unterscheidungen gerichtet sind, umgesetzt. Unter Zielen der Inklusion und Gleichstellung werden Mittelwege zwischen affirmativen Maßnahmen, die an vorfindbaren Bedürfnissen und Identitäten ansetzen, und transformativen Strategien, die auf grundlegende Restrukturierungen der pädagogischen Arrangements zielen, eingeschlagen. Diese Mischstrategie klingt nicht nur auf dem Papier vielversprechend. In einer von der Verfasserin durchgeführten Evaluation treten auf Seiten der beteiligten Erzieherinnen und Erzieher erhebliche Reorientierungen im Umgang mit Differenz, Diskriminierung und Gleichstellung als Facetten ihres beruflichen Alltages zu Tage, die im pädagogischen Alltag unmittelbar ankommen (vgl. Gomolla 2010b).

Im QUIMS-Programm wie im Kinderwelten-Projekt liegt eine wesentliche Erklärung für die relativ hohe Wirksamkeit in Bezug auf den Wandel pädagogischer Arbeitskulturen und Handlungsorientierungen in der Kombination von Veränderungen der erzieherischen Praxis mit den Kindern mit strukturellen Veränderungen in den Kitas und ihrem Umfeld (z. B. Trägerorganisationen). Die De-Institutionalisierung von Bewertungskriterien, die in den organisationalen und professionellen Arbeitsstrukturen und -kulturen der Kitas und Trägerorganisationen verankert sind und beim Zustandekommen von Diskriminierung eine Rolle spielen, lässt sich in Anlehnung an den britischen Soziologen Giddens (1995) als Aufbau neuer Strukturen begreifen, die wiederum die Problemwahrnehmungen und Praktiken der Fachkräfte neu strukturieren. Diese Dynamiken wären im Schnittfeld von interkultureller Bildungs- und organisationswissenschaftlicher Forschung tiefer gehend zu analysieren.

Literatur

Bauman Z (1995) Moderne und Ambivalenz. Fischer, Frankfurt a. M.
Edelmann D (2007) Pädagogische Professionalität im transnationalen sozialen Raum. Eine qualitative Untersuchung über den Umgang von Lehrpersonen mit der migrationsbedingten Heterogenität ihrer Klassen. Lit, Münster

Fraser N (2003) Soziale Gerechtigkeit im Zeitalter der Identitätspolitik. Umverteilung, Anerkennung und Beteiligung. In: Fraser N, Honneth A (Hrsg) Umverteilung oder Anerkennung? Eine politisch-philosophische Kontroverse. Suhrkamp, Frankfurt a. M., S 13–128

Giddens A (1995) Die Konstitution der Gesellschaft. Grundzüge einer Theorie der Strukturierung. Campus-Verlag, Frankfurt a. M.

Gomolla M (2005) Schulentwicklung in der Einwanderungsgesellschaft. Strategien gegen institutionelle Diskriminierung in England, Deutschland und in der Schweiz. Waxmann,
Münster

Gomolla M (2010a) Institutionelle Diskriminierung. neue Zugänge zu einem alten Problem.
In: Hormel U, Scherr A (Hrsg) Diskriminierung: Grundlagen und Forschungsergebnisse.
VS Verlag für Sozialwissenschaften, Wiesbaden, S 61–93

Gomolla M (2010b) Differenz, Anti-Diskriminierung und Gleichstellung als Aufgabenfelder
von Qualitätsentwicklung im Bildungsbereich. Konzeptionelle Überlegungen in Anlehnung an die Gerechtigkeitstheorie Nancy Frasers. In: Tertium Comparationis 17 (2010)2,
S 200–229

Gomolla M, Radtke FO (2009) Institutionelle Diskriminierung. Die Herstellung ethnischer
Differenz in der Schule. VS Verlag für Sozialwissenschaften, Wiesbaden

Mecheril P (2005) Jenseits von Affirmation und Transformation. Überlegungen zu einer Pädagogik der Anderen. In: Gogolin I, Helmchen J, Lutz H, Schmidt G (Hrsg) Pluralismus
unausweichlich? Blickwechsel zwischen Vergleichender und Interkultureller Pädagogik.
Waxmann, Münster, S 129–143

Preissing C (Hrsg) (2003) Qualität im Situationsansatz. Qualitätskriterien und Materialien
für die Qualitätsentwicklung in Kindertageseinrichtungen. Beltz, Weinheim

Wagner P (Hrsg) (2008) Handbuch Kinderwelten. Vielfalt als Chance – Grundlagen einer
vorurteilsbewussten Bildung und Erziehung. Herder, Freiburg

Wagner P, Hahn S, Enßlig U (Hrsg) (2006) Macker, Zicke, Trampeltier. Vorurteilsbewusste
Bildung und Erziehung in Kindertageseinrichtungen. Handbuch für die Fortbildung. das
netz, Weimar

Wieviorka M (1995) The arena of racism. Sage, London

Organisation, Habitus und Reflexion kultureller Differenz

Julia Elven und Susanne Weber

1 Einleitung

Die Begriffe „kulturelle Differenz" und „Organisation" eröffnen ein weites Themenfeld angeregter Diskussionen. Ursprünglich vom lateinischen „Cultura" (Ackerbau) hergeleitet, verweist der Kulturbegriff auf die Sesshaftwerdung des Menschen und die sich zunehmend herausbildende Vorstellung eines Gegensatzes von Natur und Kultur. Allgemeiner Charakter und lange Tradition des Kulturbegriffs münden in definitorischer Vielfalt und weitem Geltungsanspruch: Bereits in den 1950er Jahren identifizierten die Anthropologen Kroeber und Kluckhohn (1963) über 160 verschiedene Begriffsbestimmungen und Stephan Moebius weist darauf hin, „dass „Kultur" eine Kategorie zur Erfassung und Charakterisierung ganz unterschiedlicher Lebensbereiche, Praktiken und sozialer Beziehungen darstellt" (Moebius 2009, S. 7). Die Allgegenwart des Kulturbegriffes als Sammelbegriff ist damit aber auch zu problematisieren und hinsichtlich seiner pädagogischen Nutzbarkeit als systematisierende Kategorie in Frage zu stellen (Hartz und Schardt 2010). Im Rahmen dieses Beitrages soll daher der Kulturbegriff praxistheoretisch geschärft und gemeinsam mit einem ebenfalls praxistheoretisch fundierten Organisationsverständnis für die Analyse kultureller Differenz in organisationalen Kontexten

J. Elven (✉)
Institut für Erziehungswissenschaft, Philipps-Universität Marburg,
Bunsenstr. 3, 35032 Marburg, Deutschland
E-Mail: Julia.Elven@staff.uni-marburg.de

S. Weber
Institut für Erziehungswissenschaft, Philipps-Universität Marburg,
Bunsenstr. 3, 35032 Marburg, Deutschland
E-Mail: susanne.maria.weber@staff.uni-marburg.de

M. Göhlich et al. (Hrsg.), *Organisation und kulturelle Differenz*,
Organisation und Pädagogik 12, DOI 10.1007/978-3-531-19480-6_3,
© VS Verlag für Sozialwissenschaften | Springer Fachmedien Wiesbaden GmbH 2012

fruchtbar gemacht werden. Darüber hinaus werden die theoretischen Konzeptionen Pierre Bourdieus und ihre forschungspraktischen Implikationen als Grundlage organisationspädagogischer Reflexivität vorgeschlagen.

2   Kultur und kulturelle Differenz

In den wirtschaftswissenschaftlichen, organisationssoziologischen und -psychologischen Diskursen, sowie den praxisorientierten Debatten der letzten vierzig Jahre lässt sich eine große Vielfalt theoretischer, empirischer und praxisnaher Konzeptionen von Kultur und kultureller Differenz identifizieren, welche hier zur Verortung der praxistheoretischen Position lediglich kurz umrissen werden sollen. Ein erster, seit den 1970er Jahren prominent gewordener Zugang geht von Kultur als „mentale Programmierung" aus, die verschiedene Kulturkreise unterscheidbar voneinander abgrenzt (Hofstede 1980). Es handelt sich also um eine kulturvergleichende Perspektive, die Hofstede jedoch insbesondere auf organisationale Aspekte wie Führung und Motivation bezieht. Kultur erscheint hier als geschlossenes und statisches Konstrukt, als etwas, das im interkulturellen Kontakt als „außen" wahrnehmbar und erfahrbar wird – und auf dessen Fremdheit man sich durch interkulturelle Kommunikation und Trainings vorbereiten muss. In dieser Fassung erscheint Kultur homogen, ethnisch bedingt und insbesondere nationenspezifisch.

Auch Pascale und Athos (1982) analysieren nationalkulturelle Differenzen zwischen japanischen und US-amerikanischen Unternehmen. Manageriale Qualitätsunterschiede werden dabei allerdings nicht ausschließlich aus der Kulturdifferenz zwischen Japan und den USA abgeleitet. Vielmehr führen die Forscher unterschiedliche Managementstile auf die kulturelle Verschiedenheit *einzelner Unternehmen* (in nationalkultureller Einbettung) zurück. Hieran anknüpfend wird – die gesellschaftliche Mesoebene im Fokus – das Konzept der Organisations- bzw. Unternehmenskultur verstärkt diskutiert. Diese Betrachtungsweise fokussiert nun stärker die Binnenwelt des Organisationalen und fasst Kultur – insbesondere in den gestaltungsorientierten Ansätzen – als Ressource (Peters und Waterman 1983).

Mit den sich rasch verbreitenden Erkenntnissen über einen Zusammenhang zwischen organisationaler Kultur und ökonomischem Erfolg konstituiert sich der Begriff der Unternehmenskultur, welche zunächst vor allem als eine objektiv feststellbare „Variable" von Wirtschaftsorganisationen angesehen wird (Heinen 1997), die zudem von zentraler Bedeutung für die Prosperität der Unternehmen ist. Mit dieser Sicht geht auch der Wunsch nach gezielter Beeinflussung jener Variable einher: Immer häufiger finden sich Diskussionen um „Corporate Identity", die mittels sichtbarer Artefakte den „Geist des Hauses" (Neuberger und Kompa 1987) nach außen vermitteln sollen oder aber die Frage nach der intentionalen effizienten Gestaltung des Kulturellen nach innen aufwerfen. Dieser gestaltungsorientierte Diskurs legt einen Kulturbegriff zugrunde, der aus sozial- und kulturwissenschaftlicher Perspektive als unterkomplex problematisiert werden kann.

Der Tendenz, Kultur als variablen Bestandteil einer Organisation aufzufassen, stehen insbesondere jene sozial- und kulturwissenschaftlichen Perspektiven gegenüber, die – entsprechend der kulturellen Wende – Kultur als Sinnstruktur oder Wissensordnung begreifen. In dieser Vorstellung wird Kultur als soziales Phänomen verstanden, welches eben gerade nicht intentional steuerbar ist. Entgegen der oben skizzierten normativen, objektivistischen und instrumentalistischen Position wird kontrastiv ein bedeutungsorientierter, kulturverstehender Ansatz verfolgt. Die Organisationsforschung nutzt nun den Kulturbegriff beispielsweise als erkenntnisleitendes Prinzip, im Sinne einer „Basismetapher", die organisationales Handeln erklärt (Morgan 1986). Organisationskultur wird (freilich in unterschiedlich strengem Sinne) entsprechend verstanden als Sinnsystem oder symbolische Ordnung, auf deren Basis Organisationsmitglieder Handlungsmuster (re-)produzieren und somit als Kulturträger agieren (Sackmann 2002). Ihr wird Relevanz zugesprochen für Wahrnehmung, Wertbezüge und grundlegende Überzeugungen der Akteure (Schein 2006).

In die Tradition dieser bedeutungs-, wissens- und symbolorientierten Perspektiven ließe sich auch eine allgemeine praxistheoretische Kulturkonzeption stellen (Reckwitz 2008). „Das Wissen der Kultur stellt sich hier als ein inkorporierter Komplex von Kompetenzen, von Alltagstechniken und alltäglichen Verstehensformen, als ein gekonnt eingesetztes ›tool kit‹ (Ann Swidler) dar" (Reckwitz 2005, S. 98). Organisationskultur ist entsprechend als eine Wissensordnung zu verstehen, die organisationale Praktiken arrangiert und reguliert, wobei sie zugleich in die Praktiken eingelagert und durch diese hervorgebracht ist. Praxistheorie entwirft Kultur also als etwas zu praktizierendes, als „Doing Culture" (Hörning und Reuter 2004). Eine solche Perspektive birgt auch entscheidende Implikationen für das Verständnis interkultureller Differenz:

> Die Praxistheorien enthalten die Möglichkeit, kulturelle Differenzen nicht als Unterschiede zwischen Entitäten wahrzunehmen, sondern sie in der – teils routinisierten, teils konflikthaften – aktiven interpretativen Aneignung unterschiedlicher, einander „überlagernder" Sinn- und Aktivitätselemente, die ganz verschiedener räumlicher und zeitlicher Herkunft sein können, zu suchen. (Reckwitz 2005, S. 100 ff.)

3   Organisationale kulturelle Differenz aus praxistheoretischer Sicht

Um das Phänomen organisationaler kultureller Differenz jedoch umfassend praxistheoretisch rekonstruieren zu können, muss auch das Verständnis von Organisation in den entsprechenden theoretischen Fokus gestellt werden. In einer ersten Annäherung können Organisationen – wie auch andere gesellschaftliche Institutionen – als objektivierte, historisch gewachsene soziale Struktur verstanden werden, deren inkorporierte Entsprechung der Habitus ist. Die Existenz und Funktionsweise des Habitus erlaubt es wiederum,

> die Institutionen zu bewohnen, sie sich praktisch anzueignen, um sie dadurch in Aktion, am Leben, bei Kräften zu erhalten, sie beständig dem Zustand toter Buchstaben, toter Sprache zu entreißen, den in ihnen niedergelegten Sinn wieder mit Leben zu erfüllen, aber nur, indem er (der Habitus) ihnen Veränderungen und Umwandlungen aufzwingt, die das Gegenstück und die Bedingung ihrer Reaktivierung sind. (Bourdieu 1987, S. 107)

Organisationen (bzw. enger gefasst: Unternehmen) können im Sinne Pierre Bourdieus aber auch als Felder verstanden werden: „Wenn man die „schwarze Kiste" Unternehmen öffnet und hineinblickt, findet man darin nicht Individuen, sondern abermals eine Struktur, jene des Feldes *des* Unternehmens, das relative Autonomie gegenüber den aus der Position im Feld *der* Unternehmen herrührenden Zwängen besitzt" (Bourdieu 1998, S. 191). Als Feld verstanden, ist der Organisation eine spezifische Feldlogik eigen, die sich beispielsweise in der Aufbau- und Ablauforganisation, den Grundsätzen und Strategien, den informellen Alltagspraxen, dem Führungsstil und Betriebsklima, den Bräuchen und Sprachgewohnheiten materialisiert und objektiviert (Weber i. E.). Dabei gerät auch die Aktualisierung und Reproduktion von Machtverhältnissen und sozialer Ungleichheit auf der Basis unterschiedlicher Kapitalstrukturen und -ausstattungen der organisationalen Akteure in den Blick. Neben dem ökonomischen Kapital, welches sein Machtpotenzial aus der damit verbundenen Autonomie, der Möglichkeit zur Einflussnahme sowie aus materiellen Statussymbolen bezieht, schlägt Bourdieu als analytische und empirische Kategorien zwei weitere Kapitalarten vor: Auch die soziale und kulturelle Kapitalausstattung der Akteure ist in die Analyse der sozialen bzw. organisationalen Praxis einzubeziehen. So erweisen sich einerseits soziale Netzwerk- und Beziehungsressourcen, andererseits bildungsbezogene Ressourcen, wie z. B. formale Qualifikationen und (z. T. familial erworbenes) Wissen und Können (Büchner und Brake 2006), als zentrale Kapitalien, die Machtverhältnisse bestimmen. Diese sozial ungleich verteilten Kapitalausstattungen führen im organisationalen Feld zu unterschiedlichen Positionierungen. Welches Kapital welchen Wert erhält, hängt von den Spielregeln des Feldes und der symbolischen Macht der EignerInnen ab und verweist somit wiederum auf den Zusammenhang zwischen Habitus und Feld.

In einer Vorstellung, die Organisation als Feld rekonstruiert, stellt sich auch die Frage der Passung und Nicht-Passung von Habitus und Feldstruktur, wobei diese Blickachse nicht mit der Frage nach Kapitalausstattung zusammenfällt. Die Feldpassung stellt sich über das Interesse für spezifische Objekte her, die „von jemandem, der für den Eintritt in dieses Feld nicht konstruiert ist, nicht wahrgenommen werden" (Bourdieu 1993, S. 107). Interessensobjekte und Feldregeln verweisen wiederum auf jene Wissensordnung, die als Organisationskultur beschrieben werden kann. Dabei bleiben Kämpfe um symbolische Deutung, Wertigkeiten und Spielregeln nicht aus. So ließe sich nicht nur von „doing clulture", sondern ebenso von „doing cultural difference" sprechen: „Die ‚mangle of practice' (Pickering) verarbeitet routinemäßig diverse, keineswegs immer systematisch aufeinander abgestimmte Elemente des Tuns und des Denkens: hier ist aus praxeologischer Perspektive der Ort von kulturellen Differenzen ‚at work'" (Reckwitz 2005, S. 101). Dabei ist es wiederum kulturabhängig, wie mit diesen (organisations-)kulturellen Differenzen umgegangen wird: Im Alltag organisationaler Relevanzsetzungen finden Legitimations- und Repräsentationskämpfe statt und die Regeln des Feldes privilegieren die Praktiken einiger Akteure und marginalisieren andere.

Der explizite wie implizite Umgang mit kultureller Differenz bzw. das zugrunde liegende Sinnsystem produziert Einschlüsse und Ausschlüsse, kann zu einer harmonischen und erfolgreichen Arbeitsbasis beitragen, aber auch zu Missverständnissen und Konflikten führen. In welchem Maße und in welcher Weise es Organisationen gelingt, ihre eigene Differenzierungspraxis zu reflektieren und ggf. zu transformieren, stellt sich somit nicht nur als Frage empirischer Forschung, sondern ist auch für die organisationale Praxis relevant. Dies impliziert Bedarf an einer Organisationsberatung, welche die praktische Hervorbringung kultureller Differenz in Organisationen zu analysieren in der Lage ist. Die Praxistheorie kann hierfür gute analytische Dienste leisten, wofür insbesondere Bourdieus Reflexivitätskonzept gute Ansatzpunkte bietet.

4   Organisationspädagogische Reflexion und habitusreflexive Beratung

Im Rahmen des Forschungsprojekts „Habitusreflexive Beratung im Gründungsprozess", wurde die Praxeologie Pierre Bourdieus bereits erfolgreich für einen Beratungsansatz fruchtbar gemacht (Weber et al. i. V.). Das Forschungsprojekt wurde von 2008 bis 2011 im Rahmen des Programms „Power für Gründerinnen" durch BMBF und ESF gefördert. Im Fokus der Forschungsarbeit steht die Analyse von Gründungsberatung und Beratungslandschaft in Deutschland und hieran anschließend die Entwicklung eines praxeologisch fundierten Beratungsansatzes. Dieser ist geeignet, insbesondere die Beratung von Gründerinnen und Gründern zu verbessern, die bezogen auf Geschlecht, Ethnie, Alter, soziale Herkunft etc. nicht dem hegemonialen Unternehmerbild entsprechen und in Folge dessen auch in Biographie, Erscheinungsbild und (Gründungs-)praxis erwartbar vom „Normalunternehmer" abweichen (Elven 2010).

Die Forschungsarbeit zeigt das große Potenzial der praxeologischen Rekonstruktion divergenter Sinnhorizonte bzw. Kulturen und bedingender sozialer Strukturen: Mit Hilfe des Habituskonstrukts lassen sich kulturspezifische Denk-, Wahrnehmungs- und Handlungsdispositionen identifizieren und vergleichen. So zeigte sich, dass die Praxis von Gründerinnen stark mit ihrer sozialen, geografischen, generationalen etc. Herkunft korrespondiert (vgl. Brake et al. i. V.). Eine habitusreflexive Analyseperspektive lässt sich entsprechend auch für die Betrachtung organisationaler kultureller Differenz und die Begleitung organisationskultureller Wandlungsprozesse fruchtbar machen, indem der Habitus der Organisationsmitglieder auf ihre kulturellen Bedingungen zurückgeführt und in der Relation des organisationalen Gefüges betrachtet werden. Entsprechend wird sie ebenfalls relevant in organisationsübergreifenden Kooperationen, in denen sich habituelle Dispositionen von Netzwerkakteuren mit der in organisationalen Feldern gegebenen institutionellen Heterogenität verschränkt (Weber und Schwarz 2011; Schwarz und Weber 2011). Vor allem aber verweisen die Forschungsergebnisse auf die hohe Relevanz einer (habitus)reflexiven Haltung von Beraterinnen und Beratern, wenn ein angemessener Umgang mit Heterogenität und differierenden Ausgangsbedingungen und Dispositionen erreicht werden soll. Denn auch Beratungspraxis und Fallverständnis variieren in Entsprechung zum kulturellen, institutionellen, organisationalen oder ganz allgemein: sozialen Hintergrund der Beratenden (Schwarz und Weber 2010).

Für die Frage nach beraterischer Reflexivität können die Bourdieuschen Überlegungen zu Reflexivität im wissenschaftlichen Feld fruchtbar gemacht werden. Praxistheorie ist für Bourdieu ein Instrument zur differenzierten Analyse sozialer Phänomene – dies lässt sich an der soeben dargestellten praxistheoretischen Rekonstruktion kultureller Differenz in Organisationen nachvollziehen: Bourdieus begriffliches Instrumentarium wirft ein neues Licht auf organisationale Prozesse und deckt teils vorbewusste Denk-, Wahrnehmungs- und Handlungsstrukturen, die kulturelle Differenz (re-)produzieren, auf. Gelungene sozialwissenschaftliche Analysen basieren allerdings nicht nur auf dem Einsatz (praxis)theoretischer

Konzepte. Eine reflexive Haltung, welche die praxistheoretische Analyse auf die Analysierenden und deren Analysepraxis rückbezieht, ist für eine sich ernst nehmende Sozialwissenschaft unverzichtbar. „Es genügt nicht die „erlebte Erfahrung" des wissenden Subjekts zu explizieren; man muss die sozialen Bedingungen dieser Erfahrungsmöglichkeit und, genauer gesagt, des Aktes der Objektivierung objektivieren" (Bourdieu 1999, S. 365). Reflexive Forschung wendet – in diesem Sinne verstanden – die praxistheoretischen Erkenntnisinstrumente auf sich selbst an, so dass die soziale Bedingtheit der Analysepraxis sichtbar wird.

Bourdieu beschreibt drei soziale Momente, die auf die Analysepraxis einwirken und bezeichnet sie als „Biases". Auf einer ersten, sehr grundlegenden Ebene gilt es, fundamentale soziale Prägungen entlang zentraler Kategorien wie Geschlecht, soziale Herkunft oder Ethnizität zu berücksichtigen. Ein strukturelles Problem der Analyse liegt also zunächst in den habituellen Dispositionen der Analysierenden selbst. Die jeweiligen Relevanzstrukturen und „blinden Flecke" erschweren die reflexive Analyse (organisationaler) Praxis. „Dieser Bias ist am offensichtlichsten und damit auch durch Selbstkritik und wechselseitige Kritik am direktesten zu kontrollieren" (Wacquant 1996, S. 66 f.). Schwerer ist es, die aktuelle Verortung im je analyserelevanten Feld – hier: im wissenschaftlichen Feld – als analyseleitendes, den Blick bestimmendes Element zu berücksichtigen. Es muss also die Position beleuchtet werden,

> die der Analysierende nicht mehr innerhalb der sozialen Struktur im weitesten Sinne, sondern innerhalb des wissenschaftlichen (oder universitären) Feldes einnimmt, das heißt in dem objektiven Raum sozialer Positionen, die sich zu einem bestimmten Zeitpunkt innerhalb einer bestimmten wissenschaftlichen Welt darbieten (das, was in etwa in dem Satz enthalten ist: Mr. X ist Assistenzprofessor für Soziologie in Columbia). (Bourdieu 1999, S. 369 f.)

Den dritten Bias sieht Bourdieu in der „doxischen Verkennung" kontingenter Analysekonstruktionen: Jedweder analytische Blick fußt (und sei dies noch so verborgen) in einer langen wissenschaftlichen Tradition, die bestimmte Bedingungen und Konnotationen an die Analyse und Analyseergebnisse knüpft. Der analytischen Auseinandersetzung mit sozialen Phänomenen (hier: organisationale kulturelle Differenz) wohnt also eine spezifisch wissenschaftliche Welthaltung inne, die den Betrachter bzw. die Betrachterin vom unmittelbaren Sinn sozialer Praxis entfernt. Dieser „scholastischen Verzerrung" muss sich der Analysierende bewusst sein:

> Vergißt er, daß, wie Bachelard sagt, „die Welt, in der man denkt, nicht die Welt ist, in der man lebt", dann kann er in seinem scholastischen Ethnozentrismus […] einen Unterschied zwischen zwei „Mentalitäten", zwei Naturen, zwei Essenzen feststellen dort, wo es in Wirklichkeit mit zwei sozial konstruierten Arten des Konstruierens

und Verstehens der Welt zu tun hat: einer ersten, scholastischen, die er stillschweigend zur Norm erhebt, und einer zweiten, praktischen. (Bourdieu 2004, S. 66)

Diese als wissenschaftliche Reflexivität entwickelte Rückwendung der Analyse lässt sich nun nutzen um einen differenzierten Blick auf organisationale Praxis als Basis organisationspädagogischer Intervention zu entwickeln. In einer solchen Adaption rekurriert die Reflexion natürlich auf andere Feldbezüge – statt dem Feld der Wissenschaft wird das Feld der Organisation mit seinen Relationen zu anderen Feldern betrachtet. So wie die praxistheoretische Reflexion der wissenschaftlichen Analysepraxis die wissenschaftliche Analyse fundiert, kann die praxistheoretische Reflexion der organisationsbezogenen Analysepraxis von Pädagoginnen und Pädagogen die organisationspädagogische Analyse und hierauf aufbauende Beratung fundieren. Dabei geraten folgende Herstellungsbedingungen in den Blick: Auf der ersten Ebene liegt die Betrachtung persönlicher herkunftsbedingter Habitusstrukturen im Bezug auf kulturelle Differenz. „Wo", „wann" und „wie" des Aufwachsens bedingt das „doing cultural difference". Dies betrifft nicht nur den bewussten Umgang, sondern insbesondere vorbewusste Strukturen: Was wird als „Differenz" wahrgenommen, was nicht? Mit welchen Sprachelementen oder Körperhaltungen wird kulturelle Differenz praktiziert? Ist kulturelle Differenz mit spontaner Aversion, Gleichgültigkeit, Freude über die eigene Weltoffenheit verbunden? All diese Komponenten finden unweigerlich Eingang in die Analyseperspektiven der entsprechenden OrganisationspädagogInnen. Auf der zweiten Ebene ist die aktuelle Verortung im Feld der Organisation zu betrachten: Welche ausgesprochenen, unausgesprochenen und unbewussten Spielregeln gibt es in der Organisation im Umgang mit kultureller Differenz? Wo gibt es Brüche, ein In-Frage-Stellen bestehender Strategien – in diesem Sinne häretische Strategien? Und: Wie ist in diesem Zusammenhang die eigene Position im Feld zu verstehen? Auf der dritten Ebene schließlich wird die soziale Herstellung und Geschichte der analytischen Perspektive selbst thematisiert. Zum einen geraten solche Implikationen in den Blick, die mit dem erzwungenen Abstand zum Gegenstand, mit der Figur der bzw. des „Betrachtenden"/ „Beratenden" einhergehen. Zum anderen werden selbstverständliche Techniken und Theorien betrachtet, wie etwa die theoretische, Vorannahmen leitende Konstruktion „kulturelle Differenz".

Diese Reflexivität verschafft den Analysierenden bzw. Beratenden keine exponierte Position, im Sinne eines Heraustretens aus der Praxis. Aber sie bietet eine elaborierte, erweiterte Perspektive auf Organisation und die eigene organisationale Praxis. Auf ihrer Grundlage können Wandlungs-, Entwicklungs- und Lernprozesse besser verstanden und begleitet werden. Sie kann daher einen Beitrag zur Fundierung professionellen organisationspädagogischen Handelns leisten. Umgekehrt sind insbesondere PädagogInnen aufgrund ihres sozialwissenschaftlichen Hintergrundes prädestiniert, eine praxistheoretische Sichtweise auszubilden und in ihrer Praxis zu bewahren. Dies kann sich in einer allgemeinen Haltung der Arbeitspraxis widerspiegeln, als sozialwissenschaftlich-reflexiver Blick. Eine praxistheoretische Analyse und Reflexion kann aber auch expliziter Teil organisationspädagogischer Intervention, also der Gestaltung organisationaler Lern-, Entwicklungs- und Wandlungsprozesse sein und eine pädagogische Organisationsentwicklung konzeptionell und methodisch fundieren.

Auf dieser Grundlage kann es leichter möglich werden, die Differenzierungen, Homogenisierungen oder Egalisierungen, die sich in organisationaler Praxis realisieren, zu untersuchen, zu reflektieren und zu gestalten. Eine solche (habitusreflexive) organisationspädagogische Analyse und Beratung bezieht sich dann auf die habituelle Disponiertheit der Akteure und Relationen im organisationalen Feld, wobei sie die Bedingungen der Möglichkeit einer organisationspädagogischen Analyseperspektive reflektiert. Mit einer praxistheoretischen, habitusreflexiven Analyse- und Beratungsperspektive geraten damit quasi-natürliche Gegebenheiten ebenso wie formale, vordergründige und vermeintliche Gleichheiten und organisationale Macht- und Herrschaftsstrukturen – und das je spezifische Zusammenspiel mit Organisationsberatung im organisationalen Feld – in den Blick (Weber i. E.). Auf dieser Basis können Spielräume für „Improvisationen in den Grenzen von Wahrscheinlichkeiten und von Dispositionen" (Fley 2008, S. 168) und neue Freiheitsgrade für die Akteure im organisationalen Handeln erschlossen werden.

Literatur

Bourdieu P (1987) Sozialer Sinn. Kritik der theoretischen Vernunft. Suhrkamp, Frankfurt a. M.
Bourdieu P (1993) Über einige Eigenschaften von Feldern. In: Bourdieu P (Hrsg) Soziologische Fragen. Suhrkamp, Frankfurt a. M., S 107–114
Bourdieu P (1998) Das ökonomische Feld. In: Bourdieu P (Hrsg) Der Einzige und sein Eigenheim. VSA-Verlag, Hamburg, S 163–191
Bourdieu P (1999) Narzißtische Reflexivität und wissenschaftliche Reflexivität. In: Berg E, Fuchs MR (Hrsg) Kultur, soziale Praxis, Text. Die Krise der ethnographischen Repräsentation, 3. Aufl. Suhrkamp, Frankfurt a. M., S 365–374
Bourdieu P (2004) Meditationen. Zur Kritik der scholastischen Vernunft. Suhr- kamp, Frankfurt a. M.
Brake A, Ruiner C, Wehr L, Wortmann D (Hrsg) (i. V.) Habitus – Familie – Existenzgründung. Familiale Voraussetzungen des Gründungshandelns von Frauen
Büchner P, Brake A (Hrsg) (2006) Bildungsort Familie. Transmission von Bildung und Kultur im Alltag von Mehrgenerationenfamilien. VS Verlag für Sozialwissenschaften, Wiesbaden

Elven J (2010) Entrepreneurial Diversity oder unternehmerische Ungleichheit? Pädagogische Blick 18(2):95–105

Fley B (2008) Wirtschaft und wirtschaftliches Handeln als Ökonomie der Praxis. In: Maurer A (Hrsg) Handbuch der Wirtschaftssoziologie. VS Verlag für Sozialwissenschaften, Wiesbaden, S 161–184

Hartz S, Schardt V (2010) (Organisations-)theoretische Bezüge in erwachsenenpädagogischen Arbeiten. Eine Bestandsaufnahme. In: Dollhausen K, Feld TC, Seitter W (Hrsg) Erwachsenenpädagogische Organisationsforschung. VS Verlag für Sozialwissenschaften, Wiesbaden, S 21–43

Heinen E (1997) Unternehmenskultur als Gegenstande der Betriebswirtschaftslehre. In: Heinen E, Fank M (Hrsg) Unternehmenskultur. Perspektiven für Wissenschaft und Praxis, 2., bearb. & erw. Aufl. Oldenbourg, München, S 1–48

Hofstede G (1980) Culture's consequences. International differences in work-related values. Sage, Newbury Park

Hörning KH, Reuter J (Hrsg) (2004) Doing Culture. Neue Positionen zum Verhältnis von Kultur und sozialer Praxis. Transcript, Bielefeld

Kroeber AL, Kluckhohn C (1963) Culture. A critical review of concepts and definitions. Vintage, New York

Moebius S (2009) Kultur. Transcript, Bielefeld

Morgan G (1986) Images of organization. Sage, Thousand Oaks

Neuberger O, Kompa A (1987) Wir, die Firma. Der Kult um die Unternehmenskultur. Beltz, Weinheim

Pascale RT, Athos AG (1982) Geheimnis und Kunst des japanischen Managements. Heyne, München

Peters TJ, Waterman RH (1983) Auf der Suche nach Spitzenleistungen. Was man von den bestgeführten US-Unternehmen lernen kann, 9. Aufl. Redline Wirtschaft, Frankfurt a. M.

Reckwitz A (2005) Kulturelle Differenzen aus praxeologischer Perspektive: Kulturelle Globalisierung jenseits von Modernisierungstheorie und Kulturessentialismus. In: Srubar I, Renn J, Wenzel U (Hrsg) Kulturen vergleichen. Sozial- und kulturwissenschaftliche Grundlagen und Kontroversen. VS Verlag für Sozialwissenschaften, Wiesbaden, S 92–111

Reckwitz A (2008) Die Transformation der Kulturtheorien. Zur Entwicklung eines Theorieprogramms, 2. Aufl. Velbrück Wissenschaft, Weilerswist

Sackmann SA (2002) Unternehmenskultur. Erkennen – Entwickeln – Verändern. Luchterhand, Neuwied

Schein EH (2006) Organisationskultur, 2., korr. Aufl. EHP, Bergisch Gladbach

Schwarz J, Weber SM (2010) Organisation – Wissen – Beratung. In: Göhlich M, Weber SM, Seitter W, Feld TC (Hrsg) Organisation und Beratung. VS Verlag für Sozialwissenschaften, Wiesbaden, S 237–246

Schwarz J, Weber SM (2011) Steuerung von Netzwerken – Steuerung in Netzwerken. In: Hof C, Ludwig J, Schäffer B (Hrsg) Steuerung – Regulation – Gestaltung. Dokumentation der Jahrestagung der Sektion Erwachsenenbildung der Deutschen Gesellschaft für Erziehungswissenschaft vom 23. bis 25. September 2010. Schneider, Hohengehren, S 106–115

Wacquant LJD (1996) Auf dem Weg zu einer Sozialpraxeologie. Struktur und Logik der Soziologie Pierre Bourdieus. In: Bourdieu P, Wacquant LJD (Hrsg) Reflexive Anthropologie. Suhrkamp, Frankfurt a. M., S 17–93

Weber SM (i. E.) Macht und Gegenmacht. Organisation aus praxistheoretischer Perspektive – Implikationen für eine habitus- und feldreflexive Organisationsberatung. In: Zeitschrift für Organisationsberatung, Supervision und Gruppendynamik. Sonderheft zu „Macht in Organisationen" Heft 43, S 134-152

Weber SM, Schwarz J (2011) Führung in interorganisationalen Netzwerken. In: Göhlich M, Weber SM, Schiersmann C, Schröer A (Hrsg) Organisation und Führung. Beiträge der Kommission Organisationspädagogik. VS Verlag für Sozialwissenschaften, Wiesbaden, S 211–222

Weber SM, Elven J, Schwarz J (i. V.) Habitus, Reflexivität und Beratung. Theoretische, empirische und methodologische Aspekte. VS Verlag für Sozialwissenschaften, Wiesbaden

Die Übersetzung der Organisation. Theoretische Skizzen organisationalen Lernens im Kontext des Nicht-Verstehens

Nicolas Engel

In (interkulturell) grenzüberschreitenden Aktivitäten von Organisationen besteht nicht nur die Notwendigkeit sprachlicher Übersetzung, sondern auch kulturell – in der Bearbeitung tradierter Geschichtsbilder, historisch gewachsener sozialer Praktiken und national organisierter Bürokratien – muss Übersetzungsarbeit geleistet werden. Die Gestaltung gemeinsamer grenzübergreifender Programme verbindet sich mit der Suche nach interner (interkultureller) Verständigung darüber, wie grenzüberschreitendes Organisieren und Kooperieren funktionieren kann. So verweist der Titel dieses Beitrags auf zweierlei: Zum einen bringt er eine forschungsmethodische Haltung des ethnographisch-beschreibenden Forschers als Übersetzer zum Ausdruck, der zwischen Eindrücken und Erfahrungen teilnehmender Beobachtung im *Dort* und der deskriptiven oder narratologischen Darstellungsform im *Hier* übersetzt (vgl. Geertz 1990, ausführlicher dazu vgl. Göhlich et al. 2012). Zum anderen signalisiert der Titel das Interesse am organisationalen Lernen im Kontext interkultureller grenzüberschreitender Verständigung und Kooperation.[1] Dieser Beitrag möchte den zuletzt genannten Aspekt in gegenstandstheoretischen Überlegungen zum Verhältnis von Organisation und Übersetzung aufgreifen und fragen, inwiefern sich organisationale Praktiken grenzüberschreitender Verständi-

---

[1] Die hier vorgestellten Überlegungen entwickeln sich im Rahmen eines vom BMBF geförderten interdisziplinären Forschungsprojekts. Unter dem Titel „Interkulturelle Übersetzung in grenzregionalen Organisationen" werden hier programmatisch grenzübergreifend-agierende Organisationen des deutsch-tschechischen Grenzraums erforscht (vgl. http://www.grenzorganisationen.de).

N. Engel (✉)
Institut für Pädagogik, Friedrich-Alexander-Universität
Erlangen-Nürnberg, Bismarckstraße 1a, 91054 Erlangen, Deutschland
E-Mail: Nicolas.Engel@paed.phil.uni-erlangen.de

M. Göhlich et al. (Hrsg.), *Organisation und kulturelle Differenz,*
Organisation und Pädagogik 12, DOI 10.1007/978-3-531-19480-6_4,
© VS Verlag für Sozialwissenschaften | Springer Fachmedien Wiesbaden GmbH 2012

gung und Kooperation als beständig unabgeschlossene Vorgänge des Nicht-Verstehens beschreiben lassen und wie darin organisationales Lernen erkennbar wird. Dies erfolgt in drei Schritten. Der erste Teil des Beitrags setzt sich mit den Begriffen Organisation, Organisationales Lernen und Übersetzung auseinander, die als zentrale theoretische Kategorien den Gegenstand organisationsethnographischer Betrachtung bestimmen. In einem zweiten Schritt wird der organisationswissenschaftliche und pädagogische Diskurs nach erprobten Ansätzen zur Analyse interkultureller Verständigung befragt. Ausgehend von der interkulturellen Perspektive Paul Mecherils auf interkulturelle Verständigung als Verschränkung von Verstehen und Nicht-Verstehen wird im dritten Teil des Beitrags versucht, Vorgänge der Übersetzung (der Tradierung und der Transformation) organisationsspezifischer Strategien (organisations)kultureller Differenzbearbeitung als organisationales Lernen an Ausschnitten einer dichten Organisationsbeschreibung zu veranschaulichen.

1   Begriffliche Annäherungen

Organisation Organisationsethnographisch zu forschen bedeutet, über Teilnahme und Beobachtung (und deren methodische Verschränkung) dichte Beschreibungen des im Kontext der Organisation stattfindenden alltäglichen Miteinander-Arbeitens anzufertigen (vgl. ausführlicher Engel 2011). Miteinander zu Arbeiten erfolgt in Organisationen nicht frei, sondern vor allem zweck- oder aufgabenbezogen, im Rahmen geregelter Zugehörigkeit und Hierarchie. Ob in formellen Settings wie Besprechungen oder ob in informellen (aber dennoch habitualisierten oder gar ritualisierten) Formen der Interaktion, die Spezifik einer Organisation und ihrer Praxis konstituiert sich in einer – meinem organisationsethnographischen Vorgehen zugrundeliegenden – praxis- und performativitätstheoretischen Sichtweise durch die praktischen und kooperativen Vollzüge von Akteuren und gemeinsame Inszenierungen in jeweils spezifischen Referenzen auf die gemeinsame Aufgabe und das gemeinsame Ziel (vgl. Göhlich et al. 2012). Dieser ethnographisch-praxistheoretischen Perspektive werden organisationstheoretische Überlegungen von Günther Ortmann zugrunde gelegt:

> Organisationen werden [...] über organisationale Praktiken gekennzeichnet, über in Organisationen wiederkehrend praktizierte Formen des Handelns, und nicht allein über formale Strukturen, strukturelle Eigenschaften oder Input-Output-Relationen [...]. Organisationale Strukturen existieren überhaupt nur im Handeln der Akteure. (Ortmann et al. 1997, S. 324)

Im Sinne der Dualität von Struktur (vgl. Giddens 1997) liegt dem Begriff der Organisation ein Doppelsinn zu Grunde: er verweist zum einen auf den Prozess des Organisierens (vgl. Weick 1995) und zum anderen auf die Organisiertheit, das Resultat des Organisierens. Demnach sind Organisationsstrukturen als Handlungskontexte zu verstehen und Ergebnis sowie gleichwohl Medium organisationaler Praxis. Dabei ist die relative Geschlossenheit der Wiederholung auf der einen Seite und die prinzipielle Offenheit kreativer Reproduktion von Strukturen durch organisationale Praktiken auf der anderen Seite zentrales Charakteristikum (vgl. Reckwitz 2008, S. 120 f.). Sie gewährleisten dementsprechend Beständigkeit und Innovation.

Organisationales Lernen Zwischen diesen Polen konstituiert sich ein Spannungsfeld, in dem ein Konzept des organisationalen Lernens zu verorten ist. Bestehende Strukturen und Muster organisationaler Praxis werden in der Organisation durch und in alltäglichen Formen des Miteinander-Praktizierens präsentiert und repräsentiert und dadurch vermittel- bzw. tradierbar (vgl. Engel 2012). Die Präsentation und Repräsentation organisationaler Praxis(strukturen) erfolgt in diesem Sinne als performativ-dialogische sowie als erfahrungsbezogene Aushandlung der organisationalen Akteure untereinander und ermöglicht hierin nicht nur eine Sicherung, Reflexion bzw. Erweiterung des Wissens und Könnens beteiligter Akteure, sondern prinzipiell auch eine Transformation oder Tradierung der zugrundeliegenden Praxismuster selbst (vgl. Göhlich 2007). Im Anschluss an Michael Göhlich kann dies als Organisationales Lernen im Sinne eines „mustermimetischen Prozesses" (ebd., 225) verstanden werden. Dieses Verständnis schließt an das Konzept des Organisationslernens an, wie es Ariane Berthoin Antal und Sigrid Quack im Wechselspiel von Grenzüberschreitung und Grenzziehung formulieren. In Überschreitungen von nationalen und kulturellen (aber auch innerorganisationalen) Grenzen des Wissens, des Könnens und der Erfahrung versuchen.

> Strategien des Organisationslernens [...], das Wissen und die Erfahrungen verschiedener Organisationsmitglieder und Abteilungen in kollektiven und individuellen Lernprozessen zusammenzuführen. (Vgl. Berthoin Antal und Quack 2006, S. 17)

Dabei implizieren die Prozesse der Grenzüberschreitung Innovation und Transformation aber auch Grenzziehung, Schließung sowie potentielle Grenzverletzung. Im Spannungsfeld relativer Geschlossenheit der Wiederholung und prinzipieller Offenheit für Neues verweisen Grenzüberschreitungen auf „die mit Innovationsprozessen verbundenen individuellen und kollektiven Lernprozesse [...]" (ebd., S. 17), in denen Stile, Prozesse oder Praktiken des Organisierens grenzübergreifender Verständigung individuell wie kollektiv mimetisch aufgegriffen und nachvollzogen werden. Als performativ-mimetische Vorgänge des Aufgreifens, Nachvollziehens sowie des Vermittelns von Praktiken und Prozessen des Organisierens von Grenzüberschreitung und des Bearbeitens daraus resultierender Differenzen können diese als Vorgänge (organisations)kultureller Übersetzung analysiert werden.

Übersetzung In Anschluss an den *translational turn* der Sozial- und Kulturwissenschaften (vgl. Bachmann-Medick 2007) soll das Konzept der Übersetzung in der Untersuchung organisationalen Lernens im Kontext nationaler und kultureller Grenzüberschreitung nicht nur im linguistischen Sinne als Übertragung von Sprachen und Texten, sondern auch kulturwissenschaftlich als Neuschöpfung kultureller Praxis verstanden werden. Konkretisieren lässt sich eine solche Übersetzungsperspektive mit Überlegungen von Boris Buden. „Kulturelle Übersetzung" verweist diesem zufolge auf zwei gegensätzliche Konzepte (Buden und Nowotny 2008). „Interkulturelles Übersetzen" benennt jene Vorgänge der Differenzbearbeitung, die das Verhältnis zwischen Kulturen betonen und festigen und bestimmte Dichotomien und binäre Logiken reproduzieren (vgl. ebd., S. 18 ff.). Demgegenüber steht – gleichsam als „Kritik am Multikulturalismus" – eine dekonstruktivistische Perspektive auf Übersetzung als Hybridisierung, die in Anknüpfung an Homi Bhabha kulturelle Differenzen betont. In Sinne des „third space" und der kulturellen Hybridität unterläuft diese Form der Übersetzung binäres Identitätsdenken (ebd., S. 20 f.). So ergibt sich ein pragmatisches Verständnis von kultureller Übersetzungsarbeit als praktische Erschließung von Differenzen (vgl. Renn 2002, S. 28) und als ein diese Differenzen bearbeitender und konstruierender Vorgang, der Ordnungen erhaltend und stabilisierend als Tradierung und/oder Ordnungen unterlaufend und hybridisierend als Transformation charakterisiert werden kann: In der Untersuchung organisationalen Lernens interessieren somit Tradierung und Transformation als Lerndimensionen kultureller Übersetzung. Im eingangs skizzierten Forschungszusammenhang fokussiert eine pädagogische Übersetzungsperspektive (interkulturell) grenzüberschreitender Verständigung und Kooperation in Organisationen als Vorgänge der *Tradierung* und *Transformation* eines organisationalen Wissens um und Könnens von (national)kultureller Grenzüberschreitung (vgl. Abschn. 3 dieses Beitrags).

2 Verstehen oder Nicht-Verstehen. Zur Organisation grenzüberschreitender Übersetzung

Ein Blick auf die Diskussionen in der interkulturellen Pädagogik und auch in der interkulturellen Managementforschung zeigt eine Vielzahl an Vorschlägen zur Analyse und zur Konzeptualisierung interkultureller Verständigung und Kompetenz (vgl. Schlamelcher 2003; Auernheimer 2010). Prominent ist beider Orts der Ansatz von Alexander Thomas, der – Geert Hofstedes Verständnis von Kultur als „kollektive Programmierung des Geistes, die die Mitglieder einer Gruppe [...] von anderen unterscheidet" (2009, S. 4) aufgreifend und theoretisch weiterführend – kulturelle Differenzen im Modell der Kulturstandards messbar und für interkulturelle Verständigung handhabbar macht (Thomas 1996). Im Fahrwasser dieser kulturalistischen Perspektive auf interkulturelle Verständigung und in ihrer Kopplung mit Interkulturellen Kompetenztrainings sind Studien entstanden, die den interkulturellen Dialog in Organisationen als Modell bikultureller Verständigung analysieren (vgl. Stumpf et al. 2008; Leenen et al. 2010). Gemäß des Kulturstandardkonzept wird in diesen Studien davon ausgegangen, dass die Dialogfähigkeit der Organisationen im Kontext der Internationalität ohne Kenntnisse über kulturelle Typiken der jeweils Anderen nicht möglich ist. Auch für den deutsch-tschechischen Bereich – und hier mit großer Resonanz bei vielen grenzüberschreitenden Kooperationen und Organisationen – haben sich Kulturstandards als Standard der Verständigung über Differenzen etabliert (Schroll-Machl und Novy 2008). Wenn auch weniger kulturkontrastiv und handlungsdeterminierend ist vielen pädagogischen Ansätzen interkultureller Kommunikation und interkultureller Kompetenz gemein, dass auch hier die Aufgabe „Einander zu verstehen" oder „den Gegenüber zu verstehen" stufenförmig angelegt ist und im Ziel der „Befähigung zum interkulturellen Dialog" oder im „Fremdverstehen" mündet (Leenen et al. 2010; vgl. auch Auernheimer 2003, S. 137 f.). Bezüglich einer solch technologischen Vorstellung interkultureller Verständigung, bzw. eines produktiven Umgangs mit kulturellen Differenzen konstatiert Paul Mecheril, dass das „Einander-Verstehen" dazu tendiert, Kommunikation abzuschließen und nicht zu eröffnen (Mecheril 2004, S. 127). Er plädiert für eine alternative Perspektive der „Gleichzeitigkeit von Verstehen und Nicht-Verstehen", die kulturelle Differenz nicht im Sinne des vollkommenen Verstehens überwinden, sondern anerkennen will. Die Erkenntnis der „hermeneutischen Unzugänglichkeit des Anderen" (ebd., S. 128) wird so zum Ausgangspunkt interkultureller Verständigung. Die Gefahr des frühzeitigen Abschlusses des interkulturellen Kontakts durch das Verstehen verringert sich, sobald von einer Verschränkung des Verstehens und des Nicht-Verstehens ausgegangen wird. So heißt es, die

Verschränkung des Verstehens und Nicht-verstehens kündigt die Beziehung zum anderen nicht auf, begegnet aber der für soziale Beziehungen notwendigen Möglichkeit des Verstehens skeptisch, stellt sie kommunikativ und reflexiv infrage und übergibt ihre weitere soziale und kognitive Ausgestaltung der sich in der Dialektik von Verstehen und Nicht-Verstehen konstituierenden dialogischen Auseinandersetzung. (ebd., S. 128)

Nicht das Überwinden der Differenz, sondern die durch die Differenzerfahrung mögliche Erweiterung des „cultural repertoire" (Berthoin Antal und Friedman 2003, S. 18 f.) und die damit verbundene Möglichkeit der Entwicklung gemeinsamer Praxisstrategien stehen im Vordergrund dieser Perspektive. Nicht das Verstehen des Anderen stellt das Ziel oder den Weg dar, sondern das Nicht-Verstehen des „cultural repertoire" der jeweils Anderen bedingt das gemeinsame Suchen nach einem Verstehen der Situation.

Kulturelle Differenzen erscheinen nicht als Hürden oder Determinanten des Handelns, deren dahinterliegende Andersartigkeit zu verstehen zu einem Dialog befähigt, sondern sie werden als Möglichkeit und Quelle von Übersetzung im Sinne eines innovativen Veränderungs- und Erweiterungsprozesses gesehen. Dabei ist die Erkenntnis des Nicht-Verstehens des Anderen Ausgangspunkt *und* Medium interkultureller Verständigung (vgl. auch Wulf 1999, S. 19 f.). Im Kontext der Erforschung grenzüberschreitender Organisationen wird die Kategorie des Nicht-Verstehens für eine Rekonstruktion organisationaler Praktiken grenzüberschreitender Übersetzungsarbeit erprobt.

3 Tradierung und Transformation des Nicht-Verstehens als organisationales Lernen

Folgende Ausschnitte[2] einer dichten Organisationsbeschreibung entstammen der ethnographischen Untersuchung einer Organisation internationaler Jugendarbeit (im Weiteren PÄD), die seit mehr als zehn Jahren auf Grundlage einer gemeinsamen Absichtserklärung der zuständigen Ministerien zur Förderung des Jugendaustausches im deutsch-tschechischen Grenzraum programmatisch-grenzüberschreitend tätig ist. Die Organisation PÄD versteht sich als Zentrum der Koordination und Unterstützung deutsch-tschechischer Jugendarbeit und konstituiert sich in einer grundsätzlich parallelen Arbeitsstruktur, die sich etwa in der spiegelgleichen Besetzung der beiden Büros und in büro- bzw. grenzübergreifend paritätisch-besetzten Arbeitsgruppen zu unterschiedlichen Themenbereichen zeigt.

> Das programmatische Kernstück der Organisation bildet das Konzept der Sprachanimation, welches als sprachspielerische Methode zur Organisation und Unterstützung grenzüberschreitender Verständigung entwickelt wurde. Es findet in Seminaren der Weiterbildung, in der Vorbereitung jugendlicher Austauschprojekte Anwendung und wird auch als Ausbildungsprogramm angeboten. Während große Einigkeit darin

---

[2] Der im Folgenden mit einfachen Zeilenabstand gedruckte Text ist Teil einer dichten Beschreibung des Fall PÄD. Diese basiert auf Beobachtungsprotokollen, ethnographischen Notizen aus Feldgesprächen sowie Analysen von Dokumenten, Artefakten und Gesprächsmitschnitten.

besteht, dass es sich bei der Sprachanimation und damit verbundener Expertisen der Spracharbeit um ein Alleinstellungsmerkmal der Organisation handelt, ist die Konzeption der Sprachanimation ein seit mehreren Jahren andauernder Aushandlungsprozess, den zu „finalisieren" zwar das erklärte Ziel ist, der sich aber gerade durch eine beständige Unabgeschlossenheit auszeichnet: So werden erstens Entscheidungen, die die Konzeption betreffen, oftmals nur vorläufig getroffen und häufig verschoben. Zweitens werden verschiedene Mitarbeitende immer wieder erneut damit beauftragt, die bestehende Diskussion zur Konzeption zu systematisieren. Drittens differieren Praxis und Theorie in Ziel und Methode zum Teil stark. Bezüglich des letzten Punktes kann gar von sehr individuellen Auslegungen der Sprachanimationsdidaktik gesprochen werden. Dieser unabgeschlossene Prozess der Verhandlung konstituiert sich als beständiger Referenzpunkt organisationaler Praktiken, entlang dessen sich Modi (und Strukturen) der Kooperation und Verständigung tradieren und transformieren. Ein paar Schlaglichter auf Genese, Verlauf und Dramaturgie der Verständigung und auf Anwendungskontexte mögen dies verdeutlichen: Ein Grunddilemma besteht darin, dass das deutsche Büro seit Jahren verstärkt an einer Konzeptionierung der deutsch-tschechischen Sprachanimation interessiert ist, das tschechische Büro hingegen an einer schnellen Zertifizierungsmöglichkeit der Sprachanimation. Die Position des deutschen Leiters, dass einer Zertifizierung eine Erstellung eines einheitlichen Konzeptes vorangeht – „man kann nur etwas zertifizieren, was auch ein Konzept hat" – hat sich jedoch durchgesetzt. Inhaltlich unklar ist etwa die Frage, was das Ziel (und damit verbunden auch die methodischen Grundsätze) der Sprachanimation sein können oder müssen. Dieser Widerspruch zeigt sich in Publikationen und Flyern, aber auch in der unterschiedlichen Sprachanimationspraxis der Mitarbeitenden in Seminarkontexten. Hier wird die Sprachanimation einmal als „kreative Methode des Sprachkontakts" und in eindeutiger „Abgrenzung zu klassischen Unterrichtsmethoden" konzipiert (Flyer) und in der Arbeit mit Kindergartenkindern als Spiel angewandt. An anderer Stelle wird die Sprachanimation – zwar auch spielerisch – aber explizit als „Methode des Erlernens der Grundlage einer Fremdsprache" vorgestellt und an die Kategorie des „Lernerfolgs" gekoppelt – etwa als methodische Ergänzung des Schulunterrichts. Unklar ist auch, ob die Sprachanimation nur Sprache vermittelt oder aber auch als Methode des Kulturkontakts konzipiert ist oder sein sollte. Die Verhandlung und Diskussion dieser konzeptionellen Widersprüche erfolgt in einer Plenarrunde aller Mitarbeitenden als gemeinsame Suche nach der Antwort auf die Frage, was die Sprachanimationen eigentlich leisten kann und soll. Im Verlauf dieser Plenarsitzung wird nach langen Diskussionen eine Entscheidung letztlich nicht mehr in Bezug auf die Frage pädagogischer Ansprüche, sondern in Bezug auf die Legitimation einer vielseitigen Öffentlichkeit gegenüber – dem Entsprechen europäischer Standardziele interkultureller Begegnungsarbeit – herbeigeführt. „Vorläufig" einigt man sich jene Formulierungen „des Erlernens" und des „Kulturverstehens" beizubehalten, da diese in einer gut laufenden Publikation der Organisation so drin stehen.

Diese (komprimierte und gekürzte) dichte Darstellung ethnographischer Eindrücke enthält mehrere Aspekte, die organisationsspezifische Modi des Übersetzens zeigen:

- Der Prozess der Konzeption scheint ein kontinuierliches Dauerthema, das seit mehreren Jahren läuft und deren Übersetzung in ein Produkt mehr Komplexität erzeugt als bewältigt.
- Diesbezüglich werden Entscheidungen in dialogischen Auseinandersetzungen vorläufig getroffen und *die* endgültige Entscheidung wird immer wieder vertagt.
- Vorläufige Entscheidungen dokumentieren sich aber in Publikationen und Texten und materialisieren sich in unterschiedlichen Praktiken der Anwendung. (Auf diese Weise werden sie einer Öffentlichkeit übersetzt und als vorläufige Produkte zum Medium organisationaler Übersetzungsarbeit)
- Kriterien einer so gesehenen organisationalen Übersetzungsarbeit sind (neben unterschiedlichen Bürostandpunkten und sprachlichen Anforderungen) nicht nur pädagogische Ansprüche und Fragen didaktisch-korrekter Formulierungen, sondern auch formal-legitimatorischer Art (Erhalt der Konformität einer öffentlichen Selbstdarstellung).

Im Anschluss an die in Abschn. 1 angedeuteten pädagogischen Übersetzungsperspektiven der *Tradierung* und *Transformation* kann die beständige Unabgeschlossenheit der Programmentwicklung als organisationales Lernen im Kontext des Nicht-Verstehens analysiert werden. In der anhaltenden Suche nach konzeptionellen Entscheidungen, den wiederkehrenden Auseinandersetzungen über Inhalte und auch in der Durchsetzung der „deutschen Position" *tradiert* sich ein organisationales Praxismuster der Kooperation und Verständigung. So erfolgt grenzüberschreitende Kooperation und Verständigung in diesem Fall als Vorgang einer dialogisch-erfahrungsbezogenen Repräsentation pädagogischer Grundsätze vor dem Hintergrund eines Zwangs zur Konformität einer gemeinsamen organisationalen Aussendarstellung. Dieses Praxismuster dialogischer Auseinandersetzung kann im Lichte einer Übersetzungsperspektive als Vergegenwärtigung gelungener Übersetzungspraxis sowie als bewahrende Überführung eines organisationsspezifischen Wissens und Könnens grenzüberschreitender Verständigung beschrieben werden. Im Vorgang dieser Tradierung werden Entscheidungen und bewährte Strategien der Übersetzungsarbeit aber auch kritisiert, neu bewertet und damit in einem transformativen Sinne veränderbar. So schafft gerade die beständige Unabgeschlossenheit der Verständigung über die Programmatik Spielräume für die Praxis, die bewährte Perspektiven und vorläufige Entscheidungen umdeutet und somit wiederum den Vorgang der Verständigung und Kooperation in Gang hält.

Die Konzeption der Sprachanimation erfolgt als eine dialogische und erfahrungsbezogene Auseinandersetzung, weil sich der Prozess nicht durch ein Verstehen abschließt (dieses wird nur zeitweise und nach außen im Sinne des Erhalts der Konformität simuliert), sondern gerade als Nicht-Verstehen konstituiert. Erst die Verschränkung von Verstehen und Nicht-Verstehen (Mecheril 2004) etabliert den andauernden Prozess (der Organisation) interkultureller Verständigung. In diesem Kontext lernt die Organisation: Praktiken der Kooperation werden tradiert und durch die beständige Unabgeschlossenheit des Dialogs werden Spielräumen erhalten, die es ermöglichen die Praxis zu wiederholen, zu festigen, aber auch zu riskieren und neuzuschreiben.

Literatur

Auernheimer G (2003) Einführung in die interkulturelle Pädagogik. Wissenscahftliche Buchgesellschaft, Darmstadt

Auernheimer G (2010) Interkulturelle Kompetenz und pädagogische Professionalität. VS Verlag für Sozialwissenschaften, Wiesbaden

Bachmann-Medick D (2007) Cultural Turns. Neuorientierungen in den Kulturwissenschaften. Rowohlt, Hamburg

Berthoin Antal A, Friedman V (2003) Negotiating reality as an approach to intercultural competence. WZB Discussion Paper, Berlin

Berthoin Antal A, Quack S (2006) Einleitung: Grenzen – Innovation – Identität. In: Dies. (Hrsg) Grenzüberschreitungen – Grenzziehungen. Implikationen für Innovation und Identität. Edition Sigma, Berlin, S 13–35

Buden B, Nowotny S (2008) Übersetzung: Das Versprechen eines Begriffes. Turia + Kant, Wien

Engel N (2011) Szenen in Organisationen. In: Ecarius J, Miethe I (Hrsg) Methodentriangulation in der Qualitativen Bildungsforschung. Budrich, Opladen, S 155–172

Engel N (2012) IdentitätsBildung von Organisationen? Zur Praxis der Repräsentation von Organisationen im Kontext der Grenzüberschreitung. In: Miethe I, Müller H-R (Hrsg) Qualitative Bildungsforschung und Bildungstheorie. Leske & Budrich, Opladen, S 263–280

Geertz C (1990) Die künstlichen Wilden. Anthropologen als Schriftsteller. Hanser, München

Giddens A (1997) Die Konstituierung der Gesellschaft. Grundzüge einer Theorie der Strukturierung. Campus, Frankfurt a. M.

Göhlich M (2007) Organisationales Lernen. In: Göhlich M, Wulf C, Zirfas J (Hrsg) Pädagogische Theorien des Lernens. Beltz, Weinheim, S 222–232

Göhlich M, Engel N, Höhne T (2012) Szenen und Muster. Zur pädagogischen Ethnographie von Organisationen im Kontext der Grenzüberschreitung. In: Friebertshäuser B, Kelle H, Boller H, Bollig S, Huf C, Langer A, Ott M, Richter S (Hrsg) Feld und Theorie. Herausforderungen erziehungswissenschaftlicher Ethnographie.Verlag Barbara Budrich, Opladen, S 153–167

Hofstede G (2009) Lokales Denken, Globales Handeln. Interkulturelle Zusammenarbeit und globales Management. Beck, München

Leenen WR, Groß A, Grosch H (2010) Interkulturelle Kompetenz in der Sozialen Arbeit. In: Auernheimer G (Hrsg). Interkulturelle Kompetenz und pädagogische Professionalität. VS Verlag für Sozialwissenschaften, Wiesbaden, S 101–123

Mecheril P (2004) Einführung in die Migrationspädagogik. Beltz, Weinheim

Ortmann G, Sydow J, Windeler A (1997) Organisation als reflexive Strukturation. In: Ortmann G, Sydow J, Türk K (Hrsg) Theorien der Organisation. Die Rückkehr der Gesellschaft. Westdeutscher, Opladen

Reckwitz A (2008) Unscharfe Grenzen. Perspektiven der Kultursoziologie. Transcript, Bielefeld

Renn J (2002) Einleitung: Übersetzen, Verstehen, Erklären. In: Renn J, Straub J, Shimada S (Hrsg) Übersetzung als Medium des Kulturverstehens und sozialer Integration. Campus, Frankfurt a. M., S 13–35

Schlamelcher U (2003) Kultur und Management. Theorie und Praxis der Interkulturellen Managementforschung. Rainer Hampp, München

Schroll-Machl S, Novy I (2008) Perfekt geplant und genial improvisiert. Kulturunterschiede in der deutsch-tschechischen Zusammenarbeit. Rainer Hampp, Mering

Stumpf S, Leenen WR, Scheitza A (2008) Interkultureller Dialog in Organisationen. In: Thomas A (2008) Psychologie des interkulturellen Dialogs. Vandenhoek & Ruprecht, Göttingen, S 150–174

Thomas A (1996) Analyse der Handlungswirksamkeit von Kulturstandards. In: Thomas A (Hrsg) Psychologie interkulturellen Handelns. Hogrefe, Göttingen, S 107–136

Weick KE (1995) Prozess des Organisierens. Suhrkamp, Frankfurt a. M.

Wulf C (1999) Der Andere. In: Hess R, Wulf C (Hrsg) Grenzgänge. Über den Umgang mit dem Eigenen und dem Fremden. Campus, Frankfurt a. M., S 13–37

Zur „Kultur" in pädagogischen Organisationen: Theoretische und empirische Überlegungen

Julia Franz und Ulrike Stadler-Altmann

1 Einleitung

„Kultur" und „Interkulturalität" in Institutionen und Organisationen werden in Diskursen der Organisationsforschung aus verschiedenen Perspektiven diskutiert. Ein Strang beschäftigt sich mit der Betrachtung und Analyse spezifischer Organisations*kulturen* (vgl. z. B. Schein 1995), während ein anderer – managementorientierter – Strang Fragen nach dem Umgang mit *Inter*kulturalität in international und global agierenden Organisationen in den Blick nimmt (vgl. hierzu die Forschung von Hofstede 2001).

In der pädagogischen Organisationsforschung spielen die damit verbundenen Fragen ebenfalls eine zunehmend bedeutende Rolle – wie der vorliegende Sammelband dokumentiert. Kultur in Institutionen, sowie die Frage nach der Interaktion dieser Kulturen in den jeweiligen Organisationen kann – analytisch betrachtet –

Dieser Beitrag geht maßgeblich auf Überlegungen zurück die im Rahmen einer Arbeitsgruppe zum Thema Kultur am Lehrstuhl für Allgemeine Erziehungswissenschaft I der Universität Erlangen-Nürnberg unter der Leitung von Frau Prof. Dr. Annette Scheunpflug entstanden sind. Für die Unterstützung danken wir Frau Scheunpflug herzlich.

J. Franz (✉)
Lehrstuhl für allgemeine Erziehungswissenschaft I,
Friedrich-Alexander-Universität Erlangen-Nürnberg,
Regensburger Str. 160, 90478 Nürnberg, Deutschland
E-Mail: Julia.Franz@ewf.uni-erlangen.de

U. Stadler-Altmann
Institut für Pädagogik, Universität Koblenz-Landau,
Universitätsstr. 1, 56070 Koblenz, Deutschland
E-Mail: Stadler-Altmann@uni-koblenz.de

M. Göhlich et al. (Hrsg.), *Organisation und kulturelle Differenz,*
Organisation und Pädagogik 12, DOI 10.1007/978-3-531-19480-6_5,
© VS Verlag für Sozialwissenschaften | Springer Fachmedien Wiesbaden GmbH 2012

dann beschrieben werden, wenn ersichtlich ist, auf welchen Grundlagen die jeweilige Kulturbeschreibung basiert. Davon ausgehend wird es möglich zwischen den unterschiedlichen Beobachtungen von Kultur eine Beziehung herzustellen. Daher kann Interkulturalität in einer pädagogischen Organisation dann empirisch in den Blick genommen werden, wenn es gelingt Kultur empirisch zu fassen. In diesem Beitrag steht die Frage im Mittelpunkt, wie Kultur in ausgewählten Bildungsorganisationen – in der Schule und der Erwachsenenbildung – unter Rückgriff auf einen systemtheoretisch orientierten Zugang untersucht werden kann. Anhand von zwei Forschungsprojekten wird also zunächst betrachtet, wie Kultur empirisch zu fassen und zu untersuchen ist.

Dazu wird in einem ersten Schritt auf das Verständnis von „Organisation" in der erziehungswissenschaftlichen Debatte eingegangen, bevor in einem zweiten Schritt ein systemtheoretisch orientierter Kulturbegriff als Analyseperspektive für empirische Untersuchungen in Bildungsorganisationen entfaltet wird. Anschließend werden die Möglichkeiten dieser Analyseperspektive anhand von zwei Forschungsarbeiten in der Schule und in der Allgemeinen Erwachsenenbildung illustriert. In einem abschließenden Ausblick werden die Analyseperspektive sowie Anschlussmöglichkeiten an eine interkulturelle Organisationsforschung reflektiert.

2 Zugänge zum Verständnis von Bildungsorganisationen

Um Kultur in Bildungsorganisationen untersuchen zu können, erscheint es notwendig sich ein theoretisches Verständnis von „Organisationen" zu erschließen. In der erziehungswissenschaftlichen Rezeption sozialwissenschaftlicher Organisationstheorien (vgl. Kuper und Thiel 2010) lassen sich vor allem drei theoretische Organisationsverständnisse unterscheiden:

- Zum einen können *Organisationen als Summe individueller Handlungsstrukturen* verstanden werden. Aus einer handlungstheoretischen Perspektive rückt dabei das Verhältnis von Organisation und Individuum in den Mittelpunkt. Es geht hier im Kern um die Frage, wie einzelne Handlungen der rationalen Akteure zur Bearbeitung von Organisationszielen koordiniert werden. Eine Bildungsorganisation erscheint aus diesem Blickwinkel als Summe von auf einander abgestimmten individuellen Handlungen.
- Zum zweiten können *Organisationen als konjunktive Erfahrungsräume* interpretiert werden. Aus einer wissenssoziologischen Perspektive (vgl. Mannheim 1980) wird das in Organisationen geteilte kollektive Wissen aller Organisationsmitglieder in den Blick genommen (vgl. z. B. Göhlich et al. 2009). Eine Bil-

dungsorganisation wird so als Raum der kollektiven und konjunktiven Erfahrung verstanden, in den die Akteure eingebunden sind.

- Schließlich können *Organisationen als soziale Systeme* betrachtet werden. Aus funktional und systemtheoretisch orientierten Theorieperspektiven werden Organisationen als spezifische Formen sozialer Systeme interpretiert (vgl. Kuper 2001; Kuper und Kaufmann 2009), die sich durch systemeigene Kommunikationen und Entscheidungen von der Umwelt abgrenzen und so Komplexität reduzieren. (Vgl. Kuper und Thiel 2010, S. 494).

Während die ersten beiden Theorieangebote individuelle und kollektive Handlungs- und Wissensstrukturen der jeweiligen Organisationsmitglieder fokussieren, abstrahieren systemtheoretisch angelegte Zugänge von den in der Organisationen agierenden Personen und fokussieren die Eigendynamik von Organisationen als selbstreferentielle Systeme. Im Folgenden schließen wir an diese Perspektive an, um danach zu fragen, welche Funktion Kultur in Bildungsorganisationen einnimmt.

3 Kultur als Operation zur Relationierung von Sinndimension

Vor dem Hintergrund eines systemtheoretischen Organisationsverständnisses stellt sich die Frage, welche Funktion Kultur in den Bildungsorganisationen einnimmt, bzw. welches spezifische Problem sie wie bearbeitet. Kultur entlastet Bildungsorganisationen demnach in erster Linie dahingehend, Entscheidungen nicht ständig neu aushandeln bzw. und treffen zu müssen und stellt damit eine Vorselektion möglicher Handlungen bereit. Aus dieser Perspektive betrachtet erscheint Kultur als eine Operation der Beobachtung zweiter Ordnung, deren Funktion in der Herstellung von Ordnung unter Berücksichtigung von Kontingenz liegt. Als Beobachtungsperspektive verweist Kultur auf eine Ordnung im Sinne etwas als *dieses* und nicht als *jenes* zu betrachten. Diese Ordnung kann durch Kommunikation stabilisiert und zeitlich als Themenvorrat gedacht werden (vgl. Luhmann 1995, S. 579). Gleichzeitig impliziert die Kommunikation *über* Kultur in Organisationen Unordnung bzw. Kontingenz, schließlich wird in Kommunikationsprozessen deutlich, dass etwas auch ganz anders betrachtet werden kann. So bringt die Kommunikation über Kultur eine gewisse Unruhe mit sich, da innerhalb der Ordnung auch auf andere Deutungsmöglichkeiten verwiesen wird (vgl. Scheunpflug 2010).

In schulischen Bildungsorganisationen oder Einrichtungen der Erwachsenenbildung werden dementsprechend durch Kultur Entscheidungen darüber produziert, was zum Kern der Bildungsorganisation gehört und was ausgeschlossen wird. Diese Entscheidungen werden durch die Kommunikation der Akteure explizit stabilisiert, wenn die Organisation sich selbst beobachtet und Entscheidungen über Leitbilder, Programme, Qualitätsverständnisse und pädagogischen Haltungen der Organisation trifft. Die Ergebnisse solcher Entscheidungsprozesse werden als dauerhafter Themenvorrat angelegt, der die Organisation in zukünftigen Entscheidungen entlastet und zum impliziten Bestandteil der alltäglichen Kommunikation wird. Gleichwohl wird im Prozess der Entscheidungsfindung der Vergleich mit anderen Organisationen angeregt, durch den für die Bildungsorganisation die Möglichkeit der eigenen Positionierung vor dem Hintergrund anderer kontingenter Positionierungen im Feld der Erwachsenenbildung und der Schule geschaffen wird.

Mit der ordnenden und vorselektierenden Funktion von Kultur werden in Bildungsorganisationen Unterscheidungen und Entscheidungen ermöglicht, die „Sinn" entlang von drei universellen Sinndimensionen produzieren (vgl. Luhmann 1984, S. 112 ff.). Diese Sinndimensionen können differenziert betrachtet werden, sind aber in Bildungsorganisationen untrennbar miteinander verbunden:

Die *sachliche Sinndimension* verweist im Hinblick auf soziale Systeme auf Themen sinnhafter Kommunikation, die entweder angemessen sind und damit innen „passen" oder als unangemessen oder unpassend ausgeschlossen werden. Bezüglich der sachlichen Sinndimension geht es in der Schule und in Organisationen der Allgemeinen Erwachsenenbildung um die Frage, welche Themen und Aspekte die Bildungsorganisation als sachlich passend findet und inkludiert oder als nicht passend ansieht und damit ausschließt. Diese sachlichen Entscheidungen entlasten die Bildungsorganisation bei weiteren darauf basierenden Entscheidungen.

Die *soziale Sinndimension* konstituiert sich im Möglichkeitshorizont der Kommunikationspartner. „Ego und Alter beobachten sich wechselseitig, und diese wechselseitige Abhängigkeit des einen vom anderen bildet den sozialen Charakter der Differenz Alter/Ego" (Corsi 1997, S. 174). In der Sozialdimension wird ein Zusammenspiel der unterschiedlichen Perspektiven der Organisationsmitglieder wirksam. Zentral ist die Frage, wie in kommunikativen Prozessen verhandelt wird, welche Themen auf der sachlichen Sinndimension ein- oder ausgeschlossen werden, wie die Grenze zwischen dem Eigenen und dem Anderen gezogen wird und wie die Themen der sachlichen Dimension beobachtet und kommuniziert werden.

Die *zeitliche Sinndimension* artikuliert sich im Horizont von Vergangenheit und Zukunft. Sie ermöglicht die differenzierte Beobachtung des Verstreichens von Zeit. Aus einer zeitlichen Sinndimension steht für Bildungsorganisationen die Frage im Zentrum, wie die Gegenwart der Einrichtung durch das Verhältnis von Vergangenheit und Zukunft konzeptualisiert wird und wie sie den „Zeitgeist" – beispielsweise den Trend zu „neuer Lernkulturen" – beobachtet und sich mit diesem in Beziehung setzt. Damit wird es möglich, wechselnde Trends in Organisationen *als* Zeitgeist zu beobachten und sich gleichzeitig davon zu distanzieren (vgl. Baecker 2001, S. 170).

In Bildungsorganisationen erscheint Kultur demnach als eine beobachtende Operation zur Regulierung von Kontingenz und Ordnung, die entlang von drei Sinndimensionen beobachtet werden kann. Die Sinndimensionen können zwar differenziert, aber nicht isoliert voneinander betrachtet werden, vielmehr wirken sie in einem komplexen Beziehungsverhältnis aufeinander ein. So lässt sich beispielsweise beobachten, dass eine Veränderung der Kommunikationsprozesse in der sozialen Sinndimension – etwa durch eine hohe Mitarbeiterfluktuation in Organisationen – auch Einfluss auf die Inklusion von Themen in der Sachdimension sowie auf die Gegenwart der Bildungsorganisation in der Zeitdimension haben kann. Wie die durch Kultur geschaffenen Sinndimensionen inhaltlich akzentuiert werden, ist dabei kontingent. Die Ausgestaltung der Relationierung zwischen Sinndimensionen kann erst die empirische Untersuchung von Bildungsorganisationen zeigen.

Im Folgenden wird anhand von zwei Forschungsprojekten in der Schule und der Allgemeinen Erwachsenenbildung gezeigt, wie mit einem solchen Kulturverständnis die empirische Analyse bereichert werden kann.

4 Kultur und Schule

Das Projekt KOMPASS[1] hat die Zielsetzung, Schülerinnen und Schüler bei ihrer Kompetenzentwicklung zu unterstützen, indem die jeweiligen Stärken der Schülerinnen und Schüler sichtbar gemacht werden und dadurch Selbstvertrauen aufgebaut wird. Wie dieses Projektziel an Schulen umgesetzt werden kann und umgesetzt worden ist, ist dabei ebenfalls ein Untersuchungsziel des Projekts. Ausgehend von der Frage des Beitrags wie sich Kultur in pädagogischen Organisationen ausprägt, nehmen wir die Veränderungsprozesse an Einzelschulen in den Blick (vgl. Scheunpflug und Zeinz 2009; Zeinz und Scheunpflug 2010).

Im KOMPASS-Projekt werden zwölf Schulen in der Entwicklung und Durchführung von Projekten zur kompetenzorientierten Stärkung ihrer Schülerinnen und Schüler über einen Zeitraum von vier Jahren begleitet. Dabei wurden in den Schulen unterschiedliche und vielfältige pädagogische Ansätze entwickelt. Vor dem Hintergrund dieser heterogenen Projekte wurde ein Forschungsdesign entwickelt,

---

[1] KOMPASS – Kompetenz aus Stärke und Selbstvertrauen, finanziert durch die Stiftung Bildungspakt Bayern und die Sparda-Bank München, wissenschaftlich begleitet durch ein Team des Lehrstuhls für Erziehungswissenschaft I unter der Leitung von Prof. Scheunpflug.

das die Entwicklung der Schülerinnen und Schüler hinsichtlich ihrer Kompetenzentwicklung, ihres Zuwachses an Selbstvertrauen und ihrer Stärkenausprägung
über drei Messzeitpunkte hinweg quantitativ erhebt. Zusätzlich werden die Lehrkräfte befragt und deren Aussagen mit den Klassen bzw. den einzelnen Schülerinnen und Schülern in Verbindung gebracht (vgl. Stadler-Altmann et al. 2010).

Im Kontext des skizzierten Kulturverständnisses gilt es bei der Interpretation
der erhobenen Daten danach zu fragen, wie in den Projekten die Sozial-, Sach- und
Zeitdimension miteinander relationiert sind.

- In der sachlichen Sinndimension werden die Entscheidungen, die in den Schulen getroffen werden untersucht: Welche Maßnahme dient in unserer Schule der
  Kompetenzentwicklung unserer Schülerinnen und Schüler? In diesen Entschei-
  dungsprozessen legt jede einzelne Schule fest, welche Maßnahmen *nach innen* in
  die Schule übernommen wird und welche *außen* bleibt.
- In der sozialen Sinndimension stehen die Aushandlungs- und Kommunikationsprozesse in der Einzelschule im Mittelpunkt des Untersuchungsinteresses:
  Welche Aufgaben im Projekt werden von welchen innerschulischen Gruppen,
  der Schulleitung oder einem Projektteam übernommen? Von Interesse sind hier
  das kommunikative Zusammenspiel und die Perspektiven der schulischen Akteure innerhalb der Projektgruppe, aber auch außerhalb des Projekts, z. B. die
  Diskussion der Lehrkräfte, die nicht direkt in Projektmaßnahmen eingebunden
  sind.
- In der Untersuchungskategorie der zeitlichen Sinndimension steht die Prozes-
  sierung des Projekt im Fokus: Erstreckt sich das Projekt über den ganzen Pro-
  jektzeitrahmen, in unserem Fall also über vier Jahre? Damit wird die Historizität
  des Projekts im Bezug zu einer schulischen Vergangenheit vor dem Projekt und
  einer schulischen Zukunft nach dem Projekt sichtbar und beschreibbar.

Die Verschiebungen dieser Relationierungen können in einer Schule zusammen-
hängend betrachtet werden. Ein Beispiel: Ausgehend von den Kommunikationsprozessen – beschreibbar in der Kategorie der sozialen Sinndimension – ent-
schließt sich ein Team von Lehrkräften das KOMPASS-Projekt verantwortlich zu
betreuen. Damit entsteht eine Differenz zwischen den Lehrkräften, die das Team
bilden und den Lehrkräften aus dem Kollegium, die das Projekt als Beteiligte (aktiv oder passiv) oder als Beobachter wahrnehmen. Diese Relationierung wird auch
in die sachliche Dimension der Entscheidungen an der Einzelschule erkennbar.
Wenn die Entscheidung für eine Maßnahme vom Projektteam getroffen wird, dann
berührt das nicht nur die Relation von Innen und Außen, sondern wird ebenso
in die soziale Dimension zurückwirken, wenn in neuen Kommunikationsprozes-

sen die Entscheidung für genau diese Maßnahme begründet wird. Daraus folgern auch Konsequenzen für die zeitliche Ausgestaltung des Projekts. Die Relationen innerhalb der Dimensionen, aber auch die Relationen zwischen den Dimensionen lassen sich anhand der erhobenen Daten zeigen, in denen die Maßnahme, die Beteiligung und die zeitliche Konzeption dokumentiert sind. In der Kombination mit den Daten, die aus dem Schüler- und Lehrersample stammen, wird eine empirische Darstellung der Veränderungen von Schulkultur möglich.

In ähnlicher Weise lässt sich auch Kultur in der pädagogischen Organisation der KOMPASS-Projektgruppe empirisch untersuchen, die die zwölf Einzelschulen bilden. Denn das Projekt lässt sich, unter Einbindung der über den Projektzeitraum verteilten inhaltlichen Treffen, ebenfalls in den genannten Dimensionen beschreiben. So bezeichnet der sachliche Gegenstand des Projekts, die Stärkenorientierung das Innen des Gesamtprojekts, andere eventuell auch wünschenswerte pädagogische Ziele bleiben außen. Innerhalb des Großprojekts haben sich neue Kommunikationsstrukturen gebildet und schaffen so Kontingenz in der Differenz hinsichtlich der bei den gesamtprojekttreffen Anwesenden bzw. Nichtanwesenden. In der zeitlichen Dimension lässt sich demnach eine eindeutige Projektgegenwart beschreiben.

Deutlich wird durch diese Ansätze aus dem KOMPASS-Projekt, dass in der pädagogischen Organisation Schule Prozesse als Kultur beschrieben werden können: Prozesse der Entscheidung (Sachdimension), der Kommunikation (soziale Dimension) und der Zeit (zeitliche Dimension), die Veränderungen unterworfen sind, die sich aus den Relationierungen innerhalb der Dimension ergeben, aber auch aus den Relationierungen, die sich zwischen den Dimensionen ergeben.

5 Kultur und Erwachsenenbildung

Eine weitere Studie beschäftigt sich mit der Frage nach dem Lehren bzw. unterschiedlichen Kulturen *des Lehrens* in der Allgemeinen Erwachsenenbildung. Diese Untersuchung befindet sich in der Konzeptionalisierungsphase, in der die Frage nach einem Forschungsdesign leitend ist, das die Interpretation der Relationierung von Sinndimension im Hinblick auf Lehre in Bildungsorganisationen der Allgemeinen Erwachsenenbildung ermöglichen kann.

Vor diesem Hintergrund wurde ein hypothesengenerierendes, qualitativ rekonstruktives Forschungsdesign konzeptualisiert, das auf die Erhebung von Fällen unterschiedlicher Bildungsorganisationen in der Allgemeinen Erwachsenenbildung basiert. Als Ausgangspunkt für ein weiteres theoretisches Sampling werden Erwachsenenbildungsorganisationen in unterschiedlicher Trägerschaft gewählt,

die in ihren Selbstbeschreibungen differenzierte normative Zielsetzungen verfol-
gen (vgl. Zech 2009). Damit sind unterschiedliche Relationierungen von Sinn zu
erwarten.

Um diese Relationierungen beobachten und empirisch erfassen zu können,
werden zur Datenerhebung in den einzelnen Fällen Gruppendiskussionen geführt
(vgl. Loos und Schäffer 2001). Die Gruppendiskussionen zeichnen sich als Erhe-
bungsverfahren durch eine geringe Vorstrukturierung aus, so dass die Gruppen die
für sie relevanten Themen und Sinnstrukturen selbst entfalten können. In solchen
Gesprächen aktualisiert sich nun ein gemeinsam geteilter – konjunktiver Erfahrungsraum – der Gruppen.

Diese Gruppendiskussionen werden mit unterschiedlichen Gruppen in der jeweiligen Bildungsorganisation geführt, die an der Aushandlung des Sinns von Lehre maßgeblich beteiligt sind. So werden Gruppendiskussion in unterschiedlicher
Zusammensetzung mit hauptamtlich angestellten und freiberuflichen Lehrenden
sowie mit Verwaltungsangestellten bzw. so genannten organisations-pädago-
gischen-Mitarbeitenden (vgl. von Hippel 2010) erhoben.

Die Auswertung der Diskussionen erfolgt durch die dokumentarische Methode,
die es durch ihre regelgeleiteten Interpretationsschritte möglich macht, kollektiv
geteilte Orientierungen im Hinblick auf Lehre zu rekonstruieren. Die durch den
komparativen Vergleich rekonstruierten Orientierungen sind wiederum ein Ausdruck von Sinn, das heißt, sie stellen die aktuelle Orientierung der Gruppe dar,
die von anderen potenziellen Orientierungsmöglichkeiten abgegrenzt ist. Bei der
Interpretation der kollektiven Orientierungen in unterschiedlichen Organisationen steht dann die Frage im Zentrum, wie die drei Sinndimensionen hinsichtlich
kollektiver Vorstellungen vom Lehren relationiert sind. Aus dieser Perspektive erscheinen die kollektiven Orientierungen als das Ergebnis der Relationierung zwischen Sach-, Sozial- und Zeitdimension.

In der Interpretation wird es darum gehen, diese Elemente miteinander in Beziehung zu setzen und danach zu fragen, wie in den Orientierungen der Gruppen
im Hinblick auf das Lehren die Beziehung zwischen dem inkludierten Kern (und
dem ausgeschlossenen Rest) der Erwachsenenbildungsorganisation, den sozialen
Verhandlungsprozess über diese Inklusionsprozesse und der zeitlichen Situierung
dieses Prozesses im Kontext der Vergangenheit und Zukunft der Organisation relationiert werden.

In den kollektiven Orientierungen der Gruppen sind daher unterschiedliche
Relationierungen zu erwarten, die dann als unterschiedliche Kulturmechanismen
bzw. Operationen von Kultur im Hinblick auf das Lehren in einer Einrichtung interpretiert werden können. Wie diese Interpretation im Einzelnen aussehen wird,
wird die Analyse des empirischen Materials zeigen.

6 Ausblick

Eine systemtheoretisch orientierte Perspektive auf Kultur in pädagogischen Organisationen ermöglicht die abstrakte Beobachtung der Relationierung von Sinn als Funktion von Kultur. Mit dieser Perspektive gelingt es die kulturspezifische Dynamik einer Organisation als System zu erfassen – zu dem Preis individuelle Perspektiven aufgeben zu müssen.

So wird anhand der KOMPASS-Studie deutlich, dass durch die systemtheoretische Interpretation der empirischen Erkenntnisse eine Beschreibung der Schulkultur im Prozess ermöglicht wird, während die Studie zu Organisationen der Allgemeinen Erwachsenenbildung zeigt, wie notwendig die Entwicklung eines geeigneten Forschungsdesigns für die theoretischen Interpretationsmöglichkeiten ist.

Systemtheoretische Perspektiven eignen sich zudem, um die in diesem Band gestellte Frage nach Interkulturalität als Aufeinandertreffen unterschiedlicher durch Kultur beobachtbare und relationierbare Sinnsysteme zu betrachten Ein Theorieangebot, dass hier die Frage nach Interkulturalität systemtheoretisch in das Agieren in der Weltgesellschaft wendet, bieten die Überlegungen von Lang-Wojtasik (2008) zur Schule in der Weltgesellschaft.

Literatur

Baecker D (2001) Wozu Kultur? Kulturverlag, Berlin

Corsi G (1997) Sinndimensionen. In: Baraldi C, Corsi G, Esposito E (Hrsg) GLU – Glossar zu Niklas Luhmanns Theorie sozialer Systeme. Suhrkamp, Frankfurt a. M.

Göhlich M, Weber SM, Wolff S (Hrsg) (2009) Organisation und Erfahrung. Beiträge der AG Organisationspädagogik. VS Verlag für Sozialwissenschaften, Wiesbaden

Hippel A von (2010) Erwachsenenbildner/innen an der Schnittstelle zwischen Verwaltung und Pädagogik. Eine explorative Analyse der Tätigkeitsfelder von Verwaltungsmitarbeiter/inne/n mit pädagogischen Aufgaben. Report – Z Weiterbildungsforsch 33(2):77–88

Hofstede G (2001) Culture's consequences – comparing values, behaviors, institutions and organizations across nations, 2. Aufl. Sage, Thousand Oaks

Kuper H (2001) Organisationen im Erziehungssystem. Vorschläge zu einer systemtheoretischen Revision des erziehungswissenschaftlichen Diskurses über Organisation. Z Erziehungswissensch 4(1):83–106

Kuper H, Kaufmann K (2009) Systemtheoretische Analysen der Weiterbildung. In: Tippelt R, Hippel A v. (Hrsg) Handbuch Erwachsenenbildung/Weiterbildung. VS Verlag für Sozialwissenschaften, Wiesbaden, S 153–167

Kuper H, Thiel F (2010) Erziehungswissenschaftliche Institutionen- und Organisationsforschung. In: Tippelt R, Schmidt B (Hrsg) Handbuch Bildungsforschung, 3., durchgesehene. Aufl. Verlag für Sozialwissenschaften, Wiesbaden, S 483–498

Lang-Wojtasik G (2008) Schule in der Weltgesellschaft. Herausforderungen und Perspektiven einer Schultheorie jenseits der Moderne. Juventa, Weinheim

Loos P, Schäffer B (2001) Das Gruppendiskussionsverfahren. Theoretische Grundlagen und empirische Anwendung. Leske & Budrich, Opladen

Luhmann N (1984) Soziale Systeme. Grundriß einer allgemeinen Theorie. Suhrkamp, Frankfurt a. M.

Luhmann N (1995) Kultur als historischer Begriff. In: Luhmann N (Hrsg) Gesellschaftsstruktur und Semantik. Studien zur Wissenssoziologie der modernen Gesellschaft, Bd 4. Suhrkamp, Frankfurt a. M., S 31–54

Mannheim K (1980) Strukturen des Denkens. Suhrkamp, Frankfurt a. M.

Schein E (1995) Unternehmenskultur: Ein Handbuch für Führungskräfte. Campus, Frankfurt a. M.

Scheunpflug A (2010) Kultur aus systemtheoretischer Perspektive – Anregungen für das Nachdenken über Bildung (Unveröffentlichtes Manuskript)

Scheunpflug A, Zeinz H (2009) KOMPASS: Überwindung der Defizitorientierung. Eine Herausforderung für Schulen. Schulmanagement 2:31–32

Stadler-Altmann U, Zeinz H, Scheunpflug A, Dresel M (2010) Wie kann Stärkenorientierung im Schulunterricht gelingen? Anregungen aus einem Modellversuch. In: Warwas J, Sembill D (Hrsg) Schulleitung zwischen Effizienzkriterien und Sinnfragen. Waxmann, Münster, S 125–136

Zech R (2009) Selbstbeschreibungen und Fremdbeschreibungen. Erste Ergebnisse einer erwachsenenpädagogischen Organisationsforschung. MAGAZIN erwachsenenbildung.at. Das Fachmedium für Forschung, Praxis und Diskurs. Ausgabe 7/8, 2009. http://www.erwachsenenbildung.at/magazin/09-7u8/meb09-7u8.pdf. ISSN 1993-6818. Druck-Version: Books on Demand GmbH: Norderstedt

Zeinz H, Scheunpflug A (2010) Changing school culture: from deficiencies to strengths. An intervention-study about school culture. US China Educ Rev 7/1(Serial Nr 62):32–37

Prozesse des Institutionenwandels in der Weiterbildung

Das Beispiel des gemeinsamen europäischen Referenzrahmens für Sprachen (GER)

Michael Schemmann

---

1 Einleitung

Während sich etwa die Organisationssoziologie bereits seit längerem sehr intensiv mit Fragen der Diffusion und des Wandels von Institutionen, verstanden als handlungsleitendes normatives Regelsystem, auseinandersetzt, so hat sich die Erziehungswissenschaft und zumal die Weiterbildungsforschung eher zögerlich diesen Themen zugewandt. In den letzten Jahren sind insbesondere Arbeiten vorgelegt worden, die sich schwerpunktmäßig mit der Diffusion und Etablierung von Institutionen auf internationaler Ebene, d. h. also auf der Makroebene befasst haben. Beispielhaft ist hier etwa die Arbeit von Jakobi zum lebenslangen Lernen als Institution zu nennen (Jakobi 2009). Zudem ist auf die Arbeiten von Ioannidou (2010) und Schemmann (2007) zu verweisen. Den genannten Arbeiten ist gemein, dass sie zumeist auf der Makroebene verbleiben und mit Blick auf die Diffusion von Institutionen die Schnittstelle von inter- bzw. supranationaler Organisation und Nationalstaat untersuchen.

Hartz legte (2011) eine Studie zur Implementierung des Qualitätsmanagementmodells LQW in das System der Weiterbildung vor (Hartz 2011). In dieser Studie werden insbesondere die Meso- und Mikroebene fokussiert. Hartz nimmt vor allem auf den Aspekt der Steuerung Bezug und zeigt, wie Steuerungsintentionen auf die jeweils beteiligten Systeme auf unterschiedlichen Ebenen treffen und vor dem

---

M. Schemmann (✉)
Institut für Erziehungswissenschaft, Justus-Liebig-Universität Gießen,
Karl-Glöckner-Str. 21, 35394 Gießen, Deutschland
E-Mail: Michael.Schemmann@erziehung.uni-giessen.de

M. Göhlich et al. (Hrsg.), *Organisation und kulturelle Differenz*,
Organisation und Pädagogik 12, DOI 10.1007/978-3-531-19480-6_6,
© VS Verlag für Sozialwissenschaften | Springer Fachmedien Wiesbaden GmbH 2012

69

Hintergrund der je eigenen Operationslogik und Interessenlage modelliert werden. Insofern rücken in dieser Studie auch stärker Fragen der Veränderung von Institutionen in den Blick.

In diesem Beitrag soll der Aspekt des Institutionenwandels am Beispiel des gemeinsamen europäischen Referenzrahmens für Sprachen (GER) explizit in den Vordergrund gestellt werden. Der gemeinsame europäische Referenzrahmen für Sprachen hat seit seiner Veröffentlichung durch den Europarat im Jahre 2001 eine bemerkenswerte Verbreitung und Akzeptanz gefunden. Im Jahre 2005 geben Bildungseinrichtungen aus 37 europäischen Staaten sowie aus Ägypten und Mexiko an, mit dem GER zu arbeiten (Council of Europe 2005, S. 3). Zum jetzigen Zeitpunkt (2011) liegt der GER in 36 Sprachen vor, zwei weitere Übersetzungen werden vorbereitet. Der GER ist in einer Vielzahl von europäischen und nicht-europäischen Staaten als Basis für die Entwicklung von Standards im Bereich der Sprachbildung sowie für die Konzeption neuer Curricula und Prüfungen auch im Bereich der Erwachsenenbildung genutzt worden. Der GER ist also maßgeblich für dieses empirische Phänomen und stellt für verschiedene Akteure dauerhaft eine verbindliche Regel dar. Entsprechend kann der GER auch als Institution bezeichnet werden (Senge 2006, S. 44).

Auf der Makroebene soll am Beispiel des GER untersucht werden, wie Institutionen in einem internationalen Kontext entwickelt werden und diffundieren. Des Weiteren soll auf der Mesoebene in den Blick genommen werden, wie Prozesse des Institutionenwandels in den Organisationen verlaufen, d. h. konkret, wie sich der Prozess der Etablierung des GER in den Organisationen vollzieht. Insofern stellt sich der Bezug zu diesem Band her, da analysiert wird, wie Organisationen mit ihrer Internationalisierung bzw. ihrem internationalen Kontext umgehen.

Im Einzelnen wird wie folgt vorgegangen: Zunächst wird der theoretische Rahmen erörtert, auf dessen Grundlage diese explorative Untersuchung vorgenommen wird. Daran schließen sich kurze Anmerkungen zum methodischen Vorgehen an, ehe dann die Befunde im Lichte des theoretischen Rahmens und hier im Besonderen im Anschluss an das Konzept der „Institutional Entrepreneurship" entfaltet werden. Der Beitrag schließt mit einer Einordnung der Befunde und einem Ausblick auf weitere Forschung.

2 Theoretischer Rahmen

Den theoretischen Rahmen für diese Untersuchung stellt der soziologische Neo-Institutionalismus dar, der mittlerweile eine führende Stellung innerhalb der Organisationsforschung einnimmt. Als Wegmarken für die Entwicklung des neo-institutionalistischen Forschungsprogramms und der Theoriebildung werden die

Arbeiten von Meyer und Rowan (1977) und DiMaggio und Powell (2000) gesehen. Im Folgenden sollen zunächst zentrale Grundannahmen diskutiert werden, ehe dann jüngere Entwicklungen in der Theoriebildung in den Blick rücken. Dabei orientieren sich die nachfolgenden Ausführungen an den Begriffen Umweltbezug, Legitimität, organisationales Feld und Strukturangleichung.

Die neo-institutionalistische Perspektive auf Organisationen schließt insbesondere ihre Einbettung in gesellschaftliche Umwelten ein. Organisationen sehen sich mit disparaten Vorgaben und Erwartungen konfrontiert und müssen hierauf reagieren. Doch trotz der Heterogenität gibt es einen Kern von Annahmen oder Regeln, die weithin konsensual in der Gesellschaft bestehen und sich über längere Zeiträume als verbindlich für das Handeln von Akteuren erweisen. „Institutionalized rules are classifications built into society as reciprocated typifications or interpretations. Such rules may be simply taken for granted or may be supported by public opinion or the force of law" (Meyer und Rowan 1977, S. 341).

Im Zusammenhang mit dem zweiten Schlüsselbegriff, der Legitimität, werden diese institutionellen Regeln bedeutsam. Dabei geht der soziologische Neo-Institutionalismus davon aus, dass nicht das Streben nach Effizienz für Organisationen leitend ist, sondern das Streben nach Legitimität. Organisationen erfahren Legitimität, wenn sie sich den Erwartungen der gesellschaftlichen Umwelten anpassen. Um ihre Legitimität zu sichern oder gar zu steigern, übernehmen Organisationen Konzepte der Organisation von Arbeit, die durch gesellschaftliche Vorstellungen geprägt werden. Mögliche Folgen werden von Meyer und Rowan wie folgt beschrieben: „But conformity to institutionalized rules often conflicts sharply with efficiency and, conversely, to coordinate and control activity in order to promote efficiency undermines an organization's ceremonial conformity and sacrifices its support and legitimacy" (Meyer und Rowan 1977, S. 340 f.). In diesem Zusammenhang ist auch der Begriff der „Rationalitätsmythen" eingeführt worden. Die in die Gesellschaft eingebetteten Regeln haben insofern eine rationale Dimension, als dass soziale Ziele sowie Mittel zur Verfolgung solcher Ziele festgelegt werden. Die mythische Dimension folgt aus der Tatsache, dass die Wirksamkeit solcher Mittel nicht bewiesen ist, sondern lediglich an den Erfolg geglaubt wird.

Die Übernahme von Organisationselementen und -konzepten aus Gründen der Legitimität wirft auch die Frage nach den Folgen für die Aktivitäten der Organisation auf. Hierzu lassen sich zwei Positionen innerhalb des diskutierten Stranges des Neo-Institutionalismus unterscheiden. Meyer und Rowan greifen Weicks Überlegungen zur losen Koppelung (Weick 1976) auf und gehen davon aus, dass die aufgezeigte Spannung um die Anpassung an institutionelle Regeln derart aufgelöst wird, dass sich eine zunehmende Trennung von formaler Ebene und tatsächlichen Aktivitäten entwickelt (Meyer und Rowan 1977).

DiMaggio und Powell hingegen grenzen sich von dieser These ab und gehen davon aus, dass sich Veränderungen auf der formalen Ebene auch in den Aktivitäten einer Organisation niederschlagen (Schaefers 2002). Unbeschadet dieser Differenz führt aber die Übernahme von institutionellen Regeln durch Organisationen zu einer fortschreitenden strukturellen Angleichung auf der formalen Ebene.

Mit dem Begriff des organisationalen Feldes ist sodann auf eine Analyseeinheit verwiesen, die es ermöglicht, die Umwelteinflüsse weiter aufzuschlüsseln. Das organisationale Feld umfasst „[...] Organisationen, die gemeinsam einen abgegrenzten Bereich des institutionellen Lebens konstituieren: die wichtigsten Zulieferfirmen, Konsumenten von Ressourcen und Produkten, Regulierungsbehörden sowie andere Organisationen, die ähnliche Produkte oder Dienstleistungen herstellen" (DiMaggio und Powell 2000, S. 149). Vor dem Hintergrund einer solchen Definition geraten vielfältige Akteure in den Blick und können mit ihren Erwartungen bestimmt werden.

Mit einer differenzierten Erfassung von Umwelteinflüssen ist es schließlich auch möglich, Prozesse der Strukturangleichung zwischen den Organisationen näher zu analysieren.

DiMaggio und Powell unterscheiden drei Mechanismen zur Herstellung von Strukturangleichung: erzwungene Isomorphie etwa mittels Gesetzen und Regelungen, mimetische Isomorphie im Sinne einer Imitation von als erfolgreich wahrgenommenen organisationalen Praktiken anderer sowie schließlich den Mechanismus der normativen Isomorphie als Strukturangleichung durch Präferenzen bei Problembearbeitungen und -lösungen etwa innerhalb einer Profession (DiMaggio und Powell 2000).

In der Phase nach Veröffentlichung der Beiträge von Meyer/Rowan und DiMaggio/Powell konzentrierten sich empirische Arbeiten zunächst vor allem auf die Verbreitung von Institutionen. Dabei standen insbesondere die Strukturangleichungsprozesse im Fokus. Dem eigentlichen Prozess der Entstehung oder Veränderung von Institutionen wurde wenig Beachtung geschenkt: „[...] the theoretical accomplishments of institutional theory are limited in scope to the diffusion and reproduction of successfully institutionalized organizational forms and practices. Institutional theory tells us relatively little about ‚institutionalization' as an unfinished process (as opposed to an achieved state), about where institutions come from, why some organizational innovations diffuse while others do not, and why innovations vary in their rate and ultimate extent of diffusion" (DiMaggio 1988, S. 12).

Jüngere Arbeiten hingegen konzentrieren sich stärker auf Prozesse der Institutionalisierung und Deinstitutionalisierung sowie auf Formen des institutionellen Wandels (Lawrence 2008; Sahlin und Wedlin 2008). In diesem Zusammenhang hat sich das Konzept der „Institutional Entrepreneurship", also das institutionelle Unternehmertum als eines der zentralen erwiesen. Dabei kann der Begriff des institutionellen Unternehmers auf DiMaggio zurückgeführt werden: „New institutions arise when organised actors with sufficient resources (institutional entrepreneurs) see in them an opportunity to realize interests that they value high" (DiMaggio 1988, S. 14). Institutional Entrepreneurship soll hier im Anschluss an Maguire/Hardy und Lawrence verstanden werden als Aktivitäten von Akteuren, die ein Interesse daran haben, an bestimmten institutionellen Arrangements und Ressourcen anzusetzen, um neue Institutionen zu erzeugen oder bestehende zu transformieren (Maguire et al. 2004, S. 657). Mit diesem Konzept werden also Akteure oder Akteursgruppen im Neo-Institutionalismus deutlicher profiliert.

Als eher basale Typen von institutionellen Unternehmern wurden in verschiedenen Studien Individuen, Organisationen generell, insbesondere aber auch innerhalb von Professionen agierende organisationale Akteure, des Weiteren Netzwerke, Verbände und soziale Bewegungen genannt (Hardy und Maguire 2008, S. 200).

Betrachtet man die Befunde der Arbeiten zum institutionellen Unternehmer, so lassen sich mittlerweile differenzierte Aussagen machen über welche Qualitäten, Charakteristika, Fähigkeiten und über welche Stellung im Feld (individuelle) Akteure verfügen müssen, um erfolgreich einen institutionellen Wandel anzustoßen. Zudem weisen Arbeiten Feldbedingungen aus, die günstig für die Entwicklung und Etablierung von Ideen des Wandes sind. Ferner finden sich auch Befunde zu Interventionsstrategien, also Handlungsmuster von Akteuren zur Veränderung von Institutionen (Hardy und Maguire 2008). Als solche lassen sich die Mobilisierung von Ressourcen, die Konstruktion von Begründungen sowie deren Platzierung im Diskurs und das Zusammenschmieden von Akteuren in neuen Konstellationen ausdifferenzieren. Hardy und Maguire stellen hierzu fest: „[…] institutional entrepreneurship involves the mobilization and recombination of materials, symbols and people in novel and even artful ways" (Hardy und Maguire 2008, S. 206). Zudem kommt in diesem Zusammenhang auch den „legitimating accounts", also den legitimierenden Erzählungen eine wichtige Bedeutung zu. Dabei lassen sich im Blick auf die Ebenen zwei Ansätze unterscheiden: In der Diffusionsperspektive sind die legitimierenden Erzählungen zwischen den Ebenen nicht zu unterscheiden. Für die Akteure auf der lokalen Ebene bestehen kaum Möglichkeiten der Veränderung der Erzählung, der Veränderung durch das Hinzufügen oder der Modifikation von Bedeutung. Demgegenüber geht die Übersetzungsperspektive davon aus, dass sich Erzählungen zwischen den Ebenen verändern (Creed et al. 2002, S. 477 ff.).

3 Methodisches Vorgehen

Das methodische Vorgehen lässt sich entlang der zwei Untersuchungsebenen kennzeichnen.

Für den Institutionenwandel auf der Makroebene wird auf die Methode der Dokumentenanalyse zurückgegriffen. Analysiert werden zum einen Dokumente des Europarates, der als internationale Organisation eine wichtige Rolle im Prozess der Entwicklung und Dissemination des GER gespielt hat. Zum anderen stehen Dokumente des „Centre for Language Teaching and Research" der Universität Fribourg in der Schweiz im Blick. Das Zentrum ist ein zentraler Akteur in diesem Prozess und hat Schritte und Stufen des Prozesses an verschiedenen Stellen festgehalten und beschrieben.

Um den Institutionenwandel auf der Organisationsebene zu analysieren, wurden leitfadengestützte Experteninterviews geführt. Bei Experteninterviews gelten die Befragten als Experten für ein Handlungsfeld und zugleich als Vertreter einer Gruppe von Experten. Im Blickpunkt steht also nicht das Individuum, sondern der Akteur, der in einen bestimmten funktionalen Kontext eingebunden ist (Flick 2002, S. 139 f.). Eine genauere Bestimmung des Expertenstatus leistet der entsprechende Definitionsbeitrag von Meuser und Nagel. Demnach gilt als Experte, „[…] wer in irgendeiner Weise Verantwortung trägt für den Entwurf, die Implementierung oder die Kontrolle der Problemlösung oder wer über einen privilegierten Zugang über Personengruppen oder Entscheidungsprozesse verfügt" (Meuser und Nagel 1991, S. 443). Insgesamt liegen dem Beitrag drei Interviews zugrunde. Interviewt wurden zwei Fachbereichsleitungen öffentlicher Weiterbildungseinrichtungen (Ö 1, Ö 2) sowie die Leiterin einer privaten Sprachenschule (P 1). Damit ist deutlich, dass die Befunde nur explorierenden Charakters sind.

4 Befunde und Interpretationen

4.1 Institutionenwandel auf Makroebene

Der Prozess der Entwicklung des GER und seine Institutionalisierung begannen zum Ausgang der 1980er Jahre. Wesentlich gekennzeichnet ist diese Phase durch den Prozess der Definition eines wünschenswerten Verhaltens innerhalb einer Gemeinschaft. Institutionelle Unternehmer machen auf Dinge aufmerksam oder erzeugen sie, indem diese mit Begriffen versehen werden, die sie benennen, interpretieren oder dramatisieren. Im Falle des GER ist eine Gruppe des Sprachenanbieters „Eurocentres" (Zürich) als institutioneller Unternehmer zu sehen, der das Problem wie folgt beschrieb: „How can we communicate and how can we understand what kind and what degree of language knowledge is certified through a particular examination result, diploma or certificate?" (Universität Fribourg 2002, S. 1).

Im Jahre 1991 fand dann ein international besetztes Symposium unter der Ägide des Europarates mit dem Titel „Transparency and Coherence in Language Learning in Europe: Objectives, Evaluation, Certification" statt. Ausrichter waren Organisationen der Schweizer Kantonal- und der Bundesebene (Little 2002). Zudem nahmen aber auch Bildungsanbieter teil. Von diesem Symposium ging die Empfehlung aus, einen gemeinsamen Rahmen für Fremdsprachen zu entwickeln.

Hier wird die Mobilisierung von Ressourcen und die Zusammenführung von verschiedenen Akteuren deutlich, wobei hervorzuheben ist, dass es an dieser Stelle des Prozesses gelungen ist, die internationale Ebene zu involvieren und mit dem Europarat eine internationale Organisation einzubinden, die sich dem kulturellen Austausch und dem lebenslangen Lernen verpflichtet hat.

In den Folgejahren wurde ein Forschungsprojekt durchgeführt, dessen Ziel es war, Deskriptoren zu entwickeln, die die Fremdsprachenbeherrschung auf verschiedenen Ebenen aus einer handlungsbezogenen kommunikativen Perspektive beschreiben (Universität Fribourg 2002, S. 2). Die Deskriptoren wurden dann auch zum Bestandteil des GER. Im Jahre 1997 wurde dann im Rahmen einer Konferenz des Europarates beschlossen, u. a. einen GER vorzulegen.

Anlässlich des europäischen Jahres der Sprachen im Jahre 2001 wurden dann der GER und das Europäische Sprachenportfolio auf einer gemeinsam veranstalteten Konferenz von Europarat, Europäischer Union und UNESCO vorgestellt. Hier wurde erneut eine Erweiterung der beteiligten Akteure und eine zusätzliche Mobilisierung von Ressourcen vorgenommen. Für die Institutionalisierung des GER stellt die Einbindung von internationalen Organisationen einen wichtigen Faktor dar. Jüngstes Element in diesem Prozess ist eine Empfehlung des Kommittees der Minister „Recommendation CM/Rec(2008)7 of the Committee of Ministers to member states on the use of the Council of Europe's Common European Framework of Reference for Languages (CEFR) and the promotion of plurilingualism" (CEC 2008), in dem der Europarat seine Mitgliedstaaten zur Etablierung des GER auffordert. Als legitimierende Erzählung wird in diesem Dokument auf die übergeordneten Ziele und Motive verwiesen: So wird das Ziel ausgegeben, zu größerer Einheit im Blick auf Bildungs- und Kulturfragen zwischen den Mitgliedsstaaten zu gelangen und ferner die stärkere Abstimmung und Kooperation zwischen Mitgliedsstaaten im Blick auf die Ansätze zur Fremdsprachenpolitik sowie die Notwendigkeit einer höheren Mobilität in allen Bereichen des Lebens stärker zu etablieren (CEC 2008, S. 1).

4.2 Befunde zum Institutionenwandel und zur Etablierung auf Mesoebene

Blickt man auf den Prozess des Institutionenwandels auf der Organisationsebene, so lassen sich aus dem Material Hinweise entnehmen auf einen Individualakteur als institutioneller Unternehmer:

> Wir sind ja als Fachbereichsleiter der [Organisationen] regelmäßig im fachlichen Austausch miteinander. Wir haben die Fachbereichskonferenzen des Landesverbandes der [Organisationen] und damals noch [Name] hat sich sofort auf die Fahnen geschrieben, dass wir uns ganz intensiv beschäftigen mit dem Referenzrahmen, weil das unser Handwerkszeug werden wird und ich kann nur ein Handwerkszeug nutzen, gewinnbringend nutzen, wenn ich auch weiß, wie es aufgebaut ist (Ö 2, ZZ 135 ff.)

Zugleich wird an diesem Beispiel auch die legitimierende Erzählung sichtbar, die sich zukunftsgewandt ausnimmt. Es wird in dieser Erzählung prognostiziert, dass sich der GER durchsetzen werde als zentrales Instrument und sich so eine Befassung mit dem GER als unausweichlich darstellt. Die legitimierende Erzählung, die auf der Makroebene etwa im Dokument des Europarates sichtbar wurde, scheint hier nicht mehr auf. Die legitimierende Erzählung wird vielmehr übersetzt.

In der anderen untersuchten öffentlichen Einrichtung wird die übersetzte legitimierende Erzählung ebenfalls sichtbar. Auch hier wird betont, dass der GER sich durchsetzen werde.

> Ich hab' den Fachbereich circa ein Jahr vorher übernommen und habe einfach mich nen bisschen kundig machen müssen oder auch gemacht, was passiert woanders. Und wir wussten es wird über kurz oder lang, wird nur noch dieser Referenzrahmen wirklich Auskunft darüber geben wie sich jemand sprachlich einsortieren kann oder könnte, und wir wussten, wir müssen da am Ball bleiben (Ö 1, ZZ 71 ff.)

Zugleich lassen sich an diesem Zitat hinsichtlich der Diffusion der Institution Hinweise auf mimetische Isomorphie finden. Mit der Übernahme der neuen Funktion als Fachbereichsleiterin geht offenbar eine gewisse Unsicherheit einher, die dann durch Orientierung an und schließlich Übernahme von Praktiken von als erfolgreich wahrgenommenen Organisationen bearbeitet wird. Zugleich wird aber die legitimierende Erzählung übernommen.

In den Interviews wird jedoch auch die Bedeutung der durch die Umwelt herangetragenen Erwartungen bei der Etablierung der Institution deutlich. So wird festgestellt:

> „Das bedeutet, dass wir eigentlich seit Anfang 2000, wo das raus gekommen ist, richten wir uns danach, weil das einfach 'ne Forderung ist, die von den Firmen an uns gestellt wird" (P 1, ZZ 40 ff.) Zugleich verbindet sich mit der Etablierung der Institution die Erwartung, dass die der Institution zugesprochene Legitimität auch auf die Organisation übergeht: „Und es soll ja auch von Seiten der Firmen nachvollzogen werden, dass ich hoffentlich was getan hab, also von daher ist es ein Instrument, ein Tool, was wir einfach brauchen, um dann nachzuweisen, dass das, was wir tun, sogar Erfolg verspricht" (P 1, ZZ 66 ff.)

Ferner lassen sich als Befunde aus den Interviews auch Hinweise darauf finden, dass sich eine Trennung von Aktivitäts- und Formalebene einstellt. So wird in einem Fall betont, dass sich durch die Etablierung der Institution keine Folgen mit Blick auf Inhalte oder Qualität eingestellt haben: „Ich hab Ihnen eben die Pläne gezeigt… man sieht schon, dass sich insgesamt die Strukturen 'nen ganzes Stück verändert haben,… wobei Qualität und Inhalt nicht schlechter oder anders sind wie sie damals waren, sie sind halt einfach nur anders sortiert worden" (Ö 1, ZZ 199 ff.). In einem anderen Fall zeigt sich ebenfalls die Tendenz zur losen Kopplung von Formal- und Aktivitätsstruktur. Darüber hinaus deutet sich hier aber auch an, dass auf der Aktivitätsebene nochmalige Modifikationen der auf der Formalebene etablierten Institution (hier des GER) vorgenommen werden: „Das haben wir eigentlich immer gemacht, es hieß nur anders, die Nomenklatur ist eine andere. Wobei man auch jetzt noch, wenn man davon ausgeht, dass man sechs Stufen hat, behilft man sich natürlich auch mit low, mid, upper und high und versucht alles andere mit unterzubringen" (P 1, ZZ 51 ff.).

Schließlich steht am Ende der ernüchternde Befund, dass durch die Einführung des GER die Handlungsprobleme auf der Aktivitätsebene nicht gelöst werden: „Und es ist auch schwierig, wenn ich heute einen Trainer frage: ‚Du hast jetzt ein halbes Jahr mit dem gearbeitet. Was hat der jetzt für ein Level', kommt man nach wie vor noch ins Schwimmen. Also von daher ist es nicht leichter geworden" (P 1, ZZ 107 ff.).

5 Schlussüberlegungen

Der vorliegende Beitrag hat gezeigt, dass sich der Prozess des institutionellen Wandels mittels des Konzepts des institutionellen Unternehmers aufschlussreich analysieren lässt. In der Analyse wurde deutlich, dass dieses Konzept auf beiden untersuchten Ebenen von Bedeutung ist. Auf der Makroebene konnten Strategien, wie etwa die Mobilisierung von Ressourcen und das Zusammenschmieden von Akteuren in neuen Konstellationen aufgezeigt werden. Von zentraler Bedeutung im Falle des GER war insbesondere die Einbeziehung der internationalen Organisationen. Hierdurch wurde auch die legitimierende Erzählung nachhaltig geprägt.

Auf der Mesoebene konnten ebenfalls Hinweise auf einen sinnvollen Einsatz des Konzeptes des institutionellen Unternehmers zur Analyse des institutionellen Wandels identifiziert werden. Hinsichtlich der legitimierenden Erzählung zeigt sich jedoch, dass diese von den lokalen Akteuren verändert werden. Auch wenn die methodische Reichweite dieser explorativen Studie begrenzt ist, so lassen sich doch vorsichtige Hinweise darauf finden, dass eher die Übersetzungsperspektive zur Analyse des Überganges der Institution von der Makro- zur Mesoebene heran zu ziehen ist. Mit Blick auf die Etablierung der Institution auf dieser Ebene wurde zudem deutlich, dass nicht allein das Konzept des institutionellen Unternehmers greift, sondern dass der Umweltbezug und auch Prozesse der mimetischen Isomorphie von Bedeutung sind. Als Ausblick auf weitere Arbeiten in diesem Zusammenhang ist zunächst darauf zu verweisen, dass es für den Bereich der Weiterbildung einer Ausweitung der empirischen Basis auf der Mesoebene bedarf, um zu weiterführenden Aussagen zu kommen. Sodann könnte eine vergleichende Untersuchung zum institutionellen Wandel am Beispiel des GER in der Schule und in der Weiterbildung von Interesse sein, um die Bedeutung von institutionellen Unternehmern in different verfassten Segmenten des Bildungswesens näher zu analysieren.

Literatur

Council of Europe (2005) Survey on the use of the common European framework of Reference for Languages (CEFR). Synthesis of Results. DGIV/EDU/LANG (2006)2. Strasbourg

Council of Europe (2008) Recommendation CM/Rec(2008)7 of the Committee of Ministers to member states on the use of the Council of Europe's Common European Frame work of Reference for Languages (CEFR) and the promotion of plurilingualism. Strasbourg

Creed WED, Scully MA, Austin JR (2002) Clothes make the person? The tailoring of legitimating accounts and the social construction of identity. Organ Sci 13(5):475–496

DiMaggio PJ (1988) Interest and agency in institutional theory. In: Zucker LG (Hrsg) Institutional patterns and organizations. Culture and environment. Harvard University Press, Cambridge, S 3–21

DiMaggio PJ, Powell WW (2000) Das „stahlharte Gehäuse" neu betrachtet: Institutioneller Isomorphismus und kollektive Rationalität in organisationalen Feldern. In: Müller H-P, Sigmund S (Hrsg) Zeitgenössische amerikanische Soziologie. Leske & Budrich, Opladen, S 147–173

Flick U (2002) Qualitative Sozialforschung – Eine Einführung. Rowohlt, Reinbeck

Hardy C, Maguire S (2008) Institutional entrepreneurship. In: Greenwood R, Oliver C, Suddaby R, Sahlin-Andersson K (Hrsg) Handbook of organizational institutionalism. Sage, London, S 198–217

Hartz S (2011) Qualität in Organisationen der Weiterbildung – Eine Studie zur Akzeptanz und Wirkung von LQW. Organisation und Pädagogik, Bd 9. VS Verlag für Sozialwissenschaften, Wiesbaden

Ioannidou A (2010) Steuerung im transnationalen Bildungsraum – Internationales Bildungsmonitoring zum Lebenslangen Lernen. Theorie und Praxis der Erwachsenenbildung. Bertelsmann, Bielefeld

Jakobi AP (2009) Die weltweite Institutionalisierung lebenslangen Lernens. Neo-Institutionalistische Erklärungen politischer Programmatiken In: Koch S, Schemmann M (Hrsg) Neoinstitutionalismus in der Erziehungswissenschaft. Grundlegende Texte und empirische Studien. VS Verlag für Sozialwissenschaften, Wiesbaden, S 172–189

Lawrence TB (2008) Power institutions and organizations. In: Greenwood R, Oliver C, Suddaby R, Sahlin-Andersson K (Hrsg) Handbook of organizational institutionalism. Sage, London, S 170–197

Little D (2002) The European Language Portfolio: structure, origins, implementation and challenges. Lang Teach 35(3):182–189

Maguire S, Hardy C, Lawrence TB (2004) Institutional entrepreneurship in emerging fields: HIV/AIDS treatment advocacy in Canada. Acad Manag J 47(5):657–679

Meuser M, Nagel U (1991) Experteninterviews – vielfach erprobt, wenig bedacht. Ein Beitrag zur qualitativen Methodendiskussion. In: Garz D, Kraimer K (Hrsg) Qualitativ-empirische Sozialforschung – Konzepte, Methoden, Analysen. Westdeutscher, Opladen, S 441–471

Meyer JM, Rowan B (1977) Institutionalized organizations: formal structure as Myth and Ceremony. Am J Sociol 83(2):340–363

Sahlin K, Wedlin L (2008) Circulating ideas: imitation, translation and editing. In: Greenwood R, Oliver C, Suddaby R, Sahlin-Andersson K (Hrsg) Handbook of organizational institutionalism. Sage, London, S 218–242

Schaefers C (2002) Der soziologische Neo-Institutionalismus. Eine organisationstheoretische Analyse- und Forschungsperspektive. Z Pädagogik 48(6):835–855

Schemmann M (2007) Internationale Weiterbildungspolitik und Globalisierung. Orientierung und Aktivitäten der OECD, EU, UNESCO und Weltbank. Bertelsmann, Bielefeld

Senge K (2006) Einführung in den Neo-Institutionalismus. VS Verlag für Sozialwissenschaften, Wiesbaden

Universität Fribourg (2002) http://commonweb.unifr.ch/pluriling/pub/cerleweb/portfolio/background/development/default.htm. Zugegriffen: 21. Juli 2011

Weick KE (1976) Educational organizations as loosely coupled systems. Adm Sci Q 21(1):1–19

Teil II
Diversität in Organisationen

Heterogenität des Migrationshintergrundes als Herausforderung für Weiterbildungsorganisationen

Halit Öztürk

1 Ausgangslage

Deutschland ist durch Einwanderung geprägt (vgl. Statistisches Bundesamt 2011). Das wirkt sich auf die Bevölkerung, auf Unternehmen, Organisationen und öffentliche Verwaltungen aus: Menschen mit Migrationshintergrund sind beispielsweise nicht mehr nur Kunden, sondern zugleich Mitarbeiter, Fach- und Führungskräfte dieser Organisationen.

Vor diesem Hintergrund formieren sich zunehmend Forderungen nach diversitätsorientierten Öffnungsprozessen, vorranging in Bildungsinstitutionen, um Eingewanderten und ihren Familien eine gleichberechtigte Teilhabe an Bildung zu ermöglichen (vgl. Gaitanides 2006). Dabei ist die öffentliche Aufmerksamkeit vermehrt auf Themen gerichtet, die Fragen nach der Bewältigung von Zuwanderung und der Integration von Einwanderern in die Gesellschaft aufwerfen. Das politische und wissenschaftliche Interesse richtet sich dabei vorwiegend auf die Bildungs- und Ausbildungssituation junger Menschen mit Migrationshintergrund und kaum auf die Weiterbildung und Qualifizierung ihrer Elterngeneration (vgl. Boos-Nünning 2008).

Erste Forschungsergebnisse zur Weiterbildungsbeteiligung belegen eine Benachteiligung von Menschen mit Migrationshintergrund. Sie sind in der Gruppe der Weiterbildungsteilnehmer unterrepräsentiert (vgl. Rosenblatt und Bilger 2008, S. 70). In der Konsequenz werden Menschen mit Migrationshintergrund nicht sel-

H. Öztürk (✉)
Institut für Pädagogik, Friedrich-Alexander-Universität Erlangen-Nürnberg,
Bismarckstraße 1a, 91054 Erlangen, Deutschland
E-Mail: halit.oeztuerk@paed.phil.uni-erlangen.de

M. Göhlich et al. (Hrsg.), *Organisation und kulturelle Differenz*,
Organisation und Pädagogik 12, DOI 10.1007/978-3-531-19480-6_7,
© VS Verlag für Sozialwissenschaften | Springer Fachmedien Wiesbaden GmbH 2012

ten neben „*Langzeitarbeitslosen, gesundheitlich Beeinträchtigen oder Straffälligen*" als Problemgruppe mit spezifischen Schwierigkeiten genannt (vgl. Iller 2011, S. 250).

Diese Darstellung suggeriert den Eindruck einer randständigen Sondergruppe, welche spezifische Probleme eint. So finden sich gegenwärtig neben bundesweiten, regionalen und kommunalen Integrationsprojekten auch übergreifende Netzwerke und eine Vielzahl an Qualifizierungsangeboten, welche sich ausdrücklich an „*Menschen mit Migrationshintergrund*" richten. Als bestünde ein einheitlicher Tenor, werden dabei migrationsspezifische Probleme benannt, Integrationsdefizite lokalisiert sowie didaktische und methodische Ratschläge gegeben, wie mit dieser speziellen Zielgruppe umgegangen werden könne (vgl. ZWH 2005, S. 18 ff.).

Dieser Beitrag richtet seinen Fokus auf das Verständnis bezüglich der Zielgruppe „*Menschen mit Migrationshintergrund*" in relevanten Weiterbildungsorganisationen. Die Frage, inwiefern Weiterbildungsorganisationen Menschen mit Migrationshintergrund als Adressaten differenzieren und dabei spezifisch in ihren Angeboten ansprechen, wird durch die Leitfadeninterviews mit tätigen Professionellen in Weiterbildungsorganisationen sowie einer genaueren Analyse einzelner Angebotsbeschreibungen beantwortet.

2   Historische Rekonstruktion: Migration und Weiterbildung

Die Bundesrepublik Deutschland war in den Jahrzehnten nach dem Zweiten Weltkrieg wiederholt Ziel umfangreicher internationaler Migration: *Anwerbung ausländischer Arbeitskräfte (sog. GastarbeiterInnen), Familiennachzug, Flüchtlingsmigration, (Spät-)AussiedlerInnenmigration, Anwerbung ausländischer Fachkräfte (u. a. GreenCard-Regelung)* (vgl. Meier-Braun 2002).

Der historische Verlauf der deutschen Migrationsgeschichte seit den 1950er Jahren dokumentiert trefflich die Heterogenität von Menschen mit Migrationshintergrund. Gleichwohl werden die Vielfalt der Menschen mit Migrationshintergrund, ihre unterschiedlichen Lebenslagen, die Pluralität ihrer Lebensentwürfe in der Allgemeinheit, wie auch in der Wissenschaft, gegenwärtig kaum wahrgenommen.

Der Weiterbildungsbereich etwa reagierte relativ spät und zögernd auf die Weiterbildungsbedürfnisse der eingewanderten Erwachsenen. Auf der Grundlage der wenigen Veröffentlichungen zur Angebots- und Themenstrukturen des Erwachsenen- und Weiterbildungsbereichs lassen sich retrospektiv folgende Weiterbildungs- und Qualifizierungsmaßnahmen für Menschen mit Migrationshintergrund erschließen:

Das Weiterbildungsangebot für diese Personengruppe war bis Ende der 1980er Jahre lückenhaft, punktuell und überwiegend kompensatorisch angelegt. Bei den

Angeboten handelte es sich vereinzelt um Sprachkurse und Alphabetisierungskurse (vgl. Schneider-Wohlfahrt und Pfänder 1994). Große Defizite waren vor allem im Bereich von Maßnahmen der beruflichen Anpassungs-, Umschulungs- und Aufstiegsfortbildung vorhanden (vgl. Weinrich und Meisel 1983). Statt die Eingliederung in das deutsche Fort- und Umschulungssystem zu fördern, wurden zu dieser Zeit vermehrt rückkehrbezogene Fortbildungsmaßnahmen durchgeführt. Diese beruflichen Reintegrationsmaßnahmen zielten darauf ab, migrierte Arbeitskräfte über eine Qualifizierung für den Bedarf im Heimatland zur Rückkehr anzuregen (vgl. Nacken und Wüstendörfer 1976, S. 234 ff.). Berufliche Weiterbildung (insbesondere als Aufstiegsweiterbildung z. B. zur Qualifikation als Facharbeiter) kam zu dieser Zeit eingewanderten ArbeiterInnen praktisch nicht zugute.

Im Zuge der steigenden Einwanderung nach 1990, besonders aus der ehemaligen Sowjetunion, und angesichts steigender Arbeitslosenzahlen sowie wachsender Fremdenfeindlichkeit rückte das Thema *Integration* in den gesellschaftlichen und politischen Fokus. Migrationspolitisch relevante Gesetze, Verordnungen und Beschlüsse wie etwa das Gesetz zur Änderung ausländer- und asylverfahrensrechtlicher Vorschriften (1997), das Gesetz zur Reform des Staatsangehörigkeitsrechts (2000), das Zuwanderungsgesetz (2005) und das Allgemeine Gleichbehandlungsgesetz (2006) wurden erlassen, die sich auch auf die Aktivitäten im Bereich der beruflichen Weiterbildung auswirkten. Zum einen verlagerte sich die Zielsetzung der Weiterbildungsmaßnahmen für Menschen mit Migrationshintergrund von der Reintegration in das Herkunftsland zur sozialen und beruflichen Integration in das Aufnahmeland. Zum anderen stieg zwar langsam, aber kontinuierlich die Angebotsvielfalt an beruflicher Weiterbildung und Qualifizierung für die AdressatInnen mit Migrationshintergrund an.

Obgleich inzwischen eine Reihe von Betriebs- und Personenbefragungen für den Weiterbildungsbereich in Deutschland vorliegen, kann die Datenlage im Kontext der Migration als eher dürftig bezeichnet werden.

Betriebsbefragungen wie das *IAB-Betriebspanel, Continuing Vocational Training Survey* (CVTS) und das *wbmonitor* versuchen zwar eine möglichst umfassende Übersicht der heterogenen Strukturen sowie des Themenspektrums der gegenwärtigen Weiterbildungsanbieter abzubilden, geben jedoch kaum Informationen über die Weiterbildungsangebote für Menschen mit Migrationshintergrund (vgl. Giese und Wittpoth 2011, S. 200 ff.). Verlässliche Daten über die Weiterbildungsangebote für diese Bevölkerungsgruppe liegen allenfalls für die Integrationskurse nach dem Zuwanderungsgesetz und teilweise für den Bereich der Volkshochschulen vor: Das *Bundesamt für Migration und Flüchtlinge* (BAMF) initiiert in Kooperation mit unterschiedlichen Weiterbildungträgern Integrationskurse, die vor allem auf Angebote im Bereich des deutschen Spracherwerbs sowie der Grundkenntnisse der deutschen Rechtsordnung, Kultur und Geschichte abzielen (vgl. BAMF 2009, S. 6 ff.). Die dezentral organisierten *Volkshochschulen* (VHS) bieten Menschen mit Migrationshintergrund einen differenzierten Deutschsprachkurs an, um beispielsweise Einbürgerungswillige auf den Sprachtest vorzubereiten (vgl. Huntemann und Weiß 2010, S. 12, 42).

Auch die Personenbefragungen im Weiterbildungsbereich haben den Aspekt der Migration lange Zeit außer Acht gelassen (vgl. Öztürk 2011, S. 154 ff.). Das Berichtssystem Weiterbildung (BSW), eine seit 1979 in dreijährigem Turnus wiederholte repräsentative Querschnittsbefragung zum individuellen Weiterbildungsverhalten in Deutschland, bezieht erstmals im Erhebungsjahr 1997 deutschsprachige Ausländer in die Befragung ein. 2003 wurde die Gruppe der Deutschen hinsichtlich des Migrationshintergrundes weiter differenziert. Dabei konstatiert das BSW, dass Menschen mit Migrationshintergrund seltener an Weiterbildungsmaßnahmen beteiligt sind als Deutsche ohne Migrationshintergrund (vgl. BMBF 2006, S. 140). Dieses Ergebnis wird auch durch den Trendbericht auf Basis der Erhebung des Adult Education Survey (AES)[1] für das Jahr 2010 bestätigt (vgl. BMBF 2011, S. 34 f.).

Die Heterogenität innerhalb der Bevölkerung mit Migrationshintergrund in Deutschland ist aber in diesen Erhebungen keineswegs zur Genüge berücksichtigt. Gerade in der Bewertung der Bildungsbeteiligung von Menschen mit Migrationshintergrund spielt aber die Operationalisierung des Migrationshintergrundes eine maßgebliche Rolle: Vergleicht man die berufliche Weiterbildungsbeteiligung von Menschen mit Migrationshintergrund auf Basis des Sozio-oekonomischen Panels (SOEP) beispielsweise unter Berücksichtigung einer weitergehenden Differenzierung des Migrationshintergrundes nach Staatsangehörigkeit, Geburtsort, Zuzugsalter, Einwanderungsstatus, dann fällt auf, dass sich die Distribution zwischen den Personen ohne Migrationshintergrund und Personen der zweiten Generation (in Deutschland geboren oder vor Vollendung des sechsten Lebensjahres nach Deutschland eingereist) nur geringfügig unterscheiden (vgl. Öztürk 2011, S. 160 ff.).

Dieses Exempel verdeutlicht den überfälligen Bedarf zur begrifflichen Differenzierung des Migrationshintergrundes in den Erhebungen zur Weiterbildung – aber auch in den Konzeptionen von Weiterbildungsangeboten. In der Weiterbildungsforschung scheint sich ein überfälliger Perspektivwechsel zu vollziehen. Die Verwendung von kategorialen Bezeichnungen wie Deutsche und Ausländer und deren

---

[1] Das Berichtssystem Weiterbildung (BSW) wurde im Jahre 2007 inhaltlich auf das europäische Berichtskonzept Adult Education Survey (AES) umgestellt. AES ist eine europaweite repräsentative Befragung zum Lebenslangen Lernen und wird ab 2011 im fünfjährigen Turnus in allen Mitgliedsstaaten der EU verpflichtend erhoben.

Bedeutung für pädagogische Kontexte werden zunehmend hinterfragt und kritisiert (vgl. Mecheril 2004; Öztürk und Kuper 2008).

Offenkundig zeigt sich die Heterogenität zwischen, aber auch innerhalb der einzelnen Bevölkerungsgruppen mit Migrationshintergrund und erfordert damit eine erhöhte Teilnehmer- und Zielgruppenorientierung auf Seiten der Weiterbildungsanbieter (vgl. von Hippel und Tippelt 2011, S. 809 f.). Im Hinblick auf die Teilnehmer- bzw. Zielgruppenorientierung, mit der eine entschulte und lebensweltorientierte Weiterbildungsarbeit betont wird, stellt sich nunmehr die Frage, inwiefern Weiterbildungsorganisationen Menschen mit Migrationshintergrund als Adressaten differenzieren und dabei spezifisch in ihren Angebotsbeschreibungen ansprechen.

3　Methodologischer Rahmen

Die Befragung von MitarbeiterInnen mit Leitungsfunktionen in Weiterbildungsorganisationen erfolgt in Form von leitfadengestützten Interviews (vgl. Hopf 2005). Der Fokus dieser Befragung richtet sich zum einen auf die Zielgruppe „Menschen mit Migrationshintergrund" und zum anderen auf das Leistungsspektrum der Weiterbildungsorganisation für diese Bevölkerungsgruppe. Leitend waren dabei folgende Fragestellungen:

- Wie beschreiben MitarbeiterInnen mit Leitungsfunktionen in Weiterbildungsorganisationen die Zielgruppe „Personen mit Migrationshintergrund"?
- Welche Weiterbildungsangebote werden für diese Bevölkerungsgruppe konzipiert und durchgeführt?

Die Weiterbildungsorganisationen wurden über die Weiterbildungsdatenbank „WDB Berlin" angeworben. Sie ist die umfangreichste und meistgenutzte Datenbank der Region Berlin-Brandenburg (http://www.wdb-berlin.de). Insofern fiel der Entschluss auf ein Sampling durch Selbstaktivierung bzw. sekundäre Selektion (vgl. Reinders 2005, S. 141 f.). Dabei wurden lediglich Weiterbildungsorganisationen befragt, deren alleiniger bzw. hauptsächlicher Organisationszweck das Angebot und die Durchführung von beruflichen Weiterbildungen darstellt. Die Stichprobe beschränkt sich nur auf in West-Berlin agierende Weiterbildungsorganisationen. Hier dürften die befragten Weiterbildungsorganisationen unmittelbar mit der migrationsbedingten Pluralisierung konfrontiert seien, da etwa bereits jeder dritte Bewohner in den westlichen Bezirken Berlins einen Migrationshintergrund hat (vgl. Amt für Statistik Berlin-Brandenburg 2008, S. 20 ff.).

Angeschrieben wurden über 30 relevante Weiterbildungsorganisationen per E-Mail. 16 Weiterbildungsorganisationen haben auf die Anfrage keine Reaktion gezeigt. Erst auf die telefonische Nachfrage hin haben einige dieser, vornehmlich aus dem privaten Sektor, wissen lassen, dass Menschen mit Migrationshintergrund nicht in erster Linie zu ihrem Kundenkreis gehören. Menschen mit Migrationshintergrund gehören nicht immediat zum Kundenkreis, weil sie *„anspruchsvolle berufliche Weiterbildungen im Programm"* haben (Orga 29), neben einer *„kompetenten Sprachbeherrschung"* auch ein *„überdurchschnittliches Qualifikationsniveau"* voraussetzen (vgl. Orga 20), *„keine Fördergelder erhalten"* und die TeilnehmerInnen die Weiterbildungsangebote *„selber zu finanzieren"* haben (vgl. Orga 27).

Insgesamt konnten 14 Weiterbildungsorganisationen als Gesprächspartner gewonnen werden. Die Feldarbeit erstreckte sich über einen Zeitraum von Anfang März bis Anfang Juni 2010. Die Interviews wurden über Mitschriften dokumentiert. Diese Mitschriften wurden strukturiert und durch zusätzliches Material (Angebotsbeschreibungen, Flyer) ergänzt. Mittels zusammenfassender Inhaltsanalyse nach Mayring (2008) wurden diese leitfadengestützten Interviews und die jeweiligen Dokumente (Angebotsbeschreibungen der befragten Weiterbildungsorganisationen) ausgewertet.

4 Empirische Ergebnisse

4.1 Menschen mit Migrationshintergrund in den Selbstbeschreibungen der Weiterbildungsorganisationen

Auf die Frage, wie die Zielgruppe „Menschen mit Migrationshintergrund" definiert wird, haben befragte MitarbeiterInnen mit Leitungsfunktionen folgende Antworten gegeben: Menschen mit Migrationshintergrund seien Menschen mit *„nichtdeutscher Muttersprache"* (Orga 2), *„ausländischer Staatsangehörigkeit"* (Orga 4), *„im Ausland Geborene"* (Orga 6) oder *„sprachlich und kulturell Andersartige"* (Orga 11). Einige der befragten MitarbeiterInnen haben auf diese Frage kritisch angemerkt, dass sie keinen genauen Begriff davon haben, was „Menschen mit Migrationshintergrund" ausmacht (vgl. Orga 8; Orga 10).

Auffällig in den Antworten der Befragten war zudem überwiegend die wie selbstverständlich wirkende Verwendung von Kategoriebezeichnungen wie *Türken, Kurden, Araber, Russlanddeutsche.* Den so Bezeichneten wurden bestimmte Eigenschaften zugeschrieben. Zuwanderern aus der ehemaligen Sowjetunion wurde beispielsweise das höchste, Arabern das niedrigste Bildungsniveau aller Teilnehmenden nachgesagt.

Migranten haben sehr schlechte Karten auf dem Arbeitsmarkt. Sie haben weder aus-
reichende Qualifikationen noch können sie ausreichend Deutsch sprechen. Naja,
eben und das sage ich wirklich nicht gern, aber sie sind eine stark wachsende Risiko-
gruppe in unserer Gesellschaft [...]. (Orga 9)

Grundsätzlich wird auf deren weitaus schlechteren Bildungs-, Ausbildungs- und
Beschäftigungsverhältnisse im Vergleich zu Personen ohne Migrationshintergrund
hingewiesen. Ihre beruflichen Tätigkeiten würden sich deutlich von denen der
Personen ohne Migrationshintergrund unterscheiden: schlechtere Arbeitsbedin-
gungen, geringere Bezahlung, ungünstige Beschäftigungsverhältnisse und ein hö-
heres Arbeitsplatzrisiko würden ihre berufliche Situation kennzeichnen (vgl. Orga
2, Orga 10, Orga 14).

Im Ganzen wird die Zielgruppe „Menschen mit Migrationshintergrund" von
MitarbeiterInnen in den befragten Weiterbildungsorganisationen überwiegend mit
Merkmalen wie geringe formale Bildung, unzureichende deutsche Sprachkenntnisse, fehlende Qualifikationen und Kompetenzen beschrieben. Gleichwohl kritisieren einige der befragten MitarbeiterInnen, dass Menschen mit Migrationshintergrund, insbesondere Russlanddeutsche, trotz guter Bildungs- und Berufsabschlüsse oftmals weit unter ihrer Qualifikation in Deutschland arbeiten müssen, weil im
Ausland erworbene Bildungs- und Berufsabschlüsse in Deutschland kaum adäquat
anerkannt werden (vgl. Orga 4, Orga 8). Folglich müssen laut den Aussagen der
befragten Personen über Weiterbildung Voraussetzungen geschaffen werden, um
die Erwerbsfähigkeit von Menschen mit Migrationshintergrund zu sichern. Ferner erwarten die Befragten in Anbetracht der Debatten um die Integration von
Menschen mit Migrationshintergrund in Deutschland, die Potenziale der Weiterbildung für gesellschaftliche Teilhabe anzuerkennen und damit auch insgesamt die
Weiterbildung mehr in den Fokus dieser Debatten zu rücken (vgl. Orga 2, Orga 3,
Orga 4, Orga 6, Orga 8).

Jeder diskutiert über die Integration von Migranten. [...] Über Kindergarten, Schule,
Ausbildung und noch weitere Bereiche wird diskutiert, aber warum wird für Migranten der Bereich Weiterbildung nicht thematisiert! Verstehen Sie das? [...]. (Orga 8)

Die befragten Weiterbildungsorganisationen machen Interessierte u. a. durch
Mundpropaganda, JobCenter und auch durch die Verteilung von Flyern etwa in
Migrantenselbstorganisationen auf ihre spezifischen Weiterbildungsangebote für
Menschen mit Migrationshintergrund aufmerksam. In diesen Flyern (Angebotsbeschreibungen) bestätigt sich die Selbstbeschreibung der Weiterbildungsorganisationen. Die Zielgruppe „Personen mit Migrationshintergrund" wird dabei wie
folgt charakterisiert:

- „Russischsprachige Migrant(inn)en inkl. Aussiedler/-innen [...]" (AB Orga 1).
- „Kunden/innen SGB II und III, An- und Ungelernte, Beschäftigte, geeignet für Migranten/innen" (AB Orga 5)
- „Aussiedler- und AusländerInnen, [...]" (AB Orga 11)
- „Langzeitarbeitslose, Arbeitslose, Migranten, Studienabbrecher" (AB Orga 12)
- „arbeitslose Migrantinnen aus allen Ländern, [...]" (AB Orga 13).

Im Ganzen zeigen diese Befragung und die Dokumentenanalyse (Angebotsbe-schreibung), dass sich zwar die Selbstbeschreibung der befragten MitarbeiterInnen mit den Angebotsbeschreibungen decken, aber die Zielgruppe „Menschen mit Migrationshintergrund" diffus bestimmt wird. Es existiert ein einförmiger Migra-tionsbegriff, der die heterogenen Lebenswelten der Menschen mit Migrationshin-tergrund kaum repräsentiert.

4.2 Weiterbildungsangebote für die Zielgruppe „Menschen mit Migrationshintergrund"

Die befragten Weiterbildungsorganisationen bieten eine Reihe spezieller Kurse und Lehrgänge für Menschen mit Migrationshintergrund an. In der Regel sind solche Weiterbildungsangebote berufliche Integrationsmaßnahmen, deren ausgeschrie-benes Ziel die Verbesserung der Arbeitsmarktchancen von Menschen mit Migra-tionshintergrund ist. Einzelne Weiterbildungsorganisationen arbeiten innerhalb von Projekten in so genannten Netzwerken zusammen, um speziell für Menschen mit Migrationshintergrund beschäftigungsrelevante Überbrückungs- und Weiter-bildungsmodule anbieten zu können (vgl. Weiterbildungsnetz Migranten/innen, http://wbn.gfbm.org/).

Die Angebotsstruktur der befragten Weiterbildungsorganisationen für Men-schen mit Migrationshintergrund kennzeichnet sich hauptsächlich durch Inte-grationskurse mit Anerkennung durch das BAMF, Deutschkurse (etwa für „aus-ländische Mütter"), Alphabetisierungskurse, berufliche Qualifizierungen (wie Nachholen von Abschlüssen, EDV-Kurse) oder Bewerbungstrainings. Zudem ist charakteristisch, dass die befragten Weiterbildungsorganisationen ausschließlich vorübergehende Angebote in Projektform anbieten, die öffentlich gefördert wer-den.

Die Notwendigkeit der öffentlichen Finanzierung wird von allen befragten Mit-arbeiterInnen besonders betont. Sie können ihre spezifischen Weiterbildungs- und Qualifizierungskurse für Menschen mit Migrationshintergrund nur anbieten, wenn diese öffentlich gefördert werden. Eine Finanzierung über die Teilnehmenden sei für die Befragten nicht realisierbar, da Menschen mit Migrationshintergrund aus „einkommensschwachen Haushalten" kommen, die von „wirtschaftlicher Armut" und „finanziellen Engpässen besonders bedroht" sind:

> […] wir wissen doch, dass Migranten schlecht bezahlten Tätigkeiten nachgehen. Und da sollen wir sie noch zu Kasse bitten. Wie soll denn ein 40-Jähriger, der sein Lebensunterhalt im Einzelhandel verdient und eine Familie zu ernähren hat, noch zusätzlich die Kursgebühren bezahlen? […]. (Orga 12)

Vor diesem Hintergrund haben einige der befragten MitarbeiterInnen auf die Förderpraxis der staatlichen Instanzen kritisch verwiesen, weil sie mit ihren Förderrichtlinien im Grunde auch die Zielgruppenbestimmung für Weiterbildungsorganisationen vorgeben. Eine kritische Reflexion etwa über die verwendeten Begrifflichkeiten etc. könne kaum stattfinden, weil sie sich an diesen Förderrichtlinien orientieren müssen, damit ihre Projekte bewilligt werden (vgl. Orga 8, 10).

> […] eigentlich brauchen wir dringend eine Klarheit über solche Begriffe. Aber die Diskussion wird durch die Förderpraxis eigentlich verhindert. Wer ein Migrant oder Ausländer ist und wer nicht legen ja diese bereits fest (…). Wir haben uns auch an diesen zu richten. Heute läuft ja alles über Projekte. Auch unsere Bildungseinrichtung [xxx] finanziert sich ausschließlich über Fördermittel. Davon sind nicht nur die Angebote, sondern auch die Stellen von unseren Mitarbeitern abhängig, auch meine. Immer in der Mitte der Projektlaufzeit fängt bei uns das Bangen über das zukünftige Weiterbestehen an […]. (Orga 6)

Infolgedessen kritisieren die befragten Weiterbildungsorganisationen durchgehend die gegenwärtige Entwicklung, in welcher sie sich auch als marktabhängige Dienstleister zu organisieren haben. Sie können nicht verstehen, warum sich die staatlichen Instanzen mehr und mehr aus der Verantwortung und Finanzierung zurückziehen, obwohl die derzeitigen Veränderungen auf dem Arbeitsmarkt, Weiterbildungsangebote wie die ihren besonders betonen. Zugleich geben sie zu bedenken, dass solche spezifischen Weiterbildungsangebote in der Regel kein nachhaltiges Marktpotential haben und können daher nur staatlich gefördert angeboten werden.

5 Fazit

MitarbeiterInnen in den befragten Weiterbildungsorganisationen verfügen zumeist nur über recht vage Vorstellungen über die eingewanderten Menschen und deren Nachkommen in Deutschland. Innerhalb dieser Organisationen findet kaum eine Differenzierung der Zielgruppe, beispielsweise nach genauem Migrationshintergrund, statt. Dies wirft prinzipiell die Frage auf, inwieweit die inhaltliche Rahmung der Weiterbildungsorganisationen die Zielgruppe „Menschen mit Migrationshintergrund" angemessen erfasst. Die reale Heterogenität von Menschen mit Migrationshintergrund, die also Personen „von Akademikern der zweiten Generation bis hin zu Analphabeten ohne Deutschkenntnisse" (Hamburger 2010, S. 885) umfasst, spiegelt sich nur selten in den *sichtbaren* Angebotsstrukturen der Weiterbildung wieder. Neuere empirische Studien auf Basis des SOEP belegen aber, dass das Interesse und die Beteiligung an beruflichen Weiterbildungsmaßnahmen auch von Personen mit Migrationshintergrund von dem Grad der Schulbildung und der beruflichen Qualifikation abhängen und dass zwischen Migrationsgruppen erhebliche Divergenzen bestehen (vgl. Öztürk und Kaufmann 2009).

Betrachtet man aber noch einmal die zuvor erörterte Angebotsstruktur der befragten Weiterbildungsorganisationen, so wird deutlich, dass diese Personen mit Migrationshintergrund primär als Träger von Bildungsdefiziten, als eine einheitliche und hilfsbedürftige Zielgruppe ansprechen. Während dabei die öffentliche Wahrnehmung durch das Sichtbarmachen von Angeboten mit dem Label „[für] Menschen mit Migrationshintergrund bzw. MigrantInnen" mit dem Bild des „ungebildeten Migranten" geprägt wird, dominiert aufgrund der öffentlichen Förderpraxis das Bild des „armen Migranten" das politische Handeln.

Die Zielgruppenorientierung, als ein Prinzip der Angebotsorganisation der Weiterbildung, sollte lediglich einen Rahmen für die jeweilige didaktische und methodische Planung eines Weiterbildungsangebots abstecken (vgl. Schlutz 1983, S. 97 f.). Hierfür sind in erster Linie Fragen nach den Vorerfahrungen der Teilnehmenden und die Verwendbarkeit von Weiterbildungsinhalten relevant (vgl. Siebert 2000, S. 92 ff.). Demzufolge lässt sich mit einem einförmigen Zielgruppenetikett „Menschen mit Migrationshintergrund bzw. MigrantInnen" weder die reale Heterogenität der Bevölkerung mit Migrationshintergrund in Deutschland abbilden noch ihre Partizipation an Weiterbildungsmaßnahmen befördern. Schließlich sind Weiterbildungsorganisationen im Kontext der Forderung nach lebenslangem Lernen außergewöhnlich gefordert.

Zu einer Maximierung der Weiterbildungsbeteiligung haben sie sich auf die fortschreitende gesellschaftliche Ausdifferenzierung und Pluralisierung einzustellen und sich von defizitorientierten Sichtweisen zu befreien. Neue Wege in der Zielgruppenbestimmung sind augenblicklich gefragt. Zielgruppen von Weiterbildung sollten zwangsläufig nicht nach Migrationshintergrund, sondern beispielsweise nach ihren Lernerfahrungen und der beruflichen Stellung ausdifferenziert werden. Dabei könnte das Diversity-Konzept als Referenzrahmen fungieren, dass als ein umfassender Gestaltungs- und Veränderungsansatz, die Anerkennung, Wertschätzung und Einbeziehung von Vielfalt in der Organisationskultur voranbringen will (vgl. Krell und Sieben 2011, S. 155 ff.). Es geht dabei um Kooperation, aber ebenso, wo auch immer möglich, um maßgebliche Partizipation. Alle unterschiedlichen Teilnehmergruppen sollen bedarfsgerecht von den Angeboten der Weiterbildungsorganisation profitieren. Es ist gerade dieser Perspektivenwechsel, der eine nachhaltige Chance für Weiterbildungsorganisationen bietet, um sich in einer von Diversity geprägten Gesellschaft zu behaupten.

Literatur

Amt für Statistik Berlin-Brandenburg (2008) Neue Daten zur Bevölkerung mit Migrationshintergrund in Berlin. Zeitschrift für amtliche Statistik Berlin Brandenburg, Heft 3

BAMF (2009) Integrationskurse. Eine Erfolgsgeschichte und ein Modell für Europa. Druck-Buch-Verlag, Paderborn

BMBF (2006) Berichtssystem Weiterbildung IX. Integrierter Gesamtbericht zur Weiterbildungssituation in Deutschland. Bonn, Berlin

BMBF (2011) Weiterbildungsverhalten in Deutschland. AES 2010 Trendbericht. Bonn

Boos-Nünning U (2008) Berufliche Bildung von Migrantinnen und Migranten. In: Hentges G, Hinnenkamp V, Zwengel A (Hrsg) Migrations- und Integrationsforschung in der Diskussion. transcript, Bielefeld, S 255–286

Gaitanides S (2006) Interkulturelle Öffnung sozialer Dienste. In: Otto H-U, Schrödter M (Hrsg) Soziale Arbeit in der Einwanderungsgesellschaft. N Prax 35 (Sonderheft 8):222–234

Giese J, Wittpoth J (2011) Institutionen der Erwachsenenbildung. In: Fuhr T, Gonon P, Hof C (Hrsg) Erwachsenenbildung-Weiterbildung. Handbuch der Erziehungswissenschaft 4. Leske und Budrich, Paderborn, S 199–213

Hamburger F (2010) Weiterbildung von Migranten. In: Tippelt R, Hippel A v. (Hrsg) Handbuch Erwachsenenbildung/Weiterbildung, 4. Aufl. VS Verlag für Sozialwissenschaften, Wiesbaden, S 881–888

Hippel A von, Tippelt R (2011) Adressaten-, Teilnehmer- und Zielgruppenforschung. In: Tippelt R, Hippel A v. (Hrsg) Handbuch Erwachsenenbildung/Weiterbildung, 4. Aufl. VS Verlag für Sozialwissenschaften, Wiesbaden, S 801–811

Hopf C (2005) Qualitative Interviews – ein Überblick. In: Flick U, Kardorff E v., Steinke I (Hrsg) Qualitative Forschung, 4. Aufl. Rowohlt, Reinbek bei Hamburg, S 349–360

Huntemann H, Weiß C (2010) Volkshochschul-Statistik 2009. http://www.die-bonn.de/doks/huntemann1001.pdf. Zugegriffen: 2. Apr. 2011

Iller C (2011) Zielgruppen. In: Fuhr T, Gonon P, Hof C (Hrsg) Erwachsenenbildung-Weiterbildung. Schöningh, Paderborn, S 247–257

Krell G, Sieben B (2011) Diversity Managen. In: Krell G, Ortlieb R, Sieben B (Hrsg) Chancengleichheit durch Personalpolitik. Gabler, Wiesbaden, S 155–174

Mayring P (2008) Qualitative Inhaltsanalyse, 10. Aufl. Beltz, Weinheim

Mecheril P (2004) Einführung in die Migrationspädagogik. Beltz, Weinheim

Meier-Braun KH (2002) Deutschland, Einwanderungsland, 2. Aufl. Suhrkamp, Frankfurt a. M.

Nacken W, Wüstendörfer W (1976) Berufliche Aus- und Fortbildung ausländischer Arbeit-nehmer. In: Konrad-Adenauer-Stiftung (Hrsg) Integration ausländischer Arbeitnehmer. Eichholz, Bonn, S 169–333

Öztürk H (2011) Weiterbildung im Kontext heterogener Lebenswelten. Z Bildungsforsch (ZBF) 2:151–164

Öztürk H, Kaufmann K (2009) Migration Background and Participation in Continuing Edu-cation in Germany: an empirical analysis based on data from the German Socio-Econo-mic Panel study (SOEP). Eur Educ Res J 8(2):255–275

Öztürk H, Kuper H (2008) Adressatenforschung am Beispiel der Migration. Hessische Blätter für Volksbildung. Z Erwachs Dtschl 2:156–165

Reinders H (2005) Qualitative Interviews mit Jugendlichen führen. Ein Leitfaden. Olden-bourg, München

Rosenbladt B von, Bilger F (2008) Weiterbildungsverhalten in Deutschland. Bertelsmann, Bielefeld

Schlutz E (1983) Erwachsenenbildung zwischen Schule und sozialer Arbeit. Klinkhardt, Bad Heilbrunn

Schneider-Wohlfahrt U, Pfänder B (1994) Fremdheit überwinden. Leske & Buderich, Op-laden

Siebert H (2000) Didaktisches Handeln in der Erwachsenenbildung. Didaktik aus konstruk-tivistischer Sicht. Luchterhand, Neuwied

Statistisches Bundesamt (2011) Bevölkerung mit Migrationshintergrund. Ergebnisse des Mi-krozensus 2010. Wiesbaden

Weinrich A, Meisel K (1983) Weiterbildung mit ausländischen Arbeitern. Pädagogische Arbeitsstelle, Deutscher Volkshochschul-Verband (PAS-DVV), Frankfurt a. M.

ZWH (2005) Bausteine eines Informations- und Beratungskonzepts für die berufliche Inte-gration von Migrantinnen und Migranten. Duisburg. http://www.risp-duisburg.de/files/bibbi_studie_1.pdf. Zugegriffen: 23. Feb. 2011

Diversity Management an Grundschulen?

Erkenntnisse, Ansätze und Herausforderungen

Wiltzius Martine und Yasemin Karakaşoğlu

1 Einleitung

Bei der Vorstellung des Forschungsprojektes auf der Tagung „Diversity und Diversity Management" der Freien Universität Berlin in Berlin im Frühjahr 2008 wurde vielfach gegenüber der Idee, eine Organisationsentwicklungsstrategie, die in Deutschland überwiegend in Wirtschaftsunternehmen Anwendung findet, auf ein pädagogisches, ja schulisches Handlungsfeld zu übertragen, Skepsis geäußert. Schulen und insbesondere Grundschulen, so die kritischen Stimmen, hätten wenig gemeinsam mit effizienzorientierten Unternehmen und seien aus diesem Grund für die Anwendung und Umsetzung eines Diversity Managements – trotz nennenswerter Berührungspunkte – kaum geeignet. Zu den Gemeinsamkeiten beider Organisationsformen zählen, dass Grundschulen als Organisation Mitglieder haben, deren Aufnahmekriterien klar definiert sind und gegenüber einer Klientel in der Verantwortung stehen, einen Auftrag zu erfüllen. Grundschulen sind in ein soziokulturelles Umfeld eingebunden und somit auch abhängig von sich verändernden gesellschaftlichen und politischen Rahmenbedingungen. Zumindest in Deutschland verfügen Grundschulen über eine Leitung, die für die Steuerung und Um-

W. Martine (✉)
Diversity & Dialogue S.à.r.l, 7515 1–3, rue Comte d'Autel,
Luxembourg, Mersch, Deutschland
E-Mail: Martine.Wiltzius@dialogue.lu

Y. Karakaşoğlu
Universität Bremen, Fachbereich 12, Bibliothekstr. 1
GW2 A2460, 28334 Bremen, Deutschland
E-Mail: Karakasoglu@uni-bremen.de

M. Göhlich et al. (Hrsg.), *Organisation und kulturelle Differenz*,
Organisation und Pädagogik 12, DOI 10.1007/978-3-531-19480-6_8,
© VS Verlag für Sozialwissenschaften | Springer Fachmedien Wiesbaden GmbH 2012

setzung von politischen Vorgaben zuständig ist und einen strukturellen Wandel eigenverantwortlich einleiten kann. Die Lehr- und pädagogischen Fachkräfte sind für die Operationalisierung der vorgegebenen Inhalte im Unterricht zuständig. Diese Parallelen sind in der bildungspolitischen Praxis konzeptuell noch nicht aufgegriffen worden.

Die Schulpraxis zeigt, dass punktuelle Interventionen wenige Auswirkungen auf die Praxis in den Unterrichtsräumen haben. Für diese schwache Dynamik können keine grundsätzlichen Aussagen getroffen werden, doch es lassen sich Vermutungen formulieren (vgl. auch Karakaşoğlu 2005):

- Die Projekte laufen als Sondermaßnahmen außerhalb der regulären Unterrichtseinheit und gelten oftmals nur für eine ganz bestimmte Zielgruppe,
- Maßnahmen sind in der Regel nicht in ein schulisches Gesamtkonzept eingebunden und haben aus diesem Grund eher den Charakter einer „Instant-Pädagogik",
- Die Schule wird nicht als Gesamtorganisation erkannt. Angelegte Projekte riskieren somit, die Beteiligung von bildungspolitisch relevanten AkteurInnen aus dem Blick zu verlieren,
- Maßnahmen haben unklare Ziele und verfügen über keine Indikatorik, so dass eine Evaluation nur unzureichend oder gar nicht stattfinden kann. Demnach kann auch keine Aussage über die Effektivität und Nachhaltigkeit solcher Vorhaben getroffen werden,
- Punktuelle Vorhaben setzen sich nicht (unbedingt) mit Mechanismen struktureller Diskriminierung auseinander, können sie als solche also nicht entlarven und weitgehend außer Kraft setzen.

Aus diesen Annahmen geht die These hervor, dass erst in der Auseinandersetzung mit Schule als Organisation das Potential liegt, jene Mechanismen, die der Wahrnehmung der individuellen Chancenmöglichkeiten hinderlich sind, zu entkräften. Gomolla (2005) nutzt in diesem Sinn den Begriff der institutionellen Diskriminierung. Gogolin und Krüger-Potratz (2006) sprechen von institutionalisierter Diskriminierung. Eine strategische Ausrichtung, so die weitere Annahme, könne auf lange Sicht eine Aufweichung der Strukturen begünstigen, gegen die sich die angelegten Maßnahmen richten. Wir stellen davon ausgehend folgende zentrale Frage: Wie müssen demnach die Bedingungen an Grundschulen aussehen, damit Vielfalt systematisch und nachhaltig berücksichtigt werden kann? Diese Frage galt es in und mit der Studie zu beantworten.

2 Diversity Management

Inwiefern könnte es sich bei Diversity Management um eine ressourcenorientierte Organisationsstrategie handeln, die Strategien des Gender Mainstreaming, der interkulturellen Schulentwicklung oder Inklusiver Pädagogik erweitert bzw. ergänzt? Die Anwendungspraxis der genannten Verfahren veranschaulicht, dass sie in Deutschland bislang zumeist nur für einen bestimmten Aspekt von Schule, z. B. Unterrichts- oder Personalentwicklung und/oder im Sinne einer Zielgruppenpädagogik eingesetzt werden und nicht systematisch für alle Bereiche und AkteurInnen. Diversity Management versteht sich explizit als umfassende Organisationsentwicklungsstrategie. Diese setzt auf einen Kulturwandel, der die gesamte Organisation und alle AkteurInnen umfasst. Mit Wandel der Organisationskultur ist ein Perspektiv- und Paradigmenwechsel gemeint, Vielfalt nicht als ein Defizit zu begreifen, sondern als eine Ressource, die erkannt und zum Vorteil der Organisation genutzt werden sollte. Der Paradigmenwechsel umfasst einerseits die Haltung, dass nicht Vielfalt das Problem ist – auch wenn der Umgang mit ihr schwierig sein kann – sondern ein nicht vorhandenes oder ein unzureichendes Wissen. Harald Geißler betont, dass das Bewusstsein der einzelnen Organisationsmitglieder über die Lernnotwendigkeit in einem Bereich elementar sei, damit ein Lernen in einer Organisation überhaupt erst möglich werden kann (vgl. Geißler 2000). Zum anderen berücksichtigt Diversity Management die Beziehung der Organisation zu ihrer Umweltund fragt nach der Beziehung zwischen den AkteurInnen in der Organisation (systemische Sichtweise), um Veränderungen erfolgreich in die vorgesehene Richtung lenken zu können.

Ein wesentliches Merkmal von Diversity Management ist die Bandbreite an Dimensionen von Vielfalt, die sie zulässt. Nach Gertraude Krell können unter Vielfalt „alle Merkmale" in Betracht genommen werden, „die in einer monokulturellen Organisation mögliche Quelle für Reibungen oder Spannungen in der Zusammenarbeit unterschiedlicher Beschäftigtengruppen bzw. Quelle von Diskriminierung sein können" (Krell 2000, S. 108). Diversity Management bezieht sich in dieser Forschungsarbeit auf die Dimensionen Geschlecht, Herkunft und Sprache, Religion und Behinderung und erweitert den Blick um die Diskriminierungsmerkmale sexuelle Identität, Hautfarbe und Alter, die in der erziehungswissenschaftlichen Literatur eher unberücksichtigt bleiben, wenn es um Vielfalt geht.

Für die Operationalisierung von Diversity Management in Unternehmen formulieren Aretz und Hansen (2002) in Anlehnung an Becker et al. (2001) sieben Umsetzungsschritte, die in dieser Arbeit um den Schritt der Messbarkeit auf acht (vgl. Cox 1993) erweitert wurden:

Tab. 1. Umsetzungsschritte von Diversity Management nach Aretz und Hansen (2002) in Anlehnung an Becker et al. (2001) und ergänzt durch Cox (1993)

Diversity-Verantwortliche finden und Führung klären	Welche AkteurInnen müssen Verantwortung übernehmen, damit die Strategie initiiert und umgesetzt werden kann?
Bedeutung und Nutzen von DiversityManagement klären	Was ist die Ausgangssituation einer Organisation hinsichtlich Diversity und wie werden den Mitarbeitenden die Ziele und der Nutzen der Strategie für ihre Arbeit nahegebracht?
Eine Diversity-Vision entwickeln	Wie soll sich die Organisationskultur verändern, wenn Diversity Management umgesetzt wird?
Messbarkeit konkretisieren	Mit welchen Indikatoren können Erfolge auf dem Weg zur Diversity-Vision, dem Soll- Zustand, gemessen werden?
Commitment für Diversity mobilisieren	Auf welche Organisationsmitglieder sind die Diversity-Verantwortlichen bei der Durchführung der Strategie angewiesen? Stehen die Mitarbeitenden hinter der neuen Organisationsidentität? Welche Verpflichtung braucht es außerhalb der Organisation in Form von Netzwerken und Kooperationen?
Diversity Management einen Rahmen geben	Überprüfung und Anpassung der vorhandenen Systeme an die Strategie, zum Beispiel im Hinblick auf Einstellungsverfahren oder Fortbildungen.
Erfolge messen und kommunizieren	Identifizierung und Einsatz von Evaluationsinstrumenten, um den Erfolg von Diversity Management bewerten zu können.
Nachhaltigkeit sichern	Diversity Management wird ins Kerngeschäft einer Organisation integriert. Etablierung eines Qualitätsmanagements nach Diversity- Kriterien.

Diese Art von Checkliste bildet den roten Faden, anhand dessen die empirischen Befunde der hier vorgestellten Studie überprüft wurden. Sie stützen die Basis für die Überprüfung der Rahmenbedingungen aus der Schulpraxis und davon ableitend die Entwicklung eines schulspezifischen Diversity Management.

3   Forschungsdesign und -methoden

Das Forschungsprojekt ist angelegt als ein explorativer, modellhafter Vergleich zwischen einer Grundschule in Bremen und einer Grundschule in Luxemburg. Mit Hilfe der empirischen Untersuchung und des binationalen Vergleichs ist als Forschungsziel die Erhebung der organisationalen und unterrichtsbezogenen

Grundlagen für die Implementierung eines Diversity Management an Grundschulen festgelegt. Auf dieser Grundlage soll die Frage geklärt werden, ob die aus der Wirtschaft stammende Strategie in ein pädagogisches Umfeld übertragen werden kann und wie nationale Eigenheiten der Schulstrukturen einen solchen Prozess behindern oder erleichtern, damit Vielfalt dort systematisch, praxisnah und nachhaltig berücksichtigt werden kann und Struktur-, Prozess- und Ergebnisqualität auch langfristig im Blick bleiben. Die Ergebnisebene erfasst konkret messbare Resultate als ein Qualitätskriterium, während auf der Strukturebene die Rahmenbedingungen und angewandten Instrumente geprüft werden. Die Prozessebene untersucht, wie die Strukturen zu den Ergebnissen führen (vgl. Donabedian 1965). Weiterhin wird differenziert in Vorgänge auf der Organisationsebene (OE) und solche auf der Unterrichtsebene (UE), zwei wesentliche Handlungseinheiten von Schule.

Bei der Planung der Erhebungsinstrumente wurde auf eine Methodentriangulation Wert gelegt, die auch bei der Auswertung der überwiegend qualitativ erhobenen Daten eine größtmögliche Validität der Ergebnisse sicherstellen sollte. Die Datenerhebung bestand primär aus systematischen Beobachtungen im Unterricht, bei Konferenzen, Dienstbesprechungen und Schulaktivitäten, Einzelinterviews mit ExpertInnen aus Institutionen der Bildungsadministration und akademischer Bildungsvermittlung, die ein bestimmtes Handlungsfeld innerhalb des Systems Schule repräsentieren sowie mit der Schulleiterin in Bremen und der Schulpräsidentin in Luxemburg. Mit dem Ziel, die Ansichten und Erfahrungen der SchülerInnen und Eltern zum Thema Diversity an der Schule in einem strukturierten und gemeinschaftlichen Rahmen zu erörtern, wurde das Gruppeninterview (Fokusgruppen) als Methode ausgewählt. Die Dokumentenanalyse war ein wesentliches Instrument, um den Status quo von Diversity-Inhalten in Schriftstücken wie dem Schulentwicklungsplan in Bremen, dem Schulerfolgsplan in Luxemburg oder in eingesetzten Lehrmitteln auf der Unterrichtsebene aufzuzeigen. Ergänzt wurde die Datenerhebung durch einen teilstrukturierten Fragebogen für das Lehrkollegium. In Zahlen setzte sich die Stichprobe aus beiden Grundschulen zusammen aus 75 Beobachtungsbögen, zehn ExpertInnengesprächen und zwei Einzelinterviews, ergänzt durch acht Fokusgruppengespräche. Hinzu kamen die Analyse von 27 Fragebögen der LehrerInnen, sechs Dokumenten und 37 Lehrbüchern.

Kritisch ist anzumerken, dass aufgrund der Durchführung der Beobachtungen durch eine einzelne Forscherin, der Einfluss von Forschungsbias nicht gänzlich ausgeschlossen werden konnte. Bei der Datenerhebung kann die Methode der teilnehmenden Beobachtung zu Reaktivitätseffekten (vgl. Greve und Wentura 1997) bei den AkteurInnen führen, die jedoch durch die Länge der teilnehmenden Beobachtung abnehmen. Gleichzeitig birgt eine längere Beobachtungszeit die Wahrscheinlichkeit eines „observer drift" (ebd.), das heißt eine veränderte Wahrnehmung durch Adaptionseffekte. Aus diesem Grund war die Erstellung von klaren Kategorien in den Beobachtungsbögen für Bremen und Luxemburg ein wichtiges Instrument, diese Effekte so weit wie möglich zu minimieren.

4 Ausgewählte Forschungsergebnisse

Der Vergleich der Daten aus beiden Schulen entlang der Umsetzungsschritte nach Aretz und Hansen (2002) legt offen, dass ein Diversity Management an den ausgewählten[1] Grundschulen in Bremen und Luxemburg potentiell möglich ist. Beide Schulen verfügen über zentrale Strukturen an denen die Organisationsentwicklungsstrategie ansetzen kann. Zu diesen zentralen Strukturen gehören das Schulprogramm, das die Kernziele, Prioritäten und Perspektiven der Einrichtung verdeutlicht, die bestehenden Informationsstrukturen zwischen den AkteurInnen im Schulsystem, die Fortbildungspflicht der LehrerInnen und ein starkes organisationale Commitment der Mitarbeitenden. Insbesondere die beiden letzten Ergebnisse sind zentrale Voraussetzungen und Indikatoren, einen umfassenden Veränderungsprozess, wie ihn Diversity Management beabsichtigt, einleiten zu können. Aspekte wie organisationales Commitment innerhalb des Kollegiums geben einen Eindruck vom Arbeitsklima an der Schule und lassen Prognosen über mögliche Widerstände bei Veränderungsimpulsen seitens der Leitung beziehungsweise der Schulinspektion in Luxemburg zu. Lehrkräfte mit einem stark ausgeprägten Commitment fühlten sich nach der Auswertung der Fragebögen zudem in besonderem Maß gut informiert, tauschten sich häufiger mit KollegInnen aus und hoben ein Klima konstruktiver Kritik im Kollegium hervor. Gleichzeitig gaben sie an, sich vermehrt an der Umsetzung von Projekten zu beteiligen und mit mehr Spontanität auf etwaige Schwierigkeiten zu reagieren. Diese bedeutsame Verbindung, die sich hier zunächst aus den Daten zweier Lehrkollegien ergibt, gilt es in weiteren Forschungsprojekten zu Veränderungsprozessen an Schulen aufzugreifen und sie auf eine allgemeingültige Aussagekraft zu überprüfen.

Hinsichtlich der formalen Informationsstrukturen besteht in Bremen ein direkter Kommunikationsweg zwischen der Grundschule und der Bildungsbehörde, die

---

[1] Die Grundschulen für die Feldforschung wurden ausgewählt auf der Basis einer Empfehlung lokaler administrativer ExpertInnen, die eine Auswahl von Grundschulen im jeweiligen regionalen Kontext als „Diversity-freundlich" charakterisierten. In einer zweiten Phase wurde das Projekt an den genannten Grundschulen vorgestellt und jeweils die Schule als Forschungsfeld ausgewählt, in der die größte Zustimmung zur Teilnahme an der halbjährlichen Feldforschungsphase der Forscherin M. Wiltzius im Kollegium zum Ausdruck gebracht wurde.

das Top-Management im Schulsystem darstellt. Dieser wird in Form von Leitungs-besprechungen einmal im Monat genutzt. Da Bremische Grundschulen über eine Schulleitung verfügen, können Informationen von der senatorischen Behörde für Bildung und Wissenschaft gegebenenfalls auch als Handlungsanweisung unmittel-bar an das Kollegium weitergegeben werden. In Luxemburg besteht dieser Infor-mationsweg zwischen der Grundschule und dem Bildungsministerium nicht; die Kommunikation führt über ein/e SchulinspektorIn und stellt bei Entscheidungen der Schule eine zusätzliche Hierarchieebene dar. Die Umsetzung von Informatio-nen von der Schulinspektion erfolgt an der Grundschule durch die Besprechung und Abstimmung im Team, da die/der PräsidentIn gegenüber den KollegInnen nicht weisungsbefugt ist. Die zusätzliche vertikale Hierarchieebene und die fehlen-de Leitung auf horizontaler Ebene sind in Luxemburg voraussichtlich erschweren-de strukturelle und prozesshafte Bedingungen bei der Umsetzung eines Diversity Management.

Die größte Herausforderung für Diversity Management an Grundschulen wird sich in Bremen und Luxemburg bei den Einstellungsverfahren und der Personal-entwicklung zeigen. In beiden Systemen ist es den Grundschulen selbst – anders als Wirtschaftsunternehmen – bislang nicht möglich, LehrerInnen anzuwerben, einzustellen und zu entlassen. In Bremen wird der Schulleitung ein rechtlicher Ein-fluss zugesprochen, bei der Neubesetzung von Stellen „wünschenswerte Zusatzqua-lifikationen" wie zum Beispiel Migrationshintergrund einzubringen. Im Rahmen der regelmäßig stattfindenden MitarbeiterInnengespräche, die die Schulleitung an ihrer Schule selber durchführt, kann sie Einfluss auf die Kompetenzentwicklung ihrer Lehrkräfte auch zugunsten der Organisationsentwicklung nehmen. Diese Optionen sind im luxemburgischen Kontext leider nicht gegeben. Luxemburgische Grundschulen haben bei Einstellungsverfahren keinen Einfluss auf die Auswahl der BewerberInnen. Zudem werden alle Lehramtsstellen jedes Schuljahr nach dem Prinzip des Dienstalters neubesetzt, so dass eine langfristige Kompetenzentwick-lung im Team jedes Jahr aufs Neue erschwert wird. In beiden Schulsystemen wird erst der Umsetzungsprozess von Diversity Management zeigen, ob Modifikationen der Personalpolitik oder der Strategie für das schulische Umfeld erforderlich sind und welcher Mindestanforderungen es im Personalbereich bedarf, um die Strategie auf lange Sicht aufrecht erhalten zu können.

Ein wesentliches Ergebnis des Forschungsprojektes war eine sich abzeichnen-de Diskrepanz zwischen den Qualitätsebenen Struktur und Prozess (vgl. Wiltzius 2011). Die Gespräche und Beobachtungen verdeutlichten, dass der Akzent im Um-gang mit Vielfalt bislang darauf lag, Strukturen zu etablieren und weniger darauf, die mit ihnen verbundenen Prozesse in Gang zu setzen und lebendig zu halten. Mit anderen Worten, vorhandene, durchaus notwendige und wohlmeinende, Strukturen führen nicht unbedingt zu ihnen entsprechenden oder erwünschten Prozessen. So verfügt zum Beispiel die Bremer Modellschule laut Schulentwicklungsplan über ein Schulprogramm, das der Empfehlung des Entwicklungsplans „Mit Heterogenität umgehen – professionell fördern" (Die Senatorin für Bildung und Wissenschaft Bremen 2008, S. 48) mit dem Vorhaben nachkommt herauszufinden, welche SchülerInnengruppen auf welche Weise gefördert werden sollen. Während der sechsmonatigen Schulbegleitung wurden die formalen Kommunikationswege, beispielsweise die regelmäßigen Teamsitzungen nicht genutzt, dieses Vorhaben zu besprechen oder Lösungen für Schwierigkeiten im Umgang mit bestimmten Diversity-Merkmale zu finden, um die im Schulprogramm beschriebenen Ziele Schritt für Schritt zu erreichen.

An der luxemburgischen Modellschule zeigte sich eine Diskrepanz zwischen der Theorie, dem ehemals erstellten Projektkonzept, das auf den Pfeilern Gender, Interkulturalität und Elternarbeit beruht, und der Praxis, dessen Übertragung auf die Schulkultur. Während der gesamten Hospitation wurde Diversity in den Teamsitzungen an der Schule nicht thematisiert und für fast die Hälfte der schriftlich befragten LehrerInnen spielt das Geschlecht der Lehrperson im Unterricht (eher) keine Rolle. Beide Beispiele zeigen, dass eine Bildungsbehörde, eine Schulleitung oder ein/e SchulpräsidentIn zwar Strukturen schaffen kann, gleichzeitig aber auch das Risiko besteht, dass diese wirkungslos bleiben, wenn sie nicht mit Inhalt gefüllt werden. Strukturen zu etablieren reicht alleine nicht aus, solange die initiierenden AkteurInnen nicht die Prozesse im Blick haben, die an die Strukturen anschließen sollen oder müssen. Welche Prozesse konkret mit den einzelnen Umsetzungsschritten einhergehen müssen, damit Diversity Management an einer Grundschule erfolgreich ist, konnte im Rahmen dieses Forschungsprojektes nicht identifiziert werden. Dies wäre im Rahmen eines weiterführenden Handlungsforschungsprojektes auszuprobieren und zu eruieren. Die Beantwortung dieser Frage stellt sich als wesentlicher Baustein für die spezifische Realisierung von Diversity Management in der Schulpraxis dar.

5   Schlussbemerkung

Möglichkeiten und Grenzen von Diversity Management an Grundschulen zu identifizieren stellt die Grundlage dafür dar, an der Umsetzung dieser Strategie interessierte Schulen bei ihrer Implementation zu begleiten.

- Die Umsetzung von Diversity Management mit Hilfe der in der Untersuchung verwendeten systematischen Matrix ermöglicht Grundschulen, Vielfalt innerhalb ihrer Organisation auf den unterschiedlichen Organisationsebenen zu erfassen, „blinde Flecken" zu identifizieren, z. B. Kompetenzen, welche das Lehrpersonal im Umgang mit Vielfalt benötigt oder AkteurInnen, die bislang noch nicht in die interne Kommunikation eingebunden sind, und daran anschließend schulspezifische Ziele festzulegen.

- Als Organisationsentwicklungsstrategie verbindet Diversity Management Zweck- und Werterationalität, also Ressourceneffizienz und Antidiskriminierung miteinander.
- Für eine erfolgreiche Umsetzung braucht Diversity Management die systemische Sichtweise, das Berücksichtigen der Wechselbeziehungen zwischen den AkteurInnen und strukturellen Ermöglichungsräumen im System Bildung.
- Im Umgang mit Vielfalt an Bildungsinstitutionen reichen die Einrichtung von Strukturen und eine damit verbundene Erwartung, dass diese Prozesse quasi automatisch generierten, nicht aus. Die AkteurInnen an den Grundschulen benötigen eine professionelle Prozessbegleitung und eine Managementkompetenz, um Diversity Management gemäß den vorgeschlagenen Umsetzungsschritten innerhalb ihrer Organisation anzuwenden und weiterzuentwickeln.

Gleichzeitig gilt bei der Umsetzung zu berücksichtigen, dass das System Schule mit im Klassenzimmer hochautonom handelnden LehrerInnen, deren Handeln nicht zwangsläufig im Rahmen eines gesamtorganisationalen Konzeptes stehen muss, dem spezifischen Machtgefälle zwischen LehrerInnen und SchülerInnen, der Schulpflicht als spezifische Rahmenbedingung, dem staatlichen Bildungsauftrag als normativem Rahmen und der regelmäßigen, durch Zensuren oder Beurteilungen erfolgten Kompetenzmessung der SchülerInnen anderen Herausforderungen unterliegt als ein an Gewinnoptimierung orientiertes Unternehmen.

Vor dem Hintergrund der aktuellen Umgestaltungen der Schulen in Bremen zu inklusiven Schulen und der entsprechenden Überlegungen in Luxemburg hat Diversity Management als Organisationsentwicklungsstrategie das Potential, Bildungsbehörden und Schulen eine Systematik und somit eine Orientierung in dem Veränderungsprozess anzubieten. Ob Diversity Management im schulischen Umfeld auch als Mittel gegen institutionelle Diskriminierung wirksam sein könnte, ließe sich in einem längsschnittlich angelegten Modellprojekt mit Evaluation unter Verwendung eines Kontrollgruppendesigns klären.

Literatur

Aretz H-J, Hansen K (2002) Diversity und Diversity Management im Unternehmen. Eine Analyse aus systemtheoretischer Sicht. LIT, Münster

Becker BE, Huselid MA, Ulrich D (2001) The HR Scorecard, linking people, strategy, and performance. Harvard Business School Press, Boston

Cox T (1993) Cultural diversity in organizations, theory, research and practice. Berrett-Koehler, San Francisco

Die Senatorin für Bildung und Wissenschaft Bremen (2008) Bremer Schulentwicklungsplan 2008. Ergebnisse der Arbeit des Fachausschusses „Schulentwicklung" der Deputation für Bildung. Beschlussfassung vom 30.10.2008. Bremen. http://www.bildung.bremen.de/fastmedia/13/Schul-entwicklungsplan.pdf. Stand: Nov. 2010

Donabedian A (1965) Evaluating the quality of medical care. Milband Mem Fund Q 44:166-203

Geißler H (2000) Organisationspädagogik: Umrisse einer neuen Herausforderung. Vahlen, München

Gogolin I, Krüger-Potratz M (2006) Einführung in die Interkulturelle Pädagogik. Barbara Budrich, Opladen

Gomolla M (2005) Schulentwicklung in der Einwanderungsgesellschaft. Strategien gegen institutionelle Diskriminierung in England, Deutschland und in der Schweiz. Waxmann, Münster

Greve W, Wentura D (1997) Wissenschaftliche Beobachtung. Eine Einführung. Psychologie Verlags Union, Weinheim

Karakaşoğlu Y (2005) Multikulturalität als Chance und Herausforderung der Schulentwicklung. Vortrag im Rahmen der Ringvorlesung von Jürgen Linke und Ingrid Kemnade „Gute Schule gestalten. Schule begleiten – entwickeln – erforschen." Unveröffentlichtes Manuskript, Universität Bremen am 06.12.2005

Krell G (2000) Managing Diversity. Optionen für (mehr) Frauen in Führungspositionen. In: Peters S, Bensel N (Hrsg) Frauen und Männer im Management. Diversity in Diskurs und Praxis. VS Verlag für Sozialwissenschaften, Wiesbaden, S 105–122

Wiltzius M (2011) Diversity Management an Grundschulen? Möglichkeiten und Grenzen einer Unternehmensstrategie im schulischen Umfeld – ein modellhafter Vergleich zwischen Bremen und Luxemburg. Waxmann, Münster

Inter-Organisations-Kulturalität als Herausforderung in kooperativen Kontexten: Unterschiedliche Organisationskulturen und professionelle Handlungslogiken unter einem Dach

Regine Mickler

Der Beitrag stellt ausgewählte, bisher unveröffentlichte qualitativ-empirische Ergebnisse aus einem laufenden Forschungsprojekt vor, wobei aus Perspektive von Volkshochschulakteuren der Frage nachgegangen wird, welche interkulturellen Herausforderungen sich in kooperativen Kontexten von sogenannten Bildungs- und Kulturzentren stellen. Zunächst wird in einer kurzen theoretischen Einführung der Forschungskontext von Bildungs- und Kulturzentren vorgestellt, um zu verdeutlichen, warum innerhalb dieser Organisationsform die Bezugspunkte „Kooperation" und „Inter-Organisations-Kulturalität" relevant werden und inwiefern diese beiden Bezugspunkte im Modus von Einheit und Differenz gedacht werden können.

1 Diversität in Organisationen am Beispiel von Bildungs- und Kulturzentren

Bildungs- und Kulturzentren sind im europäischen Diskurs unter dem breit gefassten Stichwort „learning centres", also Lernzentren, geläufig (vgl. Buiskool et al. 2005), stellen jedoch ein spezifisches Modell kooperativer Organisationsformen dar. So lassen sich Bildungs- und Kulturzentren als räumliche, organisatorische

R. Mickler (✉)
Institut für Erziehungswissenschaft, Philipps-Universität Marburg,
Bunsenstr. 3, 35032 Marburg, Deutschland
E-Mail: Regine.Mickler@staff.uni-marburg.de

M. Göhlich et al. (Hrsg.), *Organisation und kulturelle Differenz*,
Organisation und Pädagogik 12, DOI 10.1007/978-3-531-19480-6_9,
© VS Verlag für Sozialwissenschaften | Springer Fachmedien Wiesbaden GmbH 2012

und teilweise die Rechtsform betreffende Zusammenschlüsse zwischen städtischen und regionalen Bildungs-, Kultur- und Serviceeinrichtungen, wie z. B. Volkshochschulen, Bibliotheken und Museen, beschreiben. Es lassen sich Beispiele sowohl in Deutschland, wie das „zib" in Unna, „DAS tietz" in Chemnitz oder den „Südpunkt" in Nürnberg, als auch im Ausland wie z. B. der „Wissensturm" in Linz oder die „Idea Stores" in London nennen. Gemeinsame Merkmale dieser Zentren lassen sich folgendermaßen zusammenfassen (vgl. Stang 2010, S. 39): Augenfällig ist an erster Stelle die innovative Lernarchitektur. Moderne Neubauten (teilweise unter Einbezug alter Gebäudestrukturen) sind wichtiger Teil des Konzepts von Bildungs- und Kulturzentren, um einrichtungsübergreifende Angebote in einem gemeinsamen Gebäude realisieren und nach außen hin als eine „Marke" auftreten zu können. Zweitens ist die Gemeinsamkeit herauszustellen, dass Bildungs- und Kulturzentren eine zentrale Anlaufstelle für Bürger und Bürgerinnen in Sachen Bildung, Kultur, Information und Beratung sein sollen – und dies unter dem Anspruch einer hohen Aufenthaltsqualität, z. B. durch gastronomische Angebote. Es geht drittens in all diesen Zentren um die Zusammenführung der einrichtungsspezifischen Kompetenzen unter einem Dach und viertens um die Umsetzung des Ganzen in einem mehr oder weniger verbindlichen Rahmen der Kooperation mit dem Ziel, Synergieeffekte zu gewinnen. Die genannten Merkmale sind im Kontext der Fragestellung nach Kooperation als interkulturelle Herausforderung besonders von Belang, da über das kooperative Arrangement mehrerer Einrichtungen und damit auch über das Zusammentreffen unterschiedlicher Organisationskulturen und Handlungslogiken unter einem Dach der Aspekt der Diversität als zu bearbeitendes Thema relevant wird. Mit dieser Fokussierung ist es auch treffender, nicht von Interkulturalität, sondern von Inter-Organisations-Kulturalität zu sprechen und somit auch die Fragestellung zu konkretisieren: Welche inter*organisations*kulturellen Herausforderungen stellen sich in kooperativen Kontexten von Bildungs- und Kulturzentren?

Die Problematisierung von Inter-Organisations-Kulturalität berücksichtigt dabei die Besonderheit der Organisationsform von Bildungs- und Kulturzentren, die sich dadurch auszeichnet, dass trotz räumlicher und teilweise organisatorischer sowie konzeptioneller Integration von mehreren Einrichtungen, diese nicht im Sinne einer Fusion verschmelzen. Stattdessen regeln verschiedenartige Steuerungsmodelle (vgl. Stang 2010, S. 39) die kooperative Zusammenarbeit z. B. über Verträge, eine Koordinationsstelle, eine Geschäftsführung oder eine institutionelle Verankerung. Die Selbstständigkeit der Einrichtungen bleibt trotz Integration zu einem Zentrum unterschiedlich weitgehend erhalten. Bildungs- und Kulturzentren pendeln demnach in ihrem Organisationskonzept zwischen Betriebsförmigkeit und Netzwerk und zeigen auf, dass organisationskulturelle Fragestellungen sowohl aus der Intra-

Perspektive der Zentren selbst als auch aus der Inter-Perspektive der integrierten Einrichtungen betrachtet werden können.

Angesichts der soeben beschriebenen organisationalen Verfasstheit und der gemeinsamen Merkmale von Bildungs- und Kulturzentren, lässt sich die These aufstellen, dass das Zusammentreffen unterschiedlicher Organisationskulturen eine Herausforderung für alle Akteure darstellt, erst recht unter dem Postulat der Zusammenführung von Kompetenzen und unter einer mehr oder weniger verbindlichen Rahmung durch Kooperation.

2   Inter-Organisations-Kulturalität im Modus von Einheit und Differenz

Die *Begegnung von unterschiedlichen Organisationskulturen* steht also im Interessensfokus, wobei hierunter in Anlehnung an Schein (2003, S. 31) grundlegende unbewusste und für selbstverständlich gehaltene Normen, Werte und Denkmuster, aber auch öffentlich propagierte Strategien, Ziele und Regeln sowie sichtbare Organisationsstrukturen und -prozesse, die das Verhalten der Mitarbeiter und Mitarbeiterinnen prägen, gemeint sind. Die Organisationskultur gibt einer Einrichtung Identität und schafft den Rahmen, sich selbständig zu organisieren und Ziele zu erfüllen. Findet eine organisationale Veränderung durch eine Art Zusammenschluss mit anderen Einrichtungen unter einem Dach statt, sind es nicht die äußeren Strukturen, die Orientierung und Sicherheit geben können, weil diese neu sind, noch nicht angeeignet wurden bzw. teilweise auch noch nicht vorhanden sind. Es ist vielmehr die „mitgebrachte" Organisationskultur der einzelnen Einrichtungen, die weiterhin eine Ordnungsfunktion hat. Folglich kann davon ausgegangen werden, dass zunächst eine Konzentration auf die eigene Einrichtung – also eher eine Abgrenzung – stattfindet anstatt sich auf Kooperation und eine neue Organisationsform einlassen zu können (vgl. Doppler und Lauterburg 2008, S. 473). Diese Einschätzung lässt sich systemtheoretisch untermauern, da eine Begegnung von mehreren sozialen Systemen stattfindet, die sich durch Erzeugung und Erhaltung einer Differenz zur Umwelt konstituieren. Bei einer solchen Betrachtungsweise wirkt die weitgehend in traditionellen Kultur-Definitionen akzeptierte Differenzlinie zw. „eigener" und „fremder" Kultur (vgl. Zalucki 2006). Der Begriff der Inter-Organisations-Kulturalität hebt dann die Existenz klar unterscheidbarer, in sich homogener Organisationskulturen hervor und leitet folgerichtig Abgrenzung als Reaktion ab. Der Begriff „Kulturalität", der sich vom Adjektiv „kulturell" ableitet und „sich auf die Kultur beziehend" bedeutet, wird demnach bewusst gewählt, um die kulturelle Abhängigkeit bzw. den konstitutiven Moment von Kultur im organisationalen Geschehen zu verdeutlichen.

Jedoch sind gerade in der systemtheoretischen Betrachtungsweise Anstöße durch Umweltsysteme möglich – Stichwort Irritation (vgl. Luhmann and Baecker 2009, S. 124 ff.). Soziale Systeme unterliegen z. B. einer Modifikation, wenn Umweltveränderungen als sinnhaft oder nicht sinnhaft reflektiert werden. Findet also eine Umweltveränderung statt, wie durch das gemeinsame Beziehen eines neuen Gebäudes, das als infrastrukturelle Verbesserung für die eigene Einrichtung gesehen wird, dann ist nach Neubauer (2003, S. 139) davon auszugehen, dass diese Änderung eines hier beispielsweise räumlichen Organisationsstrukturmerkmals auch zu einer Änderung der einrichtungsbezogenen Organisationskulturen führen kann, wenn auch zunächst ungeplant und unsystematisch. Dabei ist nicht die Verschmelzung mehrerer Organisationskulturen zu einer völlig neuen Organisationskultur gemeint, wie sie beispielsweise bei Fusionen anvisiert wird (vgl. Stellermann und Fink 2004, S. 142). Stattdessen könnte man von einer sich zwischen den ursprünglichen Organisationskulturen neu bildenden, also von einer sogenannten „Inter-Organisations-Kultur" sprechen.

Man könnte darüber hinaus formulieren: es findet eine *Begegnung von unterschiedlichen professionellen und organisationalen Handlungslogiken* statt, wobei hier beide als interdependente und verschränkte Logiken zusammengedacht werden (vgl. Gieseke 2003, S. 194). Diese sind geprägt durch unterschiedliche berufspraktische Erfahrungen, Wissensbestände, Angebote, Kunden- und Zielgruppen, Arbeitsweisen, Methoden, Standardisierungen und Verfahrensbildungen. Durch das Zusammenwirken unterschiedlicher Handlungslogiken und Teilleistungen der kooperierenden Akteure stellt sich angelehnt an Schäffter (2003, S. 63) die Frage, in welcher Form ein übergreifender „funktionaler Gesamtzusammenhang" in einem Bildungs- und Kulturzentrum erfüllt werden soll? Nach Dollhausen (2008, S. 24 ff.) könnte man ergänzend fragen, inwiefern die einzelnen Einrichtungen ihre jeweils spezifischen „Programme", also Selektions- und Steuerungsprinzipien, verändern und an einem übergreifenden Programm des Bildungs- und Kulturzentrums ausrichten können? Die Frage nach einer einheitlichen „organisationsintern verfügbare[n] Orientierungsgrundlage" (Kuper 2004, S. 147 f.) muss an dieser Stelle unbeantwortet bleiben.

Als Zwischenfazit lässt sich festhalten, dass sich Inter-Organisations-Kulturalität in einem Modus von Einheit *und* Differenz zeigt. Einheit kann gesehen werden, weil ein gemeinsames kooperatives Arrangement mit einem hohen Intensitäts- und Bindungsgrad angestrebt wird und v. a. durch ein gemeinsames Gebäude, also die räumliche Nähe, gefördert werden soll. Gleichzeitig kann insofern von Differenz gesprochen werden, als dass in diesem Arrangement weiterhin die jeweils spezifischen, also unterschiedlichen Organisationskulturen sowie professionellen und organisationalen Handlungslogiken vorzufinden sind.

3   Ein organisationaler Innenblick

Methodisch erfolgte der organisationale Innenblick über einen qualitativen Zugang, um explorativ das noch wenig erforschte Feld der Bildungs- und Kulturzentren aus Sicht von Volkshochschulakteuren zu rekonstruieren. Die Fokussierung von Volkshochschulen ist über das besondere Interesse an sich wandelnden Organisationsformen in der Erwachsenenbildung zu begründen. Grundlagentheoretisch wird dieses Forschungsinteresse durch die sozialkonstruktivistische Annahme nach Berger und Luckmann (2000) gerahmt, dass soziale Realität und damit auch Organisationen sinnhaft von Akteuren strukturiert sind. So wurden 23 halbstandardisierte Leitfadeninterviews auf allen Personalebenen (Verwaltungskräfte, Kursleitungen, Fachbereichsleitungen und Leitungen) von zwei Volkshochschulen, die Teil eines Bildungs- und Kulturzentrums sind, geführt. Die Auswertung erfolgte themenzentriert (vgl. Hopf et al. 1985), ergänzt durch sequenzanalytische Vorgehensweisen der Interpretation (vgl. Oevermann 1997) zur induktiven Generierung von Auswertungskategorien.

Im Folgenden werden beispielhaft Aussagen zweier Interviewpartner – Volkshochschulleitung und Fachbereichsleitung – zur Interpretation herangezogen, um die theoretischen Überlegungen aufzugreifen und empirisch zu untermauern. Das Verallgemeinerungs- und Transferpotenzial einer solchen Vorgehensweise liegt darin, das Typische im Individuellen aufzuzeigen und somit die Erkenntnisse theoretisch anschlussfähig zu machen (vgl. Fatke 2010, S. 166 f.).

Dass das gemeinsame Gebäude eine wichtige Bedeutung für die Zusammenarbeit einnimmt, macht die Volkshochschulleitung deutlich: „Die Gebäudehülle gibt schon ein gemeinsames Agieren vor" (L_1, Z. 151). Die Gebäudehülle als zentrales räumliches Strukturelement von Kooperation hält folglich alles zusammen; würde sie fehlen, fallen die einzelnen Teile auseinander. Für eine solche Sichtweise spricht, dass, wenn die Volkshochschulleitung die einzelnen Einrichtungen betrachtet – und dies ist im routinisierten Alltagsgeschäft möglich – man diese als einzelne „Organe" (L_1, Z. 155) ausmachen kann. Es wird hier eine biologistische Metapher gewählt, die sich auf das Innenleben eines Gesamtorganismus bezieht. Organe haben dabei eine bestimmte lebenserhaltende Funktion, die als „naturgemäß" (L_1, Z. 160), also als naturgeben, wenig veränderbar beschrieben und im Folgenden ausdifferenziert werden:

[…] die (.) Volkshochschule ist sehr einnahmestark, die Bibliothek ist sehr besucher-
stark, also besucherfrequentiert, das Museum_1 hat eine internationale Reputation.
(L_1, Z. 156–158)

Demnach hat die Volkshochschule vorrangig eine Ökonomieorientierung, die Bibliothek vorrangig eine Kundenorientierung und das Museum eine internationale
Orientierung. Aus systemtheoretischer Perspektive hat jede Einrichtung also ihr
Sinnsystem, nach dem Entscheidungen gefällt werden. Dieser strategische Erfolgsfaktor ist gleichzeitig ausschlaggebend für die Ausprägung einer bestimmten Organisationskultur mit unterschiedlichen Handlungslogiken. Der Zusammenhalt trotz
einrichtungsspezifischer Orientierungen kann an dieser Stelle andeutungsweise
mit der Kapitaltheorie von Bourdieu (1983) erklärt werden, denn durch die selek-
tive Zusammensetzung der Einrichtungen sind alle drei Kapitalarten vorhanden
und nachhaltig abgesichert: Die Volkshochschule bringt das ökonomische Kapital
ein, die Bibliothek das soziale und das Museum in seiner internationalen Ausrichtung und über sein Ausstellungsangebot das institutionalisierte kulturelle Kapital.
Alle drei Kapitalarten sichern das Überleben und die gesellschaftliche Legitimation
des Bildungs- und Kulturzentrums. Die Gleichzeitigkeit von Einheit und Differenz
macht L_1 folglich dadurch deutlich, dass sie das Bildungs- und Kulturzentrum
nicht als undifferenzierten Gesamtzusammenhang begreift, sondern als Gesamtorganismus, der aus Einrichtungen mit sich ergänzenden Funktionen und unterschiedlichen Organisationskulturen und Handlungslogiken besteht.

Es lassen sich Aussagen einer Fachbereichsleitung hinzuziehen, um die Bedeutung des Zusammenspiels von Einheit und Differenz zu bekräftigen, zudem aber
auch den Einflussfaktor von Innovation zu berücksichtigen. Dieser Faktor vermittelt zwar in der Außenwahrnehmung Einheit, von der innerorganisationalen Wahrnehmung her macht er jedoch auf die gleichzeitig bestehende Differenz innerhalb
eines Bildungs- und Kulturzentrums aufmerksam. Als Einheit nimmt die Fachbereichsleitung das Bildungs- und Kulturzentrum dann wahr, wenn Veranstaltungen
gemeinsam von allen Einrichtungen durchgeführt werden. Diese Veranstaltungen
gehören nicht zum regulären Programm der Einrichtungen – „das hatten wir ja
schon mal" (FBL_2, Z. 191) – sondern finden eher punktuell statt. Sie sind folglich
neuartig und stellen ein innovatives Element dar. Das Gefühl der Einheit beschreibt
die Fachbereichsleitung v. a. über die Außenwahrnehmung: das „ganze Haus ist offen" (FBL_2, Z. 197). Hier wird zunächst sprachlich-formal das Gebäude angesprochen, da dies der in erster Linie sicht- und greifbare kulturelle Referenzpunkt ist.
Semantisch könnte aber natürlich auch die offene Haltung der Einrichtungen bzw.
aller Mitarbeiter und Mitarbeiterinnen des Bildungs- und Kulturzentrums gemeint
sein. Eine Einheit ist also dann gegeben, wenn das ganze Haus in seiner Breite ge-

nutzt wird, räumlich wie personell. Das Angebot wird „von den Leuten angenommen" (FBL_2, Z. 199) und „das Haus lebt und die Leute kommen und [sind] dabei" (FBL_2, Z. 200). Das Gefühl der Einheit ist entsprechend dieser Beschreibung publikumsadressiert und publikumsabhängig. Es bedarf also der Außenwirkung von Einheit, die sich dann nach innen überträgt. Die kulturelle Bindungswirkung von gemeinsamen Veranstaltungen begründet die Fachbereichsleitung zudem ähnlich wie L_1 über das „Beisteuern" jeder Einrichtung (vgl. FBL_2, Z. 197). Auch hier kommen die unterschiedlichen, aber sich jedoch ergänzenden Funktionen des Gesamtsystems zum Tragen. Aus Sicht der Fachbereichsleitung ist Einheit aber immer nur temporär feststellbar. So gibt es auch immer wieder „Dinge, die auch auf kooperativer Ebene nicht so gut funktioniert haben" (FBL_2, Z. 194 f.) und damit die Kontinuität von Einheit verhindern. Was hier abstrakt „Dinge" genannt wird, könnte als das konkrete, situationsbedingte kooperative Planungs- und Koordinierungshandeln interpretiert werden, welches gleichzeitig die Differenz der Einrichtungen und ihrer Handlungslogiken verdeutlicht. Dies wird im Verlauf des Interviews weiter ausgeführt, indem auf unterschiedliche Arbeitsweisen, Führungsstile, Selbstverständnisse und Strukturen in den einzelnen Einrichtungen verwiesen wird. Die Arbeitsweise der Volkshochschule wird in Abgrenzung zu den anderen Einrichtungen dabei als besonders teamorientiert, hierarchiefrei und partizipativ beschrieben, wobei besonders die gute Informationspolitik hervorgehoben und der Umstand betont wird, dass die Volkshochschule gewohnheitsgemäß immer das große Ganze im Blick hätte (vgl. FBL_2, Z. 229 ff.). Und somit prädestiniert ist für kooperative Arrangements.

4 Fazit: Kooperation im Spannungsfeld von Innovation und Routine sowie Einheit und Differenz

Drei wesentliche Schlussfolgerungen, die sich auch in der Interpretation weiterer Interviews bestätigen, lassen sich ziehen:

1. Ein Bildungs- und Kulturzentrum stellt die Einheit des Differenzierten dar. So handelt es sich um etwas selektiv Zusammengesetztes, das stets auf Ganzheiten im Sinne einer Einheit rekurriert, die etwas anderes ist als die bloße Summe ihrer Teile.

2. Die Zugehörigkeit zur eigenen Einrichtung Volkshochschule löst sich dabei nicht auf, was dadurch deutlich wird, dass in den Interviews keine absolute Haltung formuliert, sondern beispielsweise die selbstgesetzte Steigerung „mehr" (FBL_2, Z. 198) gewählt wird, um zu verdeutlichen, mit was man sich momentan mehr

oder weniger identifiziert – mit der Volkshochschule oder dem Bildungs- und Kulturzentrum als Ganzes. So wird es den integrierten Einrichtungen ermöglicht, ihre Organisationskultur und ihre Handlungslogiken zu behalten, ohne jedoch eine neue gemeinsame Organisationsgestalt im Sinne eines diversitätsgeprägten Bildungs- und Kulturzentrums zu verhindern.

3. Hierfür reicht es allerdings nicht aus, intern zu kommunizieren und zu kooperieren, sondern es muss auch ein Interaktionsverhältnis nach außen hin aufgebaut werden. Kommunikation nach innen *und* nach außen ist also ein zentraler Modus, in dem Inter-Organisations-Kulturalität stattfindet. Es wird deutlich, dass sich das Bildungs- und Kulturzentrum erst dann als Einheit deuten und wahrnehmen kann, wenn das Publikum bzw. die Teilnehmenden das Bildungs- und Kulturzentrum als Einheit sehen, beispielsweise bei innovativen, kooperativ durchgeführten Veranstaltungen.

Bezogen auf die Fragestellung, welche interorganisationskulturellen Herausforderungen sich in kooperativen Kontexten von Bildungs- und Kulturzentren stellen, bleibt als Fazit festzuhalten, dass es eine zentrale Anforderung ist, Einheit und Differenz zusammenzudenken sowie Routine zu erhalten bei gleichzeitigem Zulassen von Innovation. Oder anders gesagt: Bildungs- und Kulturzentren befinden sich auf Grund ihrer Organisationsform in einem Spannungsfeld von Innovation und Routine sowie Einheit und Differenz (vgl. Abb. 1).

Die Gleichzeitigkeit dieser vier Pole ist nicht nur charakteristisch für die Organisationsform, sondern ebenso für die Ausprägung einer sich neu entwickelnden „Inter-Organisations-Kultur" von Bildungs- und Kulturzentren und die Art und Weise, in der unter einem Dach kooperiert wird. Prägende komplexe organisationskulturelle Elemente von Bildungs- und Kulturzentren sind somit Diversität – im Sinne von Verschiedenheit – und Diffusität – im Sinne von grenzüberschreitender Durchdringung oder Vermischung. Diese Beobachtung lässt sich dann wie folgt zusammenfassen: Die gemeinsamen Veranstaltungen als innovatives Element sowie die räumliche Hülle, also das Gebäude als beständiges und routinehaftes Element, zeigen die Einheit des Bildungs- und Kulturzentrums auf. Hier ist die *Außenperspektive* vorrangig von Bedeutung. In der *Binnenperspektive*, also im Alltagsgeschäft der einzelnen Einrichtungen stehen hingegen die eigenen Selektions- und Steuerungsprinzipien, also die Differenzperspektive, im Vordergrund. Diese kommt auch dann zum Tragen, wenn es um die punktuelle kooperative Planung und Koordination gemeinsamer Veranstaltungen geht.

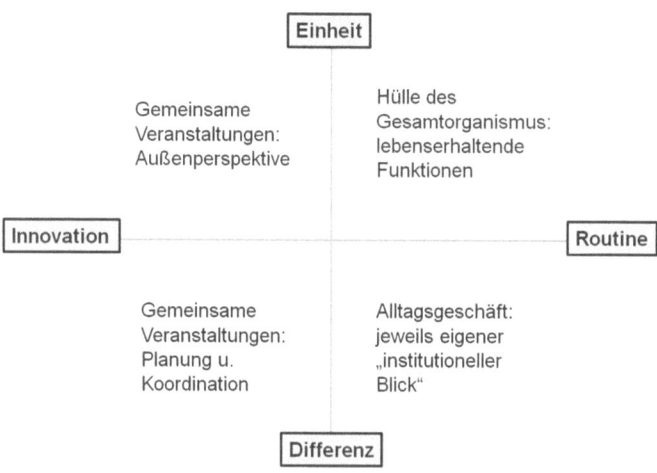

Abb. 1 Das Spannungsfeld Inter-Organisations-Kulturalität

5 Ausblick auf Kooperation als systemische und organisationskulturelle Grenzbearbeitung

Innerhalb dieses Spannungsverhältnisses, das gleichzeitig auf die Außen- und die Binnenperspektive verweist, tritt der relationale Gesichtspunkt von Kooperation als zentrales Merkmal in den Vordergrund und meint hier nicht nur die Interaktion zwischen Akteuren der Einrichtungen innerhalb von Bildungs- und Kulturzentren, sondern auch die Außenwirkung, die erzielt wird. Folglich schließt sich eine zweifache systemische Perspektive der Grenzbearbeitung an dieser Stelle als ein hilfreiches Erklärungsmuster an (vgl. Kuper 2004, S. 143): Bildungs- und Kulturzentren als kooperative Organisationsform bearbeiten erstens die Systemgrenze zur Interaktion und zweitens die Systemgrenze zur Gesellschaft. In der ersten Perspektive der Interaktion steht der operative Bereich der Organisation im Fokus der Bearbeitung, und zwar unter der Frage, wie Bildungs-und Kulturangebote unter kooperativen Gesichtspunkten und unter einem Dach ausgestaltet werden können. In der zweiten Perspektive liegt die Aufmerksamkeit dagegen auf den „Fremderwartungen" (Kuper 2004, S. 143), die an kooperative Arrangements von außen gestellt werden und integriert werden sollen.

So lässt sich festhalten, dass Kooperationen immer unter der komplexen Gemengelage der Inter-Organisations-Kulturalität zu betrachten und zu bewältigen sind: Die Begegnung unterschiedlicher Organisationskulturen sowie unterschiedlicher professioneller und organisationaler Handlungslogiken in kooperativen Kontexten zieht ein dreifaches, ineinander verflochtenes antinomisches Verhältnis nach sich, das sowohl theoretisch als auch empirisch rekonstruiert werden konnte. Dabei handelt es sich um die herausfordernden Spannungsfelder von „Einheit und Differenz", „Innovation und Routine" sowie „Innen und Außen", die als wesentliche Gelingensfaktoren von Kooperation zusammengedacht werden müssen.

Literatur

Berger PL, Luckmann T (2000) Die gesellschaftliche Konstruktion der Wirklichkeit: eine Theorie der Wissenssoziologie. Fischer, Frankfurt a. M.

Bourdieu P (1983) Ökonomische Kapital, kulturelles Kapital, soziales Kapital. In: Kreckel R (Hrsg) Soziale Ungleichheiten. Soziale Welt, Sonderband 2. Schwartz & Co, Göttingen, S 183–198

Buiskool B-J, Grijpstra D, Kan C van, Lakerfeld J van, Oudendammer F den (2005) Developing local learning centres and learning partnerships as part of Member States' targets for reaching the Lisbon goals in the field of education and training. http://ec.europa.eu/education/policies/2010/studies/locallearning.pdf. Zugegriffen: 25. Nov. 2011

Dollhausen K (2008) Planungskulturen in der Weiterbildung. Bertelsmann, Bielefeld

Doppler K, Lauterburg C (2008) Change Management: den Unternehmenswandel gestalten. Campus, Frankfurt a. M.

Fatke R (2010) Fallstudien in der Erziehungswissenschaft. In: Friebertshäuser B, Langer A, Prengel A (Hrsg) Handbuch qualitative Forschungsmethoden in der Erziehungswissenschaft. Juventa, Weinheim, S 159–172

Gieseke W (2003) Programmplanungshandeln als Angleichungshandeln. In: Gieseke W (Hrsg) Institutionelle Innensichten der Weiterbildung. Bertelsmann, Bielefeld, S 189–211

Hopf C, Nevermann K, Schmidt I (1985) Wie kamen die Nationalsozialisten an die Macht: eine empirische Analyse von Deutungen im Unterricht. Campus, Frankfurt a. M.

Kuper H (2004) Das Thema „Organisation" in den Arbeiten Luhmanns über das Erziehungssystem. In: Lenzen D (Hrsg) Irritationen des Erziehungssystems. Pädagogische Resonanzen auf Niklas Luhmann. Suhrkamp, Frankfurt a. M., S 122–151

Luhmann N, Baecker D (2009) Einführung in die Systemtheorie. Wissenschaftliche Buchgesellschaft, Darmstadt

Neubauer W (2003) Organisationskultur. Kohlhammer, Stuttgart

Oevermann U (1997) Thesen zur Methodik der werkimmanenten Interpretation vom Standpunkt der objektiven Hermeneutik. http://www.agoh.de/cms/de/downloads/uebersicht/func-startdown/31/. Zugegriffen: 25. Nov. 2011

Schäffter O (2003) Erwachsenenpädagogische Organisationstheorie. In: Gieseke W (Hrsg) Institutionelle Innensichten der Weiterbildung. Bertelsmann, Bielefeld, S 59–81

Schein E (2003) Organisationskultur: the Ed Schein corporate culture survival guide. EHP, Bergisch Gladbach

Stang R (2010) Lernzentren als Experimentierfeld. DIE Z Erwachs 1 (1):37–40

Stellermann R, Fink C (2004) Die Kulturdiagnose: Eine Methode, um ins Gespräch zu kommen. In: Huber A, Jansen S, Plamper H (Hrsg) Public Merger: Strategien für Fusionen im öffentlichen Sektor. Gabler, Wiesbaden, S 139–162

Zalucki M (2006) Was heißt eigentlich „Kultur"? Eine Expedition durch den Dschungel der Kulturkonzepte. In: Grünhage-Monetti M (Hrsg) Interkulturelle Kompetenz in der Zuwanderungsgesellschaft. Bertelsmann, Bielefeld, S 19–111

Diversity Management in der beruflichen Ausbildung

Wirtschaftspädagogische Impulse für ein organisationspädagogisches Konzept zum Umgang mit Interkulturalität

Nicole Kimmelmann

1 Interkulturalität in der beruflichen Ausbildung in Deutschland

Interkulturalität wird in der beruflichen Ausbildung unter verschiedenen Perspektiven als ein zentrales Phänomen betrachtet: In den Lehrplänen werden Forderungen nach einer Interkulturalität der Lerninhalte klarer. Das Berufsbildungswesen soll seine „Klientel" auf ein Leben und Arbeiten in gesellschaftlichen Verhältnissen vorbereiten, die von fortschreitender Globalisierung, Internationalisierung, europäischer Integration, anhaltenden Migrationsbewegungen sowie grenzüberschreitenden Beziehungsnetzwerken und damit verbundenen verschiedenen favorisierten Lebensweisen bestimmt werden (vgl. Bildungs- und Erziehungsauftrag der beruflichen Schulen in Bayern).

Die Zielgruppen in der beruflichen Bildung weisen dabei selbst eine zunehmende kulturelle Diversität auf, wie statistische Zahlen zum Migrationshintergrund der Lernenden dokumentieren (vgl. Konsortium Bildungsberichterstattung 2006).

Der aufgrund demographischer Veränderungen prognostizierte Mangel an Fachkräften für die deutsche Wirtschaft in naher Zukunft sowie die Bedeutung interkultureller Kompetenzen für das Exportland Deutschland verlangen nach einer beruflichen Ausbildung, die das Potential dieser Lernenden einbindet.

N. Kimmelmann (✉)
Juniorprofessorin für Berufliche Kompetenzentwicklung, Fachbereich Wirtschaftswissenschaften, Friedrich-Alexander-Universität Erlangen-Nürnberg, Lange Gasse 20, 90403 Nürnberg, Deutschland
E-Mail: Nicole.Kimmelmann@wiso.uni-erlangen.de

M. Göhlich et al. (Hrsg.), *Organisation und kulturelle Differenz*,
Organisation und Pädagogik 12, DOI 10.1007/978-3-531-19480-6_10,
© VS Verlag für Sozialwissenschaften | Springer Fachmedien Wiesbaden GmbH 2012

Dem gegenüber stehen mangelnde Bildungsbeteiligung und -erfolge der Lernenden mit Migrationshintergrund aufgrund von strukturellen Mängeln des Berufsbildungssystems, die sich in Form von Ausgrenzung, Diskriminierung, fehlender Berücksichtigung der Diversität und einer einseitigen stereotypisierenden Defizitperspektive bemerkbar machen (vgl. Autorengruppe Bildungsberichterstattung 2008; Boos-Nünning und Granato 2008; Granato 2009; Quante-Brandt und Grabow 2009).

Vorhandene Potenziale der Lernenden mit Migrationshintergrund werden hingegen trotz ihrer Bedeutung für eine berufliche Tätigkeit kaum wahrgenommen oder gar berücksichtigt (Granato und Eberhard 2008; Settelmeyer et al. 2006).

Zugleich sind berufsbildende Schulen mit Herausforderungen der Interkulturalität, z. B. in Form von sprachlichen Defiziten der Lernenden, Gruppenbildungen oder interkulturellen Konflikten konfrontiert (vgl. Kimmelmann 2010).

Der Beitrag zeigt anhand der Ergebnisse einer Theoriebildung im Rahmen eines Forschungsprojektes auf, wie das Konzept des Diversity Managements in berufsbildenden Schulen und Ausbildungsbetrieben Impulse zur Beseitigung der skizzierten Herausforderungen sowie zur Förderung von Potenzialen der Interkulturalität schaffen kann (vgl. Kimmelmann 2010).

2   Das Konzept des Diversity Managements

Diversity Management ist ursprünglich ein Konzept aus der Betriebswirtschaftslehre, das die Verschiedenheit der Belegschaft und der Stakeholder des Unternehmens als gewinnbringendes Potenzial sieht und deshalb durch verschiedene Maßnahmen ganz gezielt zum Bestandteil der Organisationsentwicklung macht (vgl. Stuber 2009).

Cultural Diversity Management setzt sich dabei im Speziellen mit der Interkulturalität auseinander, ohne andere Kernfaktoren, wie Alter, Befähigung/Behinderung, Geschlecht, religiöse Prägung und sexuelle Orientierung zu vernachlässigen. Vielmehr wird der Einzelne entsprechend des Verständnisses von Diversity – zumindest theoretisch – in seiner mehrperspektivischen Identität wahrgenommen und wertgeschätzt (vgl. Stuber 2009). Kultur, (kulturelle) Identität bzw. Interkulturalität wird nicht auf den nationalkulturellen Hintergrund beschränkt, sondern umfasst weitere Quellen der Prägung, ist uneinheitlich je nach Individuum (vgl. Leiprecht 2009, S. 74) und unterliegt einem Transformationsprozess durch die Auseinandersetzung mit der Umwelt (vgl. Fuchs 2007, S. 21).

Auf der operativen Ebene geht das Konzept weit über die Einhaltung von Antidiskriminierungsvorschriften hinaus und bindet das Know-how der unterschiedlichen Personen für das Unternehmen in Produktentwicklungs-, Vermarktungs- und Entscheidungsprozesse ein (vgl. Stuber 2009).

3 Diversity Management in der beruflichen Ausbildung

Unternehmen mit einem Diversity Management beziehen in der Regel die betriebliche Ausbildung darin ein[1]. Dies macht aus unternehmerischer Sicht auch Sinn: Auszubildende sind als Arbeitnehmer eingebunden in die Organisationsstruktur und Belegschaft – eine mit der Diversity-Strategie konforme Haltung gegenüber diversen Mitarbeitenden bzw. Kunden wird also bei ihnen ebenfalls erwartet. Zugleich zeigen Studien in entsprechenden Unternehmen, dass Auszubildende ähnlich wie Mitarbeiter, die sich unabhängig vom kulturellen Hintergrund in ihren individuellen Bedürfnissen und Kompetenzen berücksichtigt sehen und sich keiner Diskriminierung ausgesetzt fühlen, motivierter und leistungsfähiger sind, sich stärker einbringen, eine höhere Arbeitszufriedenheit aufweisen und dem Unternehmen länger erhalten bleiben (vgl. Vedder 2003, S. 21; Kellner 2009).

Lässt sich dieser Ansatz aber auch auf den pädagogischen Kontext der beruflichen Schulen im Dualen System übertragen? Grundsätzlich ja, allerdings unterscheiden sich die Handlungsmaxime von denen eines Unternehmens: Diversity Management im schulischen Bildungsbereich zielt auf übergeordnete gesellschaftliche Ziele, d. h. die Verwirklichung von Bildungsgerechtigkeit und Chancengleichheit für alle Lernenden (vgl. Leiprecht 2009).

Verbunden mit einem individualistischen Blickwinkel auf den einzelnen Lernenden muss hierzu eine Abkehr von der starren Defizitorientierung hin zur dynamischen und nachhaltigen Ressourcenorientierung im Denken und Handeln erfolgen, die Vielfalt nicht nur als Normalität (vgl. Mecheril 2003), sondern als Bereicherung sieht (Hormel und Scherr 2004, S. 209). Potenziale aller Lernenden mit und ohne Migrationshintergrund sowie positive Effekte von kultureller Diversität rücken stärker in den Fokus.

Indem sich Diversity Management durch integrierte Maßnahmen in heterogenen Gruppen an alle Lernenden gleichermaßen wendet und verhindert, dass der einzelne Lernende aufgrund von speziellen Angeboten für Lernende mit Migrationshintergrund auf das kulturelle Merkmal seiner Persönlichkeit reduziert und in Folge dessen stigmatisiert, bevorzugt oder diskriminiert wird, stellt es eine innovative Alternative zur bisherigen Zielgruppenförderung dar.

---

[1] Vgl. z. B. das Ausbildungskonzept der Ford Werke Köln unter: http://www.ford.de sowie Kellner (2009).

Dabei verliert sich das Konzept in der Praxis nicht in Beliebigkeit, indem alle denkbaren Unterscheidungsmerkmale von Lernenden in Betracht gezogen werden. Stattdessen erfolgt eine Eingrenzung dahingehend, dass der Lernerfolg das Kernziel aller Bemühungen bleibt und die Berücksichtigung von Individualität immer vor dem Hintergrund des Gemeinsamen, d. h. der „Einheit in der Vielfalt" (Banks 2006, S. 24) erfolgen muss.

3.1 Ein Modell pädagogischen Diversity Managements in der beruflichen Ausbildung

Die Berücksichtigung von kultureller Vielfalt in berufsbildenden Schulen im Sinne eines Diversity Management Konzeptes kann von zwei verschiedenen Perspektiven angegangen werden.

Am betriebswirtschaftlichen Ursprung orientierte pädagogische Ansätze betonen den Bereich der Organisations- und Personalentwicklung. Danach müssen Institutionen der beruflichen Bildung Rahmenbedingungen schaffen, um Diversity Management zu realisieren sowie die pädagogischen Akteure in ihrer Aufgabe zu unterstützen (vgl. Hameyer 2006; Stroot 2007; Gather Thurler 2006). Diese Argumentation schließt an Konzepte der interkulturellen Öffnung von Schulen an (vgl. Banks 2006; Gomolla 2005; Henkelman-Bahn und Bahn-Henkelman 2003; Schanz 2006).

Didaktisch orientierte pädagogische Experten entwickeln zielgruppenorientierte Pädagogik in integrierender Weise weiter. So hat sich in diesem Zusammenhang der Begriff der Diversity Education (Banks 2006) bzw. Diversity Pädagogik (Leiprecht 2009) als Nachfolger der „Pädagogik der Vielfalt" (Prengel 1993) etabliert. Entsprechende didaktische und methodische Arrangements sollen die Chancen der Vielfalt aktiv im Unterricht erlebbar machen und jeden Lernenden in seinen Potenzialen fördern.

Fügt man beide Perspektiven zusammen lässt sich in Anlehnung an die Literatur zur Schulentwicklung (z. B. Rolff 2000) folgendes Raster eines pädagogischen Diversity Managements skizzieren (Abb. 1).

Den einzelnen Ebenen können zum Faktor Interkulturalität spezifische Maßnahmen zugeordnet werden, die dem Diversity Management Ansatz förderlich sind (Abb. 2).

Welche Anforderungen ein derartiges Konzept an die Lehrkräfte und ihre Qualifizierung stellt wird im Folgenden beschrieben. Dazu wurde im Rahmen des Forschungsprojektes ein Standardsystem für die Weiterbildung der Lehrkräfte entwickelt.

Abb. 1 Ebenen des pädagogischen Diversity Management Systems (Eigene Darstellung)

Beispielhafte Maßnahmen der Organisationsentwicklung	
Schulprogramm	Teilnahme an Modellversuchen im Kontext von Cultural Diversity
Schulkultur	Diversity-gerechtes Schulleitbild
Management	Erhebung des Migrationshintergrunds der Lernenden
Kooperation	Beteiligung von kulturell diversen Schülern an Entscheidungsprozessen in Schülermitverwaltung
	Zusammenarbeit mit Migrantenorganisationen
Beispielhafte Maßnahmen der Unterrichtsentwicklung	
Materialien	Mehrsprachige Bibliothek
Methoden	Kooperative Lernformen
Räumliche Gestaltung	Kulturell gemischte Klassen
Lerninhalte	Interkulturelle Akzentuierung im Fachunterricht
Beispielhafte Maßnahmen der Personalentwicklung	
Personalplanung und -gewinnung	Gezielte Einstellung von Lehrkräften mit Migrationshintergrund
Personalbeurteilung	Einbezug interkultureller Kompetenzen in die Kompetenzfeststellungsverfahren der Lehrkräfte
Personalentwicklung (im engeren Sinn)	Weiterbildung im Umgang mit kultureller Diversität

Abb. 2 Eigene Zusammenstellung in Anlehnung an Maßnahmen von Schulen Deutschlands, Englands, Schwedens und der Schweiz mit Diversity Management Ansätzen. (Vgl. Gomolla 2005; Hellpap 2007; Schanz 2009; Müller 2009)

Literaturauswertung	Empirische Erhebungen
Theoretische Konzepte der Diversity Pädagogik bzw. des Diversity Management Ansatzes zur Übertragung auf den Kontext der beruflichen Bildung	Interviews mit 12 Lehrkräften verschiedener berufsbildender Schulen
Internationale Studien zum pädagogisch wirksamen und sinnvollen Umgang mit kulturell diversen Gruppen	Interviews mit vier Trainern in der inter-kulturellen Weiterbildung von Lehrkräften
Modellversuche der beruflichen Bildung in Deutschland zum pädagogischen Umgang mit kulturell diversen Gruppen	Interviews mit zwei Migrations beauftragten der örtlichen Kammern
Internationale Diskussion um Standards für Lehrkräfte im Kontext von kultureller Diversität der Lernenden	Interviews mit vier wissenschaftlichen Experten für Sprachförderung und Diversity Management
Vorhandene Maßnahmen der Aus- und Weiterbildung von Lehrkräften für den Umgang mit kulturell diversen Lernenden	Schriftliche Befragung von 12 Experten aus dem berufsbildenden Bereich zur Überprüfung der Relevanz der Standards
Vorhandene Materialien der Aus- und Weiterbildung von Lehrkräften und Ausbildenden für den Umgang mit kulturell diversen Lernenden	Durchführung und Evaluation von Seminaren mit Studierenden der Wirtschafts- und Berufspädagogik auf Basis erster Standardentwürfe

Abb. 3 Forschungsdesign im Überblick

3.2 Standards für die Qualifizierung von Lehrkräften als Bestandteil eines pädagogischen Diversity Management Modells

Standards beschreiben im hier verstandenen Sinne ein „professionelles Kompetenzprofil, mit dem pädagogische Situationen zweckmäßig und sinnvoll bearbeitet und bewältigt werden können" (Oser 2004, S. 193). Es handelt sich dabei formal um ein „System von Aussagen", das in komprimierter Form Voraussetzungen bzw. Ergebnisse professionellen Handelns festlegt.

Dem dazu verwendeten qualitativen Forschungsdesign liegt der Ansatz der Grounded Theory (Strauss und Corbin 1996) zugrunde, mit dem versucht wird, die komplexen Wirkungsgefüge des Unterrichtens bzw. Lehrens in kulturell diversen Klassen zu entwirren und in seiner Tiefe aufzuzeigen. Der wissenschaftlichen Legitimation dienend wurde ein triangulierendes Vorgehen der Datensammlung und -auswertung verfolgt, das die folgenden Elemente umfasst und

Dimensionen der Tätigkeit	Dazugehörige Standardgruppen
1 Persönlichkeit des Lehrenden	1a: Auseinandersetzung mit Diversität allgemein in Bildung und Gesellschaft 1b: Auseinandersetzung mit eigener und fremder kultureller Identität 1c: Grundlagen pädagogischer Professionalität in kulturell diversen Lerngruppen
2 Inhaltliche und Curriculare Planung	2a: Interkulturelle Vermittlung von Lerninhalten 2b: Bildung zum mündigen Bürger 2c: Persönlichkeitsbildung im Kontext von Diversity
3 Gestaltung von Lernprozessen und Methoden	3a: Schaffung einer fördernden und anerkennenden Lernatmosphäre 3b: Differenzierte Gestaltung von Instruktion und Partizipation 3c: Selbstregulation und individuelle Förderung 3d: Individuelle Leistungsmessung
4 Soziale Beziehungen der Lernenden	4a: Förderung sozialer Beziehungen zwischen Lernenden mit diversem kulturellem Hintergrund 4b: Abbau von Vorurteilen/Toleranzerziehung 4c: Proaktiver Umgang mit Diskriminierung und Rassismus
5 Umgang mit Disziplinstörungen und Konflikten	5a: Umgang mit Disziplinstörungen in kulturell diversen Gruppen 5b: Gestaltung von Konfliktlösungen in kulturell diversen Gruppen
6 Umgang mit Sprache	6a: Sprachförderung in der deutschen (Berufs-)Bildungssprache 6b: Sprachförderung in den (nichtdeutschen) Erstsprachen der Lernenden 6c: Förderung von Fremdsprachen
7 Kooperation und Mitarbeit an der Organisationsentwicklung	7a: Teamentwicklung 7b: Elternarbeit bei Lernenden mit Migrationshintergrund 7c: Kooperation mit externen Partnern (z. B. Migrantenorganisationen) 7d: Mitarbeit an der Organisationsentwicklung

Abb. 4 Dimensionen und Standardgruppen einer Weiterbildung der Lehrenden im Rahmen eines Diversity Management Systems der beruflichen Bildung (Eigene Darstellung)

sich jeweils auf ein theoretisches Sampling (Strauss und Corbin 1996, S. 148 ff.) stützt[2] (Abb. 3).

Um einen systematischen Überblick zu ermöglichen, sind die Standards in ein System von Dimensionen und Standardgruppen eingeordnet. „Dimensionen" beschreiben übergeordnete und umfassende Bereiche des pädagogischen Handelns, welche Kernkategorien in den Daten bildeten.

„Standardgruppen" sind Unterbereiche dieser Dimensionen und beschreiben unter einem bestimmten Aspekt gebündelte Herausforderungen, die mit dem jeweiligen Kernbereich verbunden sind (Abb. 4).

---

[2] Weitere Informationen zum Forschungsdesign, den zugrunde gelegten Qualitätskriterien sowie dem Sampling können nachgelesen werden in Kimmelmann (2010).

Notwendige Kompetenzen der Lehrkraft

Kenntnisse:

- Relevante kulturelle Hintergründe der Lernenden

- Formale Vorgaben zur interkulturellen inhaltlichen Planung

- Ansatzpunkte und Materialquellen zur interkulturellen inhaltlichen Planung

Fertigkeiten:

- Auswahl von Quellen, die verschiedene Perspektiven zu einem Thema aufzeigen oder Lernende zwingen, diese einzunehmen

- Gestaltung von Aufgabenstellungen, die zur Übernahme verschiedener kultureller Perspektiven anregen

Einstellungen:

- Bereitschaft eine interkulturelle Vermittlung der Lerninhalte vorzunehmen

Abb. 5 Notwendige Kompetenzen der Lehrkraft (Eigene Darstellung)

Im folgenden Abschnitt wird zur Veranschaulichung exemplarisch für die Standardgruppe 2a das dazugehörige Kompetenzprofil sowie die Verankerung auf der Organisations- und Unterrichtsebene skizziert.

3.3 Interkulturelle Vermittlung von Lerninhalten als Bestandteil eines pädagogischen Diversity Management Modells

Interkulturelle Vermittlung von Lerninhalten meint hier nicht die Erweiterung der Lerninhalte durch zusätzliche, kulturelle Inhalte, sondern das Aufzeigen und Beleuchten der kulturellen Multidimensionalität von bestehenden fachlichen Inhalten in der beruflichen Bildung sowie die Berücksichtigung des vorhandenen Wissens der Lernenden (Beispiele z. B. in Reich et al. 2000; Abb. 5).

Auf den Ebenen der Unterrichts- und Organisationsentwicklung macht dies nach Ergebnissen der Datenanalyse insbesondere die folgenden Strukturen und Prozesse notwendig:

- Einsatz und Beförderung von Methoden zur Einbindung von Vorwissen und Perspektivwechsel
- Schulinterne oder externe Datenbanken mit entsprechend gestaltetem Unterrichtsmaterial zur erleichterten Unterrichtsvorbereitung und -erprobung

- Teilnahme an Wettbewerben zum Thema „Vielfalt", um entsprechende interne Arbeitskreise zu etablieren, eine grundlegende Sensibilisierung der Lehrenden zu erreichen und entsprechende Zeitstunden von der Leitungsebene für die Entwicklung der Unterrichtsmaterialien zu erhalten
- Kleinere Klassengrößen

4 Zusammenfassung

Die bisherigen zielgruppenspezifischen Ansätze zur Förderung von Migranten in der beruflichen Ausbildung haben sich als nicht ausreichend und zielführend erwiesen, um Defizite des Bildungssystems aufzufangen und insbesondere Potenziale von Interkulturalität zu fördern. Diversity Management setzt hier als Gegenstrategie auf integrierende Ansätze der Förderung aller Lernenden in ihrer mehrperspektivischen Individualität. Entsprechende notwendige Inhalte einer zukünftigen Qualifizierung von Lehrkräften für ein Handeln im Rahmen des Diversity Management Konzeptes wurden überblicksartig skizziert. Daneben müssen dem pädagogischen Personal jedoch auch die dafür notwendigen Ressourcen zur Verfügung stehen, d. h. im Sinne einer Organisationspädagogik Strukturen und Prozesse auf den Ebenen der Unterrichts- und Organisationsentwicklung geschaffen werden

Literatur

Autorengruppe Bildungsberichterstattung (2008) Bildung in Deutschland 2008. Bertelsmann, Bielefeld
Banks JA (2006) Cultural diversity and education: foundations, curriculum, and teaching, 5. Aufl. Allyn & Bacon, Boston
Boos-Nünning U, Granato M (2008) Integration junger Menschen mit Migrationshintergrund: Ausbildungschancen und Ausbildungsorientierung. In: Bade KJ, Bommes M, Oltmer J (Hrsg) Indikatoren und Gestaltungselemente nachholender Integrationspolitik. Universität Osnabrück, Osnabruck, S 57–89
Fuchs M (2007) Diversity und Differenz. In: Krell G, Riedmüller B, Sieben B, Vinz D (Hrsg) Diversity Studies. Grundlagen und disziplinäre Ansätze, Frankfurt a. M., S 17–34
Gather Thurler M (2006) Diversitätsmanagement in Theorie und Praxis. Journal für Schulentwicklung 10(2):4–6
Gomolla M (2005) Schulentwicklung in der Einwanderungsgesellschaft. Waxmann, Münster
Granato M, Eberhard V (2008) Die Entscheider in der Metall- und Elektroindustrie erkennen nicht die Potenziale von jungen Menschen mit Migrationshintergrund nicht. Denk-doch-mal.de. Sonderausgabe (2). www.denk-doch-mal.de/node/33
Granato M (2009) Perspektiven und Potenziale: Junge Menschen mit Migrationshintergrund in der beruflichen Ausbildung. In: Kimmelmann N (Hrsg) Berufliche Bildung in der Ein-

wanderungsgesellschaft. Diversity als Herausforderung für Organisationen, Lehrkräfte und Ausbildende. Shaker Verlag, Aachen, S 17–35

Hameyer U (2006) Diversität im Schulentwicklungsprozess. J Schulentwickl 10(2):24–30

Hellpap D (2007) Diversitätsbewusste Bildung als Schlüssel zur Steigerung von Schulqualität: Strukturelle und organisatorische Rahmenbedingungen schulischer Praxis aus interkultureller Perspektive. http://www.gbv.de/dms/hebis-darmstadt/toc/187565724.pdf

Henkelman-Bahn J, Bahn-Henkelman J (2003) Diversity management in specialized settings: non-profit, faith-based, and social organizations, community and government agencies. In: Plummer DL (Hrsg) Handbook of diversity management. Beyond awareness to competency based learning. University Press of America, Lanham, S 473–496

Hormel U, Scherr A (2004) Bildung für die Einwanderungsgesellschaft: Perspektiven der Auseinandersetzung mit struktureller, institutioneller und interaktioneller Diskriminierung. VS Verlag für Sozialwissenschaften, Wiesbaden

Kellner M (2009) Die Diversity-Strategie der Ford-Werke. In: Kimmelmann N (Hrsg) Berufliche Bildung in der Einwanderungsgesellschaft. Diversity als Herausforderung für Organisationen, Lehrkräfte und Ausbildende. Shaker Verlag, Aachen, S 152–167

Kimmelmann N (2010) Cultural Diversity als Herausforderung der beruflichen Bildung: Standards für die Aus- und Weiterbildung von pädagogischen Professionals im Kontext von Diversity Management. Shaker Verlag Aachen. http://www.opus.ub.uni-erlangen.de/opus/volltexte/2010/1711/pdf/Dissertation_Kimmelmann_FINAL_15.12.09.pdf

Konsortium Bildungsberichterstattung (2006) Bildung in Deutschland. Bertelsmann, Bielefeld

Leiprecht R (2009) Diversity Education – eine zentrale Orientierung von Managing Diversity im Bereich beruflicher Bildung. In: Kimmelmann (Hrsg) ebd., S 66–77

Mecheril P (2003) Politik der Unreinheit: Ein Essay über Hybridität. Passagen, Wien

Müller M (2009) Diversity Management in der Berufsschule. In: Kimmelmann N (Hrsg) ebd., S 92–113

Oser F (2004) Standardbasierte Evaluation der Lehrerbildung. In: Blömeke S, Reinhold P, Tulodziecki G, Wildt J (Hrsg) Handbuch Lehrerbildung. Bad Klinkhardt, Heilbrunn, S 184–206

Prengel A (1993) Pädagogik der Vielfalt: Verschiedenheit und Gleichberechtigung in interkultureller, feministischer und integrativer Pädagogik. Leske & Budrich, Opladen

Quante-Brandt E, Grabow T (2009) „Ausbildungsrealität aus der Sicht von Auszubildenden mit Migrationshintergrund": Einblicke in die Ausbildungsrealität von Migrant/innen im Bremer Handwerk. In: Kimmelmann N (Hrsg) ebd., S 36–53

Reich HH, Holzbrecher A, Roth HJ (Hrsg) (2000) Fachdidaktik interkulturell: Ein Handbuch. VS Verlag für Sozialwissenschaften, Wiesbaden

Rolff HG (2000) Manual Schulentwicklung: Handlungskonzept zur pädagogischen Schulentwicklungsberatung. Beltz, Weinheim

Schanz C (2006) Visionen brauchen Wege. In: Leiprecht R, Kerber A (Hrsg) Schule in der Einwanderungsgesellschaft. Ein Handbuch. Wochenschauverlag, Schwalbach/Ts, S 110–125

Schanz C (2009) Herausforderungen für die Organisationsentwicklung an multikulturellen Schulen. In: Kimmelmann N (Hrsg) ebd., S 78–91

Settelmeyer A, Hörsch K, Dorau R (2006) Die Wahrnehmung interkultureller Kompetenzen von Fachkräften mit Migrationshintergrund fördern! In: Friedrich-Ebert-Stiftung, Bundesinstitut für Berufsbildung (Hrsg) Kompetenzen stärken, Qualifikationen verbessern,

Potenziale nutzen. Berufliche Bildung von Jugendlichen und Erwachsenen mit Migrationshintergrund. Bundesinstitut für Berufsbildung, Bonn, S 51–59

Strauss A, Corbin S (1996) Grounded theory: Grundlagen qualitativer Sozialforschung. Beltz, Weinheim

Stroot T (2007) Vom Diversitäts-Management zu „Learning Diversity". In: Boller S, Rosowski E, Stroot T (Hrsg) Heterogenität in Schule und Unterricht. Handlungsansätze zum pädagogischen Umgang mit Vielfalt. Beltz, Weinheim, S 52–64

Stuber M (2009) Diversity. das Potenzial-Prinzip; Ressourcen aktivieren, Zusammenarbeit gestalten. Luchterhand, Köln

Vedder G (2003) Vielfältige Personalstrukturen und Diversity Management. In: Wächter H (Hrsg) Personelle Vielfalt in Organisationen. Rainer Hampp, München, S 13–27

Managen von und mit Diversity

Daniel Schönefeld und Stephan Wolff

1 Einleitung

„Diversity Management" bezeichnet ein aus dem nordamerikanischen Raum stammendes Konzept zur Steigerung der Produktivität von Arbeitsteams. Es geht von der These aus, dass man die Unterschiedlichkeit der Teammitglieder – sei es im Hinblick auf ihr Geschlecht oder ihre nationale Herkunft – nicht als Quelle von Problemen betrachten, sondern vielmehr als bereichernde Ressource wertschätzen und nutzen sollte, weil sich dies langfristig in ökonomischen Gewinnen niederschlagen würde (vgl. Bolten 2011; Kirton 2009). Praktisch vermittelt, erprobt und eingeübt wird diese Konstruktion hauptsächlich im Rahmen von Teamentwicklungsseminaren, in die sog. „Diversity-Übungen" eingeflochten werden.

Seit einigen Jahren erklären zahlreiche Groß- und mittlere Unternehmen, über einen Diversity-Ansatz zu verfügen. Manche bauen diesen sogar in ihr Leitbild ein (vgl. Süß und Kleiner 2008). Mit der zunehmenden Institutionalisierung steigt auch das wissenschaftliche Interesse am Diversity Management. Vorherrschend sind bislang Studien zur *Evaluation* einschlägiger Maßnahmen und Projekte. Ob die Teilnehmer die Lehrinhalte tatsächlich „umsetzen", wird in der Regel daran ge-

D. Schönefeld (✉)
Institut für Sozial- und Organisationspädagogik, Universität
Hildesheim, Marienburger Platz 22, 31141 Hildesheim, Deutschland
E-Mail: schoenef@uni-hildesheim.de

S. Wolff
Institut für Sozial- und Organisationspädagogik, Universität
Hildesheim, Marienburger Platz 22, 31141 Hildesheim, Deutschland
E-Mail: Wolff.S@t-online.de

M. Göhlich et al. (Hrsg.), *Organisation und kulturelle Differenz*,
Organisation und Pädagogik 12, DOI 10.1007/978-3-531-19480-6_11,
© VS Verlag für Sozialwissenschaften | Springer Fachmedien Wiesbaden GmbH 2012

messen, inwieweit sie ihre diesbezüglichen Einstellungen verändern und neue auf Diversität bezogene Wissensbestände aufgebaut haben.

Eine solche Analysestrategie erscheint uns *in doppelter Hinsicht problematisch*. Die Handlungsrelevanz der Trainingskonzepte wird damit nämlich zugleich über- wie unterschätzt. Man überschätzt sie, indem man ein quasi-deduktives Verhältnis von Konzepten und Handlungen unterstellt, und damit die „Verwender" auf bloße Anwender reduziert, und in der Folge die betreffende Praxis primär unter einer Defizitperspektive betrachtet („Wie weit ist das Konzept (noch nicht) umgesetzt?"). Zugleich unterschätzt man die Handlungsrelevanz, indem man den aktuellen Voll- zug, also das interaktive Herstellen und Managen von Diversity in der konkreten Situation als unproblematisch behandelt, d. h. die situativen Umsetzungsleistungen der Teilnehmer bei empirischen Erhebungen unberücksichtigt lässt.

Hier setzen wir mit unserer Untersuchung an. Anstatt (er-)messen zu wollen, ob die Leitsätze vielfaltsensibler Zusammenarbeit konsequent umgesetzt werden, oder ob bei Teams, deren Mitglieder entsprechende Trainings absolviert haben, bestimmte Leistungsindikatoren besser ausfallen als bei anderen, erscheint es uns zunächst notwendig zu rekonstruieren, wie sich die Mitglieder diese Regeln und Kompetenzen *praktisch aneignen*, d. h. diese durch ihr konkretes Handeln in der Interaktion zum Ausdruck bringen. Unsere Forschungsfrage lautet: *Wie wird Diversity Management praktisch realisiert und als solches in der konkreten Team- kommunikation erkennbar gemacht?* Wir behandeln Diversity Management mithin dezidiert als einen *sozialen Tatbestand* und fragen nach der Art und Weise seiner interaktiven Herstellung.

In der Ausbildungsabteilung eines weltweit agierenden Unternehmens, das ein mit Preisen ausgezeichnetes Diversity-Programm verfolgt, haben wir multinatio- nal zusammengesetzte Teams von Auszubildenden beobachtet. Deren dreijährige Ausbildung in einem technischen Beruf umfasst neben der Vermittlung fachlicher Fertigkeiten den Erwerb von *Softskills*, worunter das Unternehmen gerade auch den „richtigen Umgang" mit Unterschieden im Hinblick auf das angestrebte „Er- lernen eines Wir-Gefühls" versteht. Die Fähigkeit dazu soll den Auszubildenden im Rahmen mehrerer Seminare vermittelt werden, die Trainer einer externen Unter- nehmensberatung durchführen. Wir haben zwei derartige Gruppen, ihre Ausbilder sowie die Trainer während eines dieser jeweils einwöchigen Seminare begleitet. Neben zahlreichen anderen Daten haben wir dabei ca. 42 Stunden authentischer Kommunikation aufgezeichnet.

2 Managen mit Differenz

Wie gesagt, zielt Diversity Management auf einen bewussten Umgang mit *Unterschieden* (Differenz) innerhalb eines *Arbeitsteams* (Kollektiv). In einem ersten Schritt sind wir deshalb der Frage nachgegangen, zu welchen Handlungs- und Interpretationszwecken die Teilnehmer Differenz relevant machen und welche Systematiken sich hierbei erkennen lassen.

Herkunft als Ressource zur Gestaltung von Arbeit Die folgende Szene ist einer für Team-Entwicklungsseminare typischen Übung entnommen. Innerhalb eines knapp bemessenen Zeitraums muss jedes Mitglied eine Strickleiter mit weit voneinander entfernten Sprossen nach oben klettern, um so einen Punkt für sein Team zu holen. In der folgenden Sequenz ist Omar an der Reihe, der aber auf halber Strecke plötzlich „stecken" bleibt. Wie seine Kollegen reagieren, zeigt unser erster Ausschnitt.

```
       01   Niels:      SPRING EIN BIß[CHEN.
       02                             [
       03   Peter:                    [>nur noch ein kleines
       04               bißchen.<
       05
       06               (1)
       07
  →    08   Johannes:   LASS DEINE MONGOLISCHN QUELLN SPRÜHN.
```

Während die ersten beiden Sprecher Omar zurufen, wie dieser seinen Körper steuern soll, fordert ihn Johannes dazu auf, seine „mongolischn quelln" (Z. 8) zu nutzen. Obschon der Sprecher sowohl durch die „gekonnte" Platzierung wie durch die lexikalische Gestaltung seiner Äußerung diese als Scherz beschreibbar macht, finden wir in dieser kleinen Sequenz den erwartbaren Fall des Diversity Management beispielhaft repräsentiert: Ein Kollege wird als Mitglied einer anderen ethnischen Gruppe mit bestimmten geschätzten Eigenschaften identifiziert; diese Differenz wiederum erscheint als eine hilfreiche Ressource, die er zur Durchführung des Arbeitsauftrags, d. h. zur Erreichung des kollektiven Ziels, einsetzen soll.

Anders als wir erwartet hatten, findet sich dieser in den Diversity-Konzepten beschriebene „Normal-Fall" der Nutzung von Differenz im praktischen Vollzug *äußerst selten.* Neben der oben stehenden Sequenz haben wir in unserem Material lediglich zwei weitere, ähnlich gelagerte Fälle entdeckt. Das lässt vermuten, dass die Teilnehmer durch das Relevantmachen von Unterschieden überwiegend *andere* interaktive Aufgaben lösen. Einige davon wollen wir uns nun genauer ansehen.

Herkunft sortiert ein Kollektiv in Teilgruppen In der folgenden Szene plant das Team gerade die Erstellung eines Plakats, mit dem es sich den anderen Gruppen auf dem Seminar vorstellen möchte. In der Mitte befinden sich gelbe Kärtchen, für die nun eine Verwendungsmöglichkeit diskutiert wird:

```
01    Ünal:      wir könn auf jeden der gelben dinger unsre
02               namen drauf schreiben.

               ((17 Zeilen ausgelassen))

19    Ünal:      >ja.< (.) lass unsre namen auf [die
20                                              [
21    Erkan:                                     [(zu)erst
22               die orientalisten. dann die russen. und
23               dann die deutschen.
```

Am Beginn der Sequenz entwickelt Ünal die Idee, auf die Kärtchen die Namen der Gruppenmitglieder zu notieren. In den danach folgenden – hier nicht wiedergegebenen – Redezügen wird dieser Vorschlag durch die anderen Beteiligten als eine interessante Idee bestätigt. In Zeile 19 ist der Initiator des Vorschlags gerade dabei, den gefassten Plan noch einmal zusammenzufassen, kann aber seine Ausführungen nicht beenden, da ihn sein Kollege Erkan unterbricht. Erkan schlägt vor, unter dem gemeinsamen Dach des Plakats Teilgruppen zu bilden, die sich entlang des Differenzkriteriums „ethnische bzw. nationale Zugehörigkeit" aufspannen. Durch diesen Vorschlag wird der durch Ünal unmittelbar vorher verkündete Beschluss bestätigt, zugleich hinsichtlich seiner konkreten Umsetzung aber auch vorangetrieben. Die Weiterentwicklung bezieht sich auf eine Variation im Umgang mit dem darzustellenden Objekt, also den Namen der Teammitglieder. Hatte sich Ünal hierauf noch mit Hilfe des Pronomens „unsre" bezogen und innerhalb der so konstruierten Gemeinschaft keine Differenzierungsoptionen benannt, schlägt Erkan vor, eine kulturelle Sortierung vorzunehmen. Die Bezugnahme auf Herkunft dient hier also als eine Ressource, mit deren Hilfe die Konstruktion des Teams als *Einheit aus drei plausiblen Teilgruppen* bewerkstelligt werden kann.

Herkunft als Begründung für die Nicht-Teilnahme an einer Kollektivhandlung Herkunft kann von einzelnen Akteuren auch zur *Selbstbeschreibung* aufgerufen werden. Die folgende Szene ist dem Beginn einer Arbeitseinheit entnommen. Nach einem Teamgespräch sind bereits elf von zwölf Gruppenmitgliedern aufgestanden und zu ihren Arbeitsplätzen gegangen. Lediglich Tarkan sitzt noch auf seinem Stuhl. Nach einigen Minuten wendet sich ein Kollege ihm zu und fordert ihn auf, nun auch seinerseits mit der Arbeit zu beginnen:

```
01    Ünal:        so jetzt arbeitn (    )
02
03    Tarkan:      ich bin türke- (.) fuck you.
```

Auf Ünals Aufforderung reagiert Tarkan mit einer Selbstbeschreibung als „türke". Er verwendet damit eine nationale Kategorie, um die an ihn herangetragene Aktivität des Arbeitens zurückzuweisen bzw. um zu begründen, warum er an der Gemeinschaftsaktivität nicht teilnehmen wird. Diese Kategorisierung lässt insofern eine bizarre Situation entstehen, als dass es sich bei beiden Sprechern um Personen mit türkischem Migrationshintergrund handelt. Kulturelle Differenz kann also durchaus auch unter „kulturellen Kollegen" als eine argumentative Ressource verwendet werden.

Herkunft als Instrument zum Anzeigen von Gemeinsamkeit Die folgende Szene spielt sich während einer Wanderung ab, in deren Verlauf drei Teilnehmer auf die Herkunft ihrer Angehörigen zu sprechen kommen:

```
01    Lars:     meine familie stamm:t (.) keine ahnung
02              seit wie vieln generation aus frankfurt.
03
04              (2)
05
06    Paul:     aus f- meine ursprünglich auch.
07
08              (2)
09
10    Erkan:    meine mutter übrigens auch.
```

Die Thematisierung der Herkunft durch Lars wird von den beiden nachfolgenden Sprechern Paul und Erkan genutzt, um sich wechselseitig *in diesem Punkt* eine Gemeinsamkeit anzuzeigen. Alle drei stellen fest, dass Familienmitglieder aus der gleichen Stadt stammen. Besonders interessant ist Erkans Beitrag. Sein Hinweis auf die Mutter markiert zum einen Gemeinsamkeit: „Wir haben alle Familienmitglieder aus Frankfurt". Die Kommentierung dieser Gemeinsamkeit durch den Begriff „übrigens" verweist zugleich auf eine ggf. *aktualisierbare* andere Differenz: „Auch wenn man es nicht glauben möchte, gilt dies auch für mich, dem durchaus eine andere Kategorie (nämlich Türke) zugeordnet werden könnte". Damit wären wir beim Managen *von* Differenz angelangt.

3 Managen von Differenz

Viele derartige Kategorisierungsprozesse vollziehen sich eher beiläufig. In zahlreichen anderen Sequenzen können wir jedoch beobachten, dass diese Konstruktionsprozesse von den Sprechern *als etwas Besonderes markiert* werden. Mittels verschiedener Praktiken zeigen sich die Teilnehmer an, dass das Managen *mit* Differenz gerade *selbst gemanaged* wird, dass also Diversity Management gerade vollzogen respektive verfehlt wird.

Taktvolles Sprechen über Kultur In vielen Sequenzen, in deren Verlauf nationale und religiöse Unterschiede aufgerufen werden, lässt sich beobachten, dass die betreffenden Sprecher gerade begonnene Konstruktionen abbrechen und von Neuem ansetzen, *ihren Beitrag also selbst reparieren* (vgl. Schegloff et al. 1977). Zwei Beispiele wollen wir uns näher ansehen. Beide sind einer Diskussion über die Praxis der Anwerbung von „Gastarbeitern" entnommen.

```
→  01   Trainer:   gerade was aus südeuropa kam die leute;
→  02              das war ja so nach dem krieg gab
   03              es keine männer mehr in deutschland
```

Beim Versuch der Beschreibung dieser Personengruppe ersetzt der Sprecher, hier ist es der Trainer selbst, eine zunächst gewählte Mitgliedschaftskategorie durch eine andere: Aus „was aus südeuropa kam" macht er „die leute" und später „männer". Um den Vorgang der Entlohnung der angeworbenen Gastarbeiter in Deutschland zu beschreiben, tauscht der Sprecher im folgenden Ausschnitt die zunächst gewählte Formulierung „die kriegen das=" durch „das könn die verdien-" aus.

```
  01  Trainer:   und dann sind die
  02             hingegangn ham verträge gemacht ham gesagt
  03             .h in einem dorf- ich weiß nich wo ich sag
  04             jetz ma in griechenland in italien
  05             (.) in in äh in der türkei und habm gesagt
  06             also die männer die sich dafür veran-
→ 07             äh die kriegen das=und=das könn die
→ 08             verdien-
```

Technisch gesprochen geschieht in beiden Szenen dasselbe: Auf dem schnellstmöglichen Weg wird die ursprüngliche Formulierung durch eine andere ersetzt. Dabei kann man beobachten, dass die *Richtung dieses Ersetzungsvorgangs* stets eine *inhaltliche Optimierung* einhält – ein inferiorer Begriff wird durch einen – im Sinne des Diversity-Gedankens – höherwertigen ersetzt: Die in der ersten Szene zunächst gewählte Referenz „was aus südeuropa kam" ist keine, die als eine exklusive Bezugnahme auf Personen gehört werden kann. Ebenso könnten darunter auch Waren, Krankheiten oder Tiere subsumiert werden. Die korrigierte Kategorie „die leute" zeigt nun deutlich an, dass der Trainer von Menschen spricht. Implizit macht er im nächsten Satz darüber hinaus klar, dass es sich um Männer handelt, die die im Krieg gefallenen Deutschen ersetzen sollen, in diesem Sinne tatsächlich „gleichwertig" sind. Ähnlich in der zweiten Szene: Die Handlung „kriegen" umschreibt ein Empfangen, das nicht notwendigerweise mit einer Gegenleistung verbunden ist. Ferner ist die Umschreibung des Empfangsgegenstands mit Hilfe der Formulierung „das=und=das" eher unpräzise. Das Austauschen mittels „verdienen" verweist hingegen auf ein Arbeitsverhältnis und impliziert ein vertraglich festgelegtes Empfangen von Geld als Gegenleistung für das Einsetzen der eigenen Arbeitskraft.

Indem der Sprecher *stets einen inhaltlich höherwertigeren* Begriff wählt, verdeutlicht er, dass es ihm auf diese feinen Unterschiede ankommt. Das heutige Sprechen über die ehemaligen Gastarbeiter darf nicht mit den abwertenden Ausdrücken „von gestern" geschehen, sondern bedarf einer Wortwahl, mit der man Respekt und Achtung zum Ausdruck bringen kann.

Die richtige Dosierung von Kultur In unserem Datenmaterial finden sich viele Szenen, in denen ein Sprecher seinen Kollegen einen Vorschlag unterbreitet, der ein *Relevantmachen von Kultur* beinhaltet. Häufig werden solche Vorschläge angenommen. In den folgenden Ausschnitten können wir das Gegenteil beobachten.

```
01  Ünal:      >ja.< (.) lass unsre namen auf [die
02                                            [
03  Erkan:                                    [(zu)erst
04             die orientalisten. dann die russen. und
05             dann die deutschen.
06
07  Ünal:      nei:n; keine ghetto[risierung.
08                                [
09  Erkan:                        [spa::ß. nein
10             >gemischt=gemischt.<
```

```
01  Ünal:      jeder könnt ne eigne fahne hin machen.
02
03             (1)
04
05  Henning:   nei::n.
06
07             (1)
08
09  Ünal:      das hattn wir damals beim praktikum
10             (gemacht);
```

In beiden Szenen finden wir den gleichen Aufbau. Der jeweils eingebrachte Vorschlag enthält stets eine Relevantsetzung, gleichsam eine *Zur-Schau-Stellung von kultureller Differenz*: entweder das Clustern der Teammitglieder in kulturelle Häufchen oder das graphische Markieren der Herkunft durch nationale Flaggen. Beide Anregungen werden vom jeweils nachfolgenden Sprecher zurückgewiesen, wobei vor allem die Gestaltung dieser ablehnenden Äußerungen auffällig ist. In der Regel erfolgen Zurückweisungen eines Vorschlags nämlich zeitlich verzögert und werden durch abgeschwächte Zeichen der Zustimmung eingeleitet („Das ist ja durchaus eine gute Idee, aber…"). Die eigentliche Ablehnung wird üblicherweise eher indirekt produziert und darüber hinaus durch eine Rechtfertigung begründet (vgl. Heritage 1996, S. 266 ff.). In den hier betrachteten Szenen sind zahlreiche Abweichungen von diesem Normalfall zu beobachten. Am auffälligsten ist hierbei die Unmittelbarkeit der jeweiligen Zurückweisung des Vorschlags. Wir sehen jeweils ein besonders betont und gedehnt gesprochenes *Nein*, das im ersten Fall von einer (sehr knappen) Begründung gefolgt wird. Die Vorschlagenden reagieren auf diese Zurückweisungen jeweils mit vergleichsweise schwachen Erwiderungen: In der ersten Sequenz weist Erkan seinen Vorschlag im unmittelbaren Anschluss als eine scherzhafte Provokation aus und zieht ihn damit sofort wieder zurück. In der zweiten Szene unternimmt Ünal den Versuch einer Rechtfertigung, indem er auf ein Praktikum verweist, wo dieser Vorschlag bereits realisiert worden war.

Die in beiden Fällen gleichermaßen zu beobachtende auffällige – also vom interaktiven Normal-Fall abweichende – Interaktionsordnung lässt sich dahingehend interpretieren, dass sich die Sprecher auf diese *spielerische Weise* anzeigen, wie man Diversity Management *nicht* machen sollte. Sie zeigen sich an, dass ein angemessenes Managen mit kulturellen Unterschieden *dosiert* erfolgen muss. Eine Nutzung von Differenz zur Herstellung von Exklusivität wäre in dieser Situation und unter den gegebenen praktischen Umständen nicht opportun.

In der nächsten Szene können wir beobachten, wie eine Thematisierung der Leitlinie des Diversity Management nicht nur als eine inadäquate Beschreibung eines Gruppenproblems markiert, sondern darüber hinaus der betreffenden Person als *unpassendes Verhalten* zugerechnet wird. Die Sequenz ist einer der allabendlich stattfindenden Teamsitzungen entnommen. Auf die Bemerkung eines Auszubildenden, dass es hin und wieder zu Konflikten zwischen einigen Teammitgliedern käme, antwortet der Ausbilder, dass dies normal sei, die entstandenen Differenzen aber auch wieder beigelegt werden müssten.

```
      01   Ausb.:    ((...)) dass man auch die konflikte (.)
      02             irgendwann lösen muss. ja?
      03
      04   Koray?:   ja.
      05
      06   Ausb.:    solange:-
      07
      08   Ünal:     di:versity- (.) gemeinsamkeiten und
      09             unterschieden halt;
      10
  →   11   ?:        ((leises Kichern))
      16
  →   17   Erkan:    de(h)r üna(h)l ja-
      18
  →   19   Ausb.:    joa:
      20
  →   21   Lukas:    ((niest und sagt dabei:)) schleimer
```

Die Empfehlung des Ausbilders, Konflikte nach einer bestimmten Zeit wieder zu lösen, wird durch Koray mit einem „ja" akzeptiert. Der erste Sprecher setzt daraufhin zu einem weiteren Beitrag an, wird dabei jedoch durch Ünal unterbrochen, der seinerseits eine Deutung des gerade Besprochenen anbietet. Die bisherigen Ausführungen – auftretende Konflikte innerhalb des Teams müssten irgendwann gelöst werden – könnten durchaus unter der Thematik „*Diversity*" gehört werden. Interessant sind nun die nacheinander abgelieferten Kommentierungen dieser Bemerkung durch die anderen Sprecher: Ein Kollege reagiert mit leisem Gekicher, zeigt sich somit amüsiert. Erkan zitiert mit Lachpartikeln und gespielt nachdenklicher Stimme den Namen des Sprechers („de(h)r üna(h)l"). Der Ausbilder liefert ein gedehnt gesprochenes „joa:". Beide drücken demonstrativ ein gewisses Irritiert- bzw. Indigniert-Sein aus. Am eindringlichsten jedoch ist Lukas' Kommentierung. Er referiert auf Ünal als „schleimer" und weist damit die Benennung der Leitlinie *an dieser Stelle* der Teamsitzung als strebermäßiges Heischen um Aufmerksamkeit bzw. als nicht angemessene Präsentation von „Schulwissen" aus. Dieser inhaltlich vergleichsweise harte Tadel wird allerdings wiederum mit einer gewissen Vorsicht vorgetragen; nämlich im Modus des Frotzelns – also einer gekonnten Mischung aus Spaß und Ernst (vgl. Drew 1987). Lukas will Ünal offensichtlich nicht beleidigen, eher schon ihn sowie die Trainingssituation als ganze ironisieren.

Differenzmarkierung als unpassende Beschreibung In der allerersten Szene unseres Beitrags hatten wir ein Beispiel dafür präsentiert, dass die Teilnehmer Herkunft durchaus (wenn auch äußerst selten) so verwenden, wie es die ökonomische Lesart des Diversity Management nahe legt – nämlich als eine *Ressource*, die zur Bereicherung der Arbeit aktiviert werden kann. Wenn man sich den Aufbau und den Fortgang dieser Sequenz noch einmal genauer ansieht, kann man jedoch beobachten, dass die Seminarteilnehmer diese Konstruktion als unpassend ausweisen.

```
01   Niels:      SPRING EIN BIß[CHEN.
02                             [
03   Peter:                    [>nur noch ein kleines
04               bißchen.<
05
06               (1)
07
08   Johannes:   LASS DEINE MONGOLISCHN QUELLN [SPRÜHN.
09                                             [
10   Viele:                                    [((lachen))
```

Nachdem Johannes den in den Seilen hängenden Kollegen als Träger „mongolischer Quellen" beschrieben hat, beginnen zahlreiche Kollegen zu lachen. Sie weisen diese Äußerung damit als einen Scherz aus. Und tatsächlich lassen sich an Johannes' Äußerung selbst schon typische Merkmale erkennen, mit denen der Sprecher genau diese Reaktion provoziert bzw. mit denen er seinen Beitrag als *Kandidaten für eine Scherzäußerung* kenntlich macht. Wie wir bereits oben festgestellt haben, rufen Niels und Peter dem Kletternden Vorschläge zu, die auf die Bewegung des Körpers abzielen. Sie beschreiben ihn damit als einen sportlich Aktiven. Auch Johannes' Äußerung ist als eine Empfehlung an Omar strukturiert. Indem er aber keine sportliche, sondern eine ethnische Kategorisierung relevant macht, zerbricht der eben etablierte Bezugsrahmen. Solche spontanen Brüche in der Sinnkonstruktion („Spring hoch!" – „Spring noch ein bisschen!" – „Sei ein Mongole!"), sind typische Merkmale, mit denen Sprecher eine Pointe markieren bzw. eine Äußerung als Scherz(-kandidaten) ausweisen können (vgl. Wolff 1993). Auch in dieser Sequenz zeigen sich die Seminarteilnehmer *spielerisch* an, wie man mit kultureller Differenz *nicht* umgehen sollte. Ethnische Herkunft wird von den Handelnden also durchaus als eine Ressource thematisiert, zugleich versichert man sich aber gegenseitig, dass es sich *in dieser Situation* dabei nicht um eine ernsthafte Option handelt. Eben weil alle Teilnehmer Johannes' Äußerung ohne zu zögern sofort als einen Scherz ratifizieren, findet eine spielerische Distanzierung vom Konzept des Diversity Management statt. Man lacht weder über Johannes' noch Omar, sondern über die konzeptionelle Vorstellung, eine Bezugnahme auf ethnische Zugehörigkeit könnte bei der Lösung von Arbeitsaufgaben behilflich sein. Mit anderen Worten: indem man Johannes' mit einem Augenzwinkern als unsensibel für die adäquate Nutzung von Herkunft bezeichnet, schreibt man ihm indirekt eine sogar noch größere Sensibilität für kulturelle Unterschiede zu, als es das Konzept des Diversity Management überhaupt verlangt.

4 Reflexive Diversität?

Unsere Analysen haben gezeigt, dass Diversität im programmatisch gemeinten eindeutigen Sinn in der Praxis ausgesprochen *selten* realisiert wird. Die Teilnehmer nutzen Differenzkategorien hauptsächlich, um damit *andere kommunikative Aufgaben* zu lösen. Sie rufen sie insbesondere auf, um die Beziehungen zu einander und untereinander zu definieren. *Ferner* stellt sich heraus, dass mit der Realisierung von Diversity Management insofern eine „Steigerung der Produktivität" einhergeht, *als dass den Mitgliedern damit neue Beschreibungsoptionen zur Verfügung stehen.* Wir können in Folge solcher Trainings durchaus eine Erhöhung der

kommunikativen Komplexität von Teams konstatieren. Ob dies dann in der Konsequenz tatsächlich zu einer erhöhten Leistungsfähigkeit der Teams im Hinblick
auf die Erfüllung ihrer formalen Aufgabenstellung führt, bleibt eine offene Frage.
Die Uneinheitlichkeit, ja nicht selten Widersprüchlichkeit der empirischen Befunde in der einschlägigen Forschung zur Effektivität des Diversity Management ist
ein Hinweis auf die Ambivalenz der Situation, in der sich Teammitglieder diesbezüglich zurechtfinden müssen. Unsere Untersuchung hat einige der dafür von
den Teilnehmern genutzten kommunikativen Praktiken rekonstruieren können.
Wir haben gesehen, dass sich die Teilnehmer sensibel dafür zeigen, *wie, wann* und
zu welchen Zwecken es Sinn macht, nationale, regionale und ethnische Differenzen
aufzurufen (oder eben nicht), und dass sie sich sehr wohl an der konventionellen
Anforderung orientieren, *interkulturelle Sensibilität zu zeigen*, dies aber mit Blick
auf die gegebenen praktischen Umstände tun. Wie man z. B. an jenen Sequenzen
sehen konnte, in denen sich der Trainer beim Sprechen über die Gastarbeiter mehrfach korrigiert, verfügen die Teilnehmer zudem über Techniken, den Vorgang der
Thematisierung von interkulturellen Problemstellungen so zu gestalten, dass ihr
Ringen um die Produktion angemessener vielfaltsensibler Formulierungen erkennbar wird. An den vier zuletzt präsentierten Sequenzen konnte man zudem nachvollziehen, dass dieses Ringen um ein angemessenes Managen von Diversity auch
in diversen spielerischen Modi erfolgen kann.

Die Ergebnisse zusammenfassend würden wir die These wagen, dass ein Sich-
Orientieren an der Leitlinie Diversity Management eine *domestizierende Wirkung
für den Umgang mit Verschiedenheit* entfaltet – und dies auf zweierlei Weise: Zum
einen holt man sich gleichsam das Fremde *ins* Haus. Während in Teams *ohne* Diversity Management kulturelle Differenz äußerst selten bzw. als dispräferiert markiert aufgerufen wird (vgl. Jandok 2012), bildet sie in unseren Daten durchaus eine
legitime Beschreibungsoption: man kann Unterschiede immer wieder ansprechen.
Zum anderen wird das Fremde aber auch *gezähmt*. Die Thematisierung kultureller
Unterschiede ist zwar gestattet, gleichwohl gibt es hierfür gewisse Grenzen, die je
nach den gegebenen praktischen Umständen variieren können. Unsere Analysen
deuten auf einen gleichsam post-modernen Umgang mit Kultur bzw. mit kulturellen Unterschieden hin. Durch den selektiven und gelegentlich geradezu spielerischen Einsatz der Kategorien und Differenzen zeigen sich die Teilnehmer facetten-
reich an, dass sie „Kultur" nicht als substanziell bzw. quasi-genetisch wirkenden
Zustand betrachten, sondern lediglich als *eine mal mehr, mal weniger passende
Option* für die Herstellung von in der betreffenden Situation instruktiven Unterschieden begreifen.

Solche Befunde legen nahe, die innerhalb der Kultur- und Sprachwissenschaften
noch immer dominierenden Modellvorstellungen über „kulturelle Unterschiede"

und „interkulturelle Kommunikation" pragmatisch zu relativieren und als *situative Hervorbringungen* der Teilnehmer zu respezifizieren. Auch die auf solchen Theorien fußenden interkulturellen Trainings bedürfen dann einer konzeptionellen und didaktischen Neustrukturierung. Denn Schulungsmaßnahmen, die sich ausschließlich auf das Konstrukt des Kulturell-Unterschiedlich-*Seins* beziehen, was für die von Gert Hofstede (vgl. Hofstede und Hofstede 2006) her kommenden Programme ebenso wie für die meisten Diversity Management-Maßnahmen gilt, bergen die Gefahr einer kulturalistischen Überdosierung bzw. Überdeterminierung der Interaktion. Nach der Absolvierung des Seminars erscheinen die Handlungen der Kollegen plötzlich als potentiell „fremd" und als „kulturell-anders", was wiederum ein besonders kompetentes und sensibles Erkennen von bzw. Eingehen auf solche Unterschiede provoziert. Interkulturelle Kompetenz *in diesem* Sinne wird, wie wir an unserem Material zeigen konnten, dann aber oft als *interaktive Zumutung* erlebt. Von daher erscheint es sinnvoll, den Teilnehmern solcher Trainings – zumindest auch noch – eine *andere Perspektive* auf kulturelle Unterschiede zu vermitteln, d. h. sie auf den Herstellungs- und Ressourcencharakter dieser Differenzlinie hinzuweisen. Mit Hilfe entsprechender Übungen und Supervisionen sollten sie dabei die Erfahrung machen können, dass sich Unterschiede nicht aufdrängen bzw. einen determinierenden Charakter haben, sondern vielmehr das Produkt interaktiver Relevantsetzungen sind, die in manchen Situationen als passend und in anderen als deplatziert *definiert* werden können. Im Ergebnis eignen sich die Teilnehmer damit nicht nur Wissen *über* Unterschiede an, sondern sie erwerben darüber hinaus eine *Sensibilität für den Prozess ihrer (Ir-)Relevantsetzung*. Ein Team, das diese multiperspektivische Haltung gegenüber Diversität einzunehmen in der Lage ist, könnte dann nationale und religiöse Unterschiede wirklich ernst nehmen, weil es gelernt hat, darauf zu achten, ob das Aufrufen dieser Unterschiede für die aktuellen Handlungs- und Interpretationswecke angemessen ist oder ob nicht andere Beschreibungsoptionen geeigneter und dem gemeinsamen Ziel förderlicher sind.

Literatur

Bolten J (2011) Diversity Management als interkulturelle Prozessmoderation. Intercult J 10:25–38

Drew P (1987) Po-faced receipts of teases. Linguistics 25:219–253

Heritage J (1996) Garfinkel and Ethnomehodology. Polity Press, Cambdridge

Hofstede G, Hofstede GJ (2006) Lokales Denken, globales Handeln. Interkulturelle Zusammenarbeit und globales Management. Deutscher Taschenbuch Verlag, München

Jandok P (2012) Formen und Funktionen der Relevantsetzung nationaler Kategorien in deutsch-chinesischen Besprechungen. In: Schlickau S, Lenz F (Hrsg) Interkulturalität in Bildung, Ästhetik, Kommunikation. Peter Lang, Frankfurt a. M.

Kirton G (2009) Managing multi-culturally in organizations in a diverse society. In: Clegg SR, Cooper CL (Hrsg) The SAGE Handbook of Organizational Behavior. Volume II – Macro Approaches. Sage, London

Schegloff EA, Jefferson G, Sacks H (1977) The preference for self-correction in the organization of repair in conversation. Language 53:361–382

Süß S, Kleiner M (2008) Dissemination of diversity management in Germany: a new institutionalist approach. Eur Manag J 26:35–47

Wolff S (1993) Der Witz und seine soziale Organisation. In: Hohl J, Reisbeck G (Hrsg) Individuum, Lebenswelt, Gesellschaft. Profil, München

Teil III
Interkulturelle Öffnung

Lehrkräfte mit Migrationshintergrund als Motor für interkulturelle Schulentwicklung? – Ausgewählte Ergebnisse einer qualitativen Studie

Carolin Rotter

1 Einleitung

Die Heterogenität unserer Gesellschaft spiegelt sich in der Schule wider, die aufgrund der bestehenden Schulpflicht von allen nachwachsenden Generationen gleich welcher Herkunft besucht werden muss. Die nationalstaatliche Verfasstheit der Organisation „Schule" mit ihren Homogenitätsidealen aus dem 19. Jahrhundert steht jedoch in deutlichem Gegensatz zur kulturellen, sprachlichen und ethnischen Heterogenität ihrer Klientel, der Schülerschaft (vgl. Dietz 2011). Daher ist die Schule gefordert, in verschiedenen Bereichen Veränderungen und eine interkulturelle Öffnung vorzunehmen: Dies gilt für die Ebene des Unterrichts ebenso wie für das in der Schule tätige Personal und die Organisation als Ganzes (vgl. Terkessidis 2010; Karakaşoğlu 2011). Noch bis in die 1990er Jahre konzentrierten sich die Reaktionen auf eine veränderte Schülerschaft jedoch ausschließlich auf „ausländische Schüler". Deren individuellen Eingangsvoraussetzungen wurden im Vergleich zu Schülern ohne Migrationshintergrund als defizitär gesehen. Diese Defizite vorrangig sprachlicher Provenienz sollten durch spezifische sprachliche Fördermaßnahmen kompensiert werden – mit dem Ziel, diese Schüler in das deutsche Schulsystem zu integrieren bei gleichzeitiger Aufrechterhaltung ihrer Rückkehrfähigkeit. Mit der ausschließlichen Konzentration auf die betreffende Schülergruppe wurden die schulischen Akteure der Mehrheitsgesellschaft (Lehrkräfte, Schullei-

C. Rotter (✉)
Fakultät für Erziehungswissenschaft, Psychologie und Bewegungswissenschaft,
Universität Hamburg, Fachbereich Erziehungswissenschaft 2,
Von-Melle-Park 8, 20146 Hamburg, Deutschland
E-Mail: Carolin.Rotter@uni-hamburg.de

M. Göhlich et al. (Hrsg.), *Organisation und kulturelle Differenz*,
Organisation und Pädagogik 12, DOI 10.1007/978-3-531-19480-6_12,
© VS Verlag für Sozialwissenschaften | Springer Fachmedien Wiesbaden GmbH 2012

tung, Schüler) ebenso wenig in den Blick genommen wie die Schule als Organisation. Dieser Fokus auf die Migrantengruppe unter Ausblendung der schulischen Kontextbedingungen hat sich im Zuge der quantitativen Zunahme von Schülern mit Migrationshintergrund im deutschen Bildungssystem und den Ergebnissen der internationalen Schulleistungsstudien, die die deutliche Benachteiligung dieser Schüler aufzeigen, erweitert. Zunehmend wurde in der öffentlichen und bildungspolitischen Diskussion auch die Organisation „Schule" mit ihren spezifischen Strukturen, der eine Kompensation von ungleichen individuellen Eingangsvoraussetzungen der Schüler nicht zu gelingen scheint, kritisiert und eine interkulturelle Öffnung der Schule gefordert. Neben dem Festhalten an zielgruppenspezifischen Fördermaßnahmen richtet sich zunehmend das Augenmerk auf organisationale Aspekte der Gestaltung von Schule und auf die an ihr beteiligten Akteure. Zu den Forderungen und Reformprojekten gehörten ebenso die Verankerung von Interkulturalität und Anerkennung von Vielfalt als Ressource innerhalb der Schulkultur wie die Qualifizierung pädagogischen Personals im Umgang mit Heterogenität. Letzteres stellt in dem „Sieben-Stadien-Modell" der Interkulturalisierung von Hoogsteder (vgl. Besamusca-Janssen und Scheve 1999) die dritte von sieben Phasen der interkulturellen Organisationsentwicklung dar. Mit der Selbstverpflichtung der Kultusminister im Nationalen Integrationsplan (2007) zu einer verstärkten Rekrutierung von Lehrkräften mit Migrationshintergrund hat die Schule die vierte Phase der Organisationsentwicklung nach Hoogsteder erreicht. In dieser Phase ist es das Ziel der Organisationsentwicklung, durch eine Rekrutierung von Personen mit Migrationshintergrund eine zunehmend heterogene Mitarbeiterschaft zu schaffen, damit die Zusammensetzung des Personals die multikulturelle Gesellschaft widerspiegelt; eine über einzelne Rekrutierungsstrategien hinausgehende unterstützende Personalpolitik hingegen fehlt noch.

Begründet wird die Forderung nach mehr Lehrkräften mit Migrationshintergrund nicht nur mit einem demografischen Missverhältnis zwischen heterogener Schülerschaft und homogener Lehrerschaft. Vielmehr werden diesen Lehrkräften aufgrund ihres Migrationshintergrunds und der (unterstellten) biografischen Erfahrungen verschiedene für den beruflichen Alltag relevante Kompetenzen und Wirkungsannahmen zugeschrieben: Sie könnten sich eher in die Situation von Schülern mit Migrationshintergrund einfühlen und verfügten über spezifische Kompetenzen im Umgang mit migrationsbedingter Heterogenität. Gleiches gelte für die Interaktion mit Eltern mit Migrationshintergrund, zu denen sie schon aufgrund ihrer Mehrsprachigkeit einen besseren Zugang hätten. Für Kollegen ohne Migrationshintergrund stellten sie Lernhelfer dar und ermöglichten für die Schule als Ganzes den Aufbau eines Schulklimas der Toleranz und Anerkennung (vgl. Rotter 2012). Als Konsequenz aus diesen Wirkungshoffnungen wurden zahlreiche öffentliche und private Initiativen gestartet, durch die die Zahl an Lehrkräften mit Migrationshintergrund zukünftig gesteigert werden soll (z. B. der Schülercampus der ZEIT-Stiftung „Mehr Migranten werden Lehrer", das Stipendienprogramm „Horizonte" der Hertie-Stiftung sowie die Gründung verschiedener Netzwerke bestehend aus Lehrkräften mit Migrationshintergrund). Von bildungspolitischer Seite sind die Erwartungen, die mit dem Einsatz von Lehrkräften mit Migrationshintergrund verbunden werden, somit klar artikuliert. Angesichts einer empirisch vielfach nachgewiesenen Differenz zwischen Steuerungszielen politisch beschlossener Programme und deren Ergebnissen in der schulischen Alltagspraxis stellt sich allerdings die Frage, wie Einzelschulen vor Ort mit dieser bildungspolitischen Idee einer verstärkten Rekrutierung von Lehrkräften mit Migrationshintergrund umgehen und diese im Sinne der „Eigenlogik des Systems" (vgl. Rürup und Heinrich 2007) umdeuten und im Rahmen einer (interkulturellen) Schulentwicklung umsetzen.

2 Forschungsmethodisches Vorgehen

Um der Frage nach der einzelschulischen Umsetzung der bildungspolitischen Forderung nach mehr Lehrkräften mit Migrationshintergrund nachzugehen, wurden im Rahmen des hier vorgestellten Projektes „Lehrkräfte mit Migrationshintergrund: Wirkungsannahmen und Intentionen verschiedener schulischer Akteure" Schulleiter sowie Lehrkräfte mit und ohne Migrationshintergrund mittels problemzentrierter, leitfadengestützter Interviews in Anlehnung an Witzel (2000) befragt. Im Rahmen der Untersuchung werden die Befragten als Experten verstanden, in diesem Fall als Vertreter der Organisation „Schule" (vgl. Bogner et al. 2002); eine Rekonstruktion privater Erlebnisse oder biografischer Erfahrungen aus dem Lebenskontext der Befragten wird mit den Interviews nicht angestrebt (vgl. Honer 1994). Um die Perspektive der Schüler rekonstruieren zu können, wurden daneben Gruppendiskussionen mit Schülern der 9. Jahrgangsstufe geführt.

Insgesamt umfasst das Datenmaterial 31 Interviews mit Schulleitern (9) und Lehrkräften ohne (9) und mit Migrationshintergrund (13) sowie zwölf Gruppendiskussionen mit 34 Schülerinnen und Schülern sowohl ohne Migrationshintergrund als auch mit türkischem Migrationshintergrund. Um sicherzustellen, dass alle Befragten Kontakt zu Lehrkräften mit Migrationshintergrund haben, wurden diejenigen Schulen in einer nordrhein-westfälischen Stadt ausgewählt, an denen mindestens eine Lehrperson mit Migrationshintergrund tätig ist. Zudem sollte es sich bei den Einzelschulen um alle in Nordrhein-Westfalen möglichen Schulformen des Regelschulsystems handeln. Dazu zählen die Grundschule sowie alle

Formen der weiterführenden Schulen im Bereich der Sekundarstufen I und II. Ausgenommen wurden lediglich Förderschulen, da sich diese in Funktion und pädagogischer Arbeit deutlich von den anderen Schulformen unterscheiden. Aufgrund der geringen Stichprobengröße können auf der Grundlage dieser Studie zwar keine schulformspezifischen Charakteristika von Wirkungsannahmen mit Blick auf Lehrkräfte mit Migrationshintergrund identifiziert werden. Allerdings kann auf diese Weise vermieden werden, dass die Ergebnisse nicht die ganze Bandbreite möglicher Konzeptionalisierungen abbilden, sondern lediglich eine schulformspezifische Ausprägung aufzeigen. Während sich die Schulleiter und die Lehrkräfte mit Migrationshintergrund aufgrund dieser Kriterien der Stichprobenziehung mit der Auswahl der Schulen ergaben, sollten die Lehrkräfte ohne Migrationshintergrund an der jeweiligen Einzelschule in das Auswahlverfahren eingebunden gewesen sein, das zur Einstellung der Lehrkräfte mit Migrationshintergrund geführt hat. Weitere Kriterien wie Alter, Berufserfahrung, Geschlecht, Fächerkombination etc. spielten hingegen keine Rolle. Bei den Schülern wurde auf eine gleiche Verteilung von Jungen und Mädchen sowie Schülern mit und ohne Migrationshintergrund geachtet.

Die Auswertung erfolgte mit Hilfe der inhaltsanalytischen Methode nach Mayring (2002). Das Kategoriensystem wurde sowohl deduktiv als auch induktiv gewonnen: Die Codes speisen sich aus den bisher vorliegenden Befunden zu Lehrkräften mit Migrationshintergrund, die in den Leitfaden eingeflossen sind, aus dem Material selbst sowie aus den Aussagen der Befragten in den ersten Interviews. Dieses Kategoriensystem wurde zunächst auf den Einzelfall angewendet, bei der Bearbeitung weiterer Interviews modifiziert und ergänzt, so dass schließlich alle Interviews mit Hilfe dieses Schemas analytisch aufbereitet werden konnten. Damit war das Kategoriensystem zu jeder Zeit der Materialbearbeitung offen, d. h. später gewonnene Codes wurden in das System aufgenommen, was eine erneute Bearbeitung bzw. Überprüfung bereits kodierter Interviews notwendig machte. Die wichtigsten Hauptkategorien sind: Schwerpunkte der Schulentwicklung, Auswahlkriterien bei Neueinstellungen, Einsatz von Lehrkräften mit Migrationshintergrund an der Schule, Erwartungen an Lehrkräfte mit Migrationshintergrund.

3   Ausgewählte Ergebnisse

Im Folgenden werden ausgewählte Ergebnisse aus der Auswertung der Interviews mit den Schulleitern dargestellt. Denn gerade der Schulleitung kommt bei der Neugestaltung und Öffnung von Schule und der Vermittlung einer Veränderungsbereitschaft an andere schulische Akteure im Rahmen von Schulentwicklung eine besondere Rolle zu (vgl. Wissinger und Huber 2002). Mit Blick auf Lehrkräfte mit

Migrationshintergrund lässt sich vermuten, dass die Schulleiter sowohl den einzelschulischen Umgang mit Interkulturalität deutlich prägen als auch den Aufgabenbereich dieser Lehrkräfte bestimmen. Um die einzelschulischen Gestaltungen der interkulturellen Organisationsentwicklung rekonstruieren zu können, werden zentrale Befunde in Bezug auf die drei oben erstgenannten Hauptkategorien knapp skizziert.

3.1 Auswahl von Bewerbern

Die Entscheidung für einen Bewerber wird nach Aussagen der Schulleiter mit Blick auf die Schule, auf das jeweilige „Gesamtprogramm" in Form von Schulprogramm, Schulprofil und Schulklima sowie Schwerpunkten der Schulentwicklungsarbeit getroffen. Bei der Beschreibung eines idealen Bewerbers gibt keiner der Befragten den Migrationshintergrund oder eine Mehrsprachigkeit als gewünschtes Kriterium an. Dies gilt auch für diejenigen Schulleiter, die als ein charakteristisches Merkmal ihrer Schule auf die ethnische Heterogenität ihrer Schülerschaft hinweisen. Vielmehr werden andere Rekrutierungs- bzw. Auswahlkriterien benannt. Zu allererst führen die Befragten die Fächerkombination als zentrales Kriterium für die Ausschreibung einer Stelle an. Bei der endgültigen Entscheidung für einen Bewerber spielen daneben jedoch weitere Kriterien wie formale Zusatzqualifikationen (z. B. Trainer- oder Schwimmschein) und weitere Fähigkeiten (z. B. Teamfähigkeit, Methodenkompetenzen im Hinblick auf kooperative und handlungsorientierte Lernformen) eine bedeutende Rolle. Über diese professionellen Fähigkeiten hinaus nennen die Befragten aber auch Persönlichkeitsmerkmale, die für sie bei Bewerbern wichtig sind wie z. B. Offenheit, Toleranz und Menschlichkeit.

Auf die Frage, wie es zu der Rekrutierung einer Lehrkraft mit Migrationshintergrund an ihrer Schule gekommen sei, lassen sich die Antworten der befragten Schulleiter zu drei Kategorien zusammenfassen. Die Mehrheit der Schulleiter ordnet die Rekrutierung einer Lehrkraft mit Migrationshintergrund eher einem „Zufall" insofern zu, als diese Lehrkräfte dem Anforderungsprofil der Stelle am besten entsprachen und sich im Bewerbungsverfahren gegenüber den anderen Bewerbern durchsetzen konnten. Der Migrationshintergrund spielte bei der Entscheidung jedoch keinerlei Rolle und wird von den Befragten entweder als „zusätzliches Highlight" (Interview Schulleiter 1) oder als nicht weiter zu erwähnendes Merkmal der Lehrkraft verstanden. Betont werden hingegen die Fächerkombination und die anhand von Zeugnissen nachgewiesene fachlich-pädagogische Qualifikation als zentrale Auswahlkriterien. Auch die beiden Schulleiter, die hier der zweiten Kategorie zugeordnet werden, betonen die herausragende Bedeutung der Fächerkombination bei der Auswahl von Bewerbern; der Migrationshintergrund stelle kein explizites Auswahlkriterium dar. Allerdings erhalte der Migrationshintergrund nach Aussagen der Schulleiter bei der Bewerbung eine besondere Aufmerksamkeit, da aus ihrer Sicht unter den Bewerbern mit Migrationshintergrund „ausgesprochen interessante Persönlichkeiten" (Interview Schulleiter 3) zu finden seien: Diese Personen zeichneten sich durch „innovatives Potential" (ebd.) aus, da sie z. T. einige Hindernisse auf ihrem Weg zum erfolgreichen Abschluss des Lehramtsstudiums überwinden mussten und so über einen anderen Blick auf viele Dinge verfügten, so die Schulleiter, die hier der zweiten Kategorie zugeordnet sind.

Lediglich ein Schulleiter berichtet, dass an der Schule bewusst eine Lehrkraft mit Migrationshintergrund gesucht wurde, von der vor allem eine Unterstützung bei der Arbeit mit Eltern mit Migrationshintergrund erhofft wird. Als zentral wird dabei die Mehrsprachigkeit dieser Lehrkraft angesehen, die einen sprachlichen Zugang zu diesen Eltern ermöglichen soll (vgl. Interview Schulleiter 7).

3.2 Einsatz von Lehrkräften mit Migrationshintergrund

Bis auf eine Ausnahme lehnen alle Schulleiter einen spezifischen Einsatz dieser Lehrkräfte aufgrund ihres Migrationshintergrunds ab. Die Übernahme einer Sonderrolle wird von den Befragten in zweierlei Hinsicht kritisch gesehen. Einerseits führe dies zu einer Stigmatisierung der Lehrkraft mit Migrationshintergrund selbst. Eine Betonung des Migrationshintergrunds wird als Abwertung der Lehrkraft und ihrer fachlich-pädagogischen Kompetenzen gesehen. Die Befragten betonen, dass die Kompetenzen der Lehrkräfte nicht aus ihrem biografischen Hintergrund resultierten und aus diesem auch nicht abzuleiten seien. Andererseits könnte dieser spezifische Einsatz der Lehrkraft aus Sicht der Befragten auch ein missverständliches Signal an Schüler mit Migrationshintergrund bedeuten: Spezifische Aufgabenzuweisungen im Bereich der Interkulturalität bzw. eine besondere Zuständigkeit von Lehrkräften mit Migrationshintergrund für bestimmte Schülergruppen könnten von diesen als segregierende Sonderbehandlung missverstanden werden. Die Befragten betonen jedoch, dass der Migrationshintergrund kein Ausgangspunkt für eine Differenzmarkierung darstellen dürfte, durch die Schüler mit Migrationshintergrund von denjenigen der Mehrheitsgesellschaft abgesondert würden. Ein zentraler Bestandteil der Schulkultur seien hingegen Anerkennung und Gleichberechtigung bzw. „Gleichwertigkeit" aller Schüler gleich welcher Herkunft. Dies bedeute auch, dass der biografische Hintergrund der Lehrkräfte für die Übernahme schulischer Aufgaben keine Rolle spiele; von Bedeutung seien lediglich deren professionelle Kompetenzen.

Die Ablehnung von offiziell zugeschriebenen Sonderrollen durch die überwiegende Mehrheit der Schulleiter bedeutet jedoch nicht, dass auf Lehrkräfte mit Migrationsgeschichte nicht auf informeller Ebene im schulischen Alltag in besonderer Weise zurückgegriffen wird. So werden diese Lehrkräfte insbesondere bei Gesprächen bei Eltern mit Migrationshintergrund herangezogen, um bei Verständigungsproblemen aushelfen zu können. Diese Aufgaben beschränken sich jedoch in der Regel auf Dolmetschertätigkeiten.

Der Schulleiter, der von einer bewussten Rekrutierung von Lehrkräften mit Migrationshintergrund an seiner Schule berichtet hat, setzt diese Lehrkräfte auch in spezifischer Weise mit Blick auf Schüler mit Migrationshintergrund ein. Während eine Lehrperson den sprachlichen Förderunterricht übernommen hat, wobei sie Deutsch nicht als Unterrichtsfach hat, wird die andere aufgrund der Annahme, über einen besseren Zugang zu Schülern mit Migrationshintergrund zu verfügen, im Beratungsteam eingesetzt (vgl. Interview Schulleiter 7).

3.3 Schwerpunkte der Schulentwicklungsarbeit – interkulturelle Öffnung von Schule

Die überwiegende Mehrheit der Schulen konzentriert sich nach Aussage der Schulleiter bei ihrer Schulentwicklungsarbeit auf individuelle Fördermaßnahmen im Bereich Lernen und Sprachförderung. Damit versuchen sie, der Heterogenität ihrer Schülerschaft gerecht zu werden, um individuelle Stärken fördern und diagnostizierte Schwächen kompensieren zu können. Neben diesen von nahezu allen befragten Schulleitern genannten Aspekten der Schulentwicklung werden einzelschulische Schwerpunktsetzungen deutlich, die sich u. a. aus der jeweiligen Schulform und der damit verbundenen Zusammensetzung der Schülerschaft ergeben. Dazu zählen u. a. etwa der Ausbau der Berufsorientierung, die Gesundheitserziehung oder die Umstellung vom Klassenraum- auf ein Lehrerraumprinzip. Keiner der Befragten nennt die interkulturelle Öffnung der Schule als Ganzes oder beispielsweise die Integration interkulturellen Lernens als fächerübergreifendes Prinzip in die schulischen Curricula als Aspekt der Schulentwicklung. Diese fehlende Berücksichtigung von Interkulturalität mag aus der Tatsache resultieren, dass der Migrationshintergrund für die Befragten einerseits nur ein Merkmal ihrer heterogenen Schülerschaft neben anderen (z. B. soziale Herkunft, Alter, Leistungsstärke) darstellt und Interkulturalität jedoch andererseits aufgrund eines eher ethnologischen Kulturverständnisses lediglich im Zusammenhang mit unterschiedlichen ethnischen Wurzeln und nicht in Verbindung mit der Heterogenität der Schülerschaft im Allgemeinen gedacht wird. Die sprachlich-ethnisch heterogene Zusammenset-

zung der Schülerschaft wird von den Befragten nicht als explizit zu nennende Bereicherung wahrgenommen und in Schulentwicklungsmaßnahmen aufgegriffen. Sie
wird aber auch nicht als Problem gesehen, das die schulischen Herausforderungen
nochmals potenziert. Lediglich die häufige Nennung von sprachlichen Förderan-
geboten, die sich speziell an Schülerinnen und Schüler mit Migrationshintergrund
richtet, bildet auch in der einzelschulischen Praxis die bildungspolitische Betonung
der Integration durch Sprachförderung und damit eine Defizitorientierung mit
Blick auf diese Schüler ab (vgl. Neumann und Karakaşoğlu 2011).

4   Fazit

Aus den Befragungen der Schulleiter ergeben sich mit Blick auf die eingangs gestellte Frage nach dem einzelschulischen Umgang mit der bildungspolitisch geforderten Rekrutierung von Lehrkräften mit Migrationshintergrund und der Bearbeitung interkultureller Herausforderungen angesichts einer zunehmenden Heterogenität der Schülerschaft zwei Schlussfolgerungen:

1. Den vielfältigen Kompetenz- und Wirkungszuschreibungen von bildungspolitischer Seite steht auf einzelschulischer Ebene ein eher pragmatischer Umgang
   mit der Rekrutierung und dem Einsatz von Lehrkräften mit Migrationshintergrund gegenüber. Weder konnte in den Interviews mit den Schulleitern die
   öffentlich artikulierte Notwendigkeit einer verstärkten Rekrutierung dieser
   Lehrkräfte mit der rekonstruierten Wahrnehmung auf einzelschulischer Ebene
   nachempfunden werden noch spielen diese Lehrkräfte im Rahmen von Schulentwicklungskonzepten eine besondere Rolle. Dies gilt für Interkulturalität
   im Allgemeinen. Herausforderungen im schulischen Alltag werden vielmehr
   in anderen Bereichen gesehen. Nach Schilderungen der Befragten geschieht
   die Auswahl von Bewerbern im Sinne einer pädagogischen Professionalität
   auf Grundlage von Leistungskriterien als Bestenauslese. Die Einstellung eines
   Bewerbers mit Migrationshintergrund wird daher auch nicht auf eine bewusste
   Rekrutierungsstrategie zurückgeführt. Von einigen wenigen Befragten wird auf
   ein grundsätzliches Interesse an diesen Bewerbern hingewiesen; allerdings sind
   auch diese Befragten von einer systematischen interkulturellen Organisationsentwicklung im Sinne Hoogsteders weit entfernt.
2. Die Interviews mit den Schulleitern zeigen auch, dass auf mögliche Ressourcen von Lehrkräften mit Migrationshintergrund von den befragten Schulleitern
   nicht systematisch zurückgegriffen wird und aus Angst vor Stigmatisierung keine
   spezifischen Aufgabenzuweisungen stattfinden. Wenn hingegen ein spezifischer

Einsatz einer Lehrkraft mit Migrationshintergrund erfolgt, dann ist dieser weniger auf professionelle Kompetenzen als vielmehr auf Stereotypen basierende Wirkungsannahmen zurückzuführen. Die häufig genannte Angst vor Stigmatisierung dieser Lehrkräfte im schulischen Alltag deutet auf eine grundsätzliche Unsicherheit mit Blick auf deren einzelschulische Einsatzmöglichkeiten hin. Diese Unsicherheit könnte durch die theoretische und empirische Konturierung des Kompetenzprofils von Lehrkräften mit Migrationshintergrund gemindert und die Einsatzmöglichkeiten für deren Schulen damit konkretisiert werden.

Im Sinne einer systematischen interkulturellen Organisationsentwicklung, wie sie Hoogsteder beschreibt, wäre insbesondere eine gezielte Personalentwicklung im Umgang mit Heterogenität erforderlich, um eine interkulturelle Öffnung von Schule als selbstverständlichen Bestandteil der alltäglichen Schulpraxis zu praktizieren und damit zu verankern, der über bloße Anspruchsbekundungen in Schulprogrammen oder Schulentwicklungskonzepten hinausgeht. Diese Personalentwicklung darf jedoch nicht nur Lehrkräfte mit Migrationshintergrund in den Blick nehmen, sondern alle schulischen Beteiligten gleichermaßen mit einbeziehen. Denn eine Fokussierung auf Lehrkräfte mit Migrationshintergrund unterliegt auch immer der Gefahr, eine Besonderung vorzunehmen und damit Differenz zu (re-)produzieren. Lehrkräfte mit Migrationshintergrund stellen nur einen Bestandteil von interkultureller Schulentwicklung dar und können in Einzelfällen über spezifische interkulturelle Kompetenzen verfügen. Ihre Wirkung darf allerdings nicht deterministisch verstanden werden. Für eine einzelschulische Gestaltung interkultureller Organisationsentwicklung wären Fortbildungen vor allem für Schulleiter hilfreich, die einen selbst-reflexiven Umgang mit eigenen Zuschreibungen anregen sowie einen sensiblen Umgang mit Differenz befördern, zu dem u. a. die Identifikation und Veränderung diskriminierender (Interaktions-)Strukturen an der jeweiligen Einzelschule gehören.

Literatur

Besamusca-Janssen M, Scheve S (1999) Interkulturelles Management in Beruf und Betrieb. IKO, Frankfurt a. M.

Bogner A, Littig B, Menz W (Hrsg) (2002) Das Experteninterview. Theorie, Methode, Anwendung. Leske & Budrich, Opladen

Dietz G (2011) Interkulturelle Dimensionen der Bildungspraxis: institutionelle Strukturen und Modelle im internationalen Vergleich. In: Neumann U, Schneider J (Hrsg) Schule mit Migrationshintergrund. Waxmann, Münster, S 102–111

Honer A (1994) Das explorative Interview Zur Rekonstruktion der Relevanzen von Expertinnen und anderen Leuten. Schweiz Z Soziol 3:623–640

Karakasoğlu Y (2011) Wissenschaftliche Expertise mit Handlungsempfehlungen für einen „Entwicklungsplan Migration und Bildung". Im Auftrag der Senatorin für Bildung und Wissenschaft Bremen. http://www.bildung.bremen.de/sixcms/de-tail.php?gsid(bremen117.c.23045.de. Zugegriffen: 20. April 2011

Mayring P (2002) Einführung in die qualitative Sozialforschung. Eine Anleitung zu qualitativem Denken, 5. Aufl. Beltz, Weinheim

Neumann U, Karakasoğlu Y (2011) Anforderungen an die Schule in der Einwanderungsgesellschaft: Integration durch Bildung, Schaffung von Bildungsgerechtigkeit und interkulturelle Öffnung. In: Neumann U, Schneider J (Hrsg) Schule mit Migrationshintergrund. Waxmann, Münster, S 47–59

Rotter C (2012) Lehrkräfte mit Migrationshintergrund: individuelle Umgangsweisen mit bildungspolitischen Erwartungen. Z Pädagogik 2:204–221

Rürup M, Heinrich M (2007) Schulen unter Zugzwang – Die Schulautonomiegesetzgebung der deutschen Länder als Rahmen der Schulentwicklung. In: Altrichter H, Brüsemeister T, Wissinger J (Hrsg) Educational Governance. Handlungskoordination und Steuerung im Bildungssystem. VS Verlag für Sozialwissenschaften, Wiesbaden, S 158–183

Terkessidis M (2010) Interkultur. Suhrkamp, Frankfurt a. M

Wissinger J, Huber SG (Hrsg) (2002) Schulleitung – Forschung und Qualifizierung. Leske & Budrich, Opladen

Witzel A (2000) Das problemzentrierte Interview. Forum Qualitative Sozialforschung, Nr 1. http://qualitative-research.net/fqs-texte/1-00/1-00witzel-d.htm

Warum kommen wenig deutsche Frauen mit „Migrationshintergrund" in die Volkshochschule? – Die Zuschreibungen von „(Nicht-)Zugehörigkeit zur deutschen Gesellschaft" als eine Bedingung für Weiterbildungsteilnahme in der Migrationsgesellschaft

Alisha M. B. Heinemann

1 Einleitung

Der in Deutschland stattfindende demographische Wandel im Sinne einer Veränderung der Gesellschaft hin zu einer Migrationsgesellschaft ist entscheidend davon gezeichnet, dass Menschen ihren Wohnort sowohl intra- als auch international wechseln. Die Programmplanung, Angebotskonzeption und die Ansprache von AdressatInnen[1] von Weiterbildungseinrichtungen den Bedarfen der sich im Wandlungsprozess befindlichen Bevölkerungsstruktur angepasst werden. Dazu erscheint es sinnvoll, zunächst die gegenwärtigen Lebenslagen und Bedürfnisse insbesondere derjenigen AdressatInnengruppen zu explorieren, die aktuell noch nicht (ausreichend) von Weiterbildungsangeboten erreicht werden. Auch wenn die Datenlage in Bezug auf die Teilnahme von Deutschen mit Migrationshintergrund an Weiterbildungsangeboten insgesamt sehr defizitär ist (vgl. Öztürk 2009, S. 24), lässt sich

---

[1] Aufgrund der Formatierungsvorgaben in diesem Tagungsband wird statt des Unterstrichs _ -dem Gendergap- das große Binnen-I verwendet. Männer, Frauen und Personen, die sich in dieser Binarität nicht verorten wollen, sollen jedoch gleichermaßen angesprochen sein.

A. M. B. Heinemann (✉)
Universität Hamburg, Arbeitsbereich lebenslanges Lernen,
Binderstr. 34, 20146 Hamburg, Deutschland
E-Mail: Alisha.Heinemann@uni-hamburg.de

M. Göhlich et al. (Hrsg.), *Organisation und kulturelle Differenz,*
Organisation und Pädagogik 12, DOI 10.1007/978-3-531-19480-6_13,
© VS Verlag für Sozialwissenschaften | Springer Fachmedien Wiesbaden GmbH 2012

doch feststellen, dass aktuell große Teile der Deutschen, für die dieser sogenannte Migrationshintergrund[2] festgestellt werden kann, nicht ausreichend mit den vorhandenen Angeboten erreicht werden. Dies gilt insbesondere für die weiblichen Personen in dieser Gruppe, die – vor allem bezogen auf die betriebliche Weiterbildung – doppelt benachteiligt sind (vgl. Frey 2011, S. 2). Es lässt sich daher mit Tietgens (1978), der sich damals mit der schlecht zu erreichenden Zielgruppe der Industriearbeiter auseinandersetzte, heute aktuell die Frage stellen: „Warum kommen wenig Frauen mit Migrationshintergrund in die Volkshochschule?".

Im Folgenden sollen ausgewählte Erkenntnisse einer noch laufenden empirischen Studie mit dem Titel: „Weiterbildung in der Migrationsgesellschaft. Begründungen für und gegen die Teilnahme an Weiterbildung aus der Sicht von deutschen Frauen mit sogenanntem ‚Migrationshintergrund' " skizziert werden. Dieses an der Universität Hamburg durchgeführte Dissertationsprojekt hat unter anderem das Ziel, die subjektiv zentralen Momente zu identifizieren, die die Einstellungen und das Handeln der im Rahmen der qualitativen Studie befragten Frauen im Zusammenhang mit Weiterbildungsangeboten beeinflussen. Es soll dadurch auf analytischer und bildungsplanerischer Ebene ein differenzierterer Blick auf die Diversität der Gesamtgruppe der deutschen Frauen mit Migrationshintergrund ermöglicht werden. Dieser kann als Orientierung dienen, um gezielt auf Bedarfe einzelner Teilgruppen in der Weiterbildung eingehen zu können und vor allem diejenigen Personen differenzierter in den Blick zu nehmen und in der Planung adäquater zu berücksichtigen, die bisher *nicht* an Weiterbildung teilnehmen.

2 Zur Anlage der Studie

In elf leitfadengestützten Interviews wurden sowohl diejenigen Frauen befragt, die bereits an Weiterbildung teilnehmen oder teilgenommen haben als auch solche, die bisher noch keine Weiterbildungsangebote in Anspruch genommen haben. Mit Weiterbildungsangeboten sind in diesem Zusammenhang formal in Institutionen oder am Arbeitsplatz organisierte Angebote der allgemeinen als auch der kultu-

---

[2] Der Mikrozensus definiert eine Person mit Migrationshintergrund dabei als eine Person, die selbst nach Deutschland eingewandert ist, beziehungsweise mindestens ein Elternteil oder Großeltern hat, die nach 1945 eingewandert sind (Bundesministerium für Bildung und Forschung 2006, S. 140). Die so definierte Gruppe schließt die Menschen mit ein, die in Deutschland geboren und zur Schule gegangen sind, genauso wie diejenigen, die erst wenige Jahre in Deutschland leben. Auch nach für die Weiterbildung wichtigen Aspekten, wie den bisherigen Lern- und Berufserfahrungen oder unterschiedlich vorhandenen Sprachkompetenzen im Deutschen, wird bei dieser Definition nicht unterschieden.

rellen, politischen und beruflichen Bildung gemeint. Orientiert an der Vorgabe der Grounded Theory (Corbin und Strauss 2008), wurden im Rahmen des Theoretical Sampling die Personen nach dem Prinzip der maximalen Varianz entlang theoretischer Kriterien ausgewählt. Dies hatte das Ziel, die subjektiven Begründungsmuster auf dem Hintergrund der jeweiligen Lebenslagen der befragten Frauen zu explorieren. Im Rahmen einer Interviewauswertung, die sich ebenfalls an der Grounded Theory orientiert, kristallisierten sich dabei mehrere zentrale Dimensionen heraus, die einen wesentlichen Einfluss auf die Entscheidungen *für* und/oder *gegen* Weiterbildungsteilnahme haben und demnach in der organisationalen Arbeit und Planung mit berücksichtigt werden müssen, wenn Weiterbildungseinrichtungen – und dies gilt gerade für die staatlich geförderten Organisationen – ihrer zentralen Aufgabe durch Bildung Chancengleichheit zu ermöglichen, gerecht werden wollen. Aufgrund des in diesem Beitrag möglichen Umfangs nenne ich zuerst die von mir herausgearbeiteten Dimensionen im Überblick, um anschließend auf eine ausgewählte Dimension näher einzugehen. So sind dies die Dimensionen,

- des „Demokratischen Handlungskapitals" (Gemeint ist die Verfügbarkeit von bestimmten Rechten, die Handlungs- und Entscheidungsfreiheit und damit Teilhabe ermöglichen (Arbeitserlaubnis, Aufenthaltserlaubnis, Schutz vor Diskriminierung etc.))
- des „Kulturellen Kapitals" (Insbesondere: die Schriftsprachkompetenz im Deutschen, die Lernvoraussetzungen sowie die Feldkenntnis)
- der migrationsunspezifischen Voraussetzungen (Interesse am Thema, Verwertbarkeit der Teilnahme für berufliche Zusammenhänge, der Umgang mit habituellen und strukturellen Bedingungen der weiblichen Genderrolle in der Gesellschaft) sowie die
- der Zuschreibung von „(Nicht-)Zugehörigkeit zur deutschen Gesellschaft"

Nach einer kurzen Einführung in den theoretischen Hintergrund der Studie, werden ausgewählte zentrale und aktuelle Überlegungen zu der letztgenannten Dimension, nämlich die der Zuschreibung von „(Nicht-)Zugehörigkeit zur deutschen Gesellschaft" präsentiert.

3 Zur theoretischen Verortung

Der theoretische Hintergrund, auf dessen Basis die Auswertung der Interviews stattfindet, sind die weit rezipierten und erprobten soziologischen Instrumente Bourdieus (2007), mit denen gesellschaftliche Disparitäten sichtbar und beschreibbar gemacht werden können. Im Wesentlichen sind dies die Kapital-, Habitus- und Feldtheorie sowie sein Konzept des sozialen Raums. Vor allem die Kapitaltheorie ist in der Adressatenforschung unter dem Stichwort der doppelten Selektivität (vgl. Faulstich 1981, S. 61 ff.) schon viel diskutiert worden. Dieses Stichwort beschreibt das Phänomen, dass diejenigen, die bereits über viel (Bildungs-) Kapital verfügen, diejenigen sind, die mehr von der Teilnahme an Weiterbildung profitieren und diejenigen, die über wenig schulische Vorbildung verfügen, auch weniger durch die Weiterbildungsangebote erreicht und damit doppelt durch das Bildungssystem ausgeschlossen werden. Die Wirksamkeit der Kapitaltheorie, die den Einfluss von symbolischem, sozialem, ökonomischem und kulturellem Kapital auf Weiterbildungsteilnahme verdeutlicht, lässt sich auch in den Daten der vorliegenden Studie wieder finden und unterscheidet sich dabei nur wenig von den Ergebnissen, die zum Beispiel in der Göttinger (Strzelewicz et al 1966) und Oldenburger Studie (Schulenberg et al. 1978) bei Deutschen ohne Migrationshintergrund nachgewiesen wurden. Die Habitus– und Feldtheorie ermöglichen weitere Erkenntnisse. Dies vor allem bezogen auf solche Teilgruppen der Deutschen mit Migrationshintergrund, die nicht in der deutschen Gesellschaft sozialisiert wurden. Denn eine Auseinandersetzung mit Personen, die ihre Kenntnisse in Bezug auf das Feld der Weiterbildung und die Prägung ihres Habitus primär durch die Praxis anderer gesellschaftlicher Umgebungen entwickelt haben, liegt bisher im Weiterbildungsbereich kaum vor. So können die bisher in der Milieuforschung erarbeiteten Ergebnisse, die die soziale Zugehörigkeit mit Weiterbildungsteilnahme überein bringen (Barz und Tippelt 2004; Bremer 2007), an dieser Stelle mit den Ergebnissen der vorliegenden Studie erweitert werden.

Ein weiterer wichtiger theoretischer Zugang ist das von dem Migrationspädagogen Paul Mecheril beschriebene, auf der Grundlage postkolonialer Theorieansätze fußende, Konstrukt der „Migrationsanderen" und die ihnen jeweilig zugeschriebene natio-ethno-kulturelle (Nicht-) Zugehörigkeit. Das Kunstwort „Migrationsandere" dient dabei der Konkretisierung politischer und kultureller Differenz- und Dominanzverhältnisse und verweist auf Charakteristika der Prozesse und Strukturen, die „Andere" herstellen (vgl. Mecheril 2010, S. 17). So beschreibt Mecheril wie anhand von Differenzlinien, die an scheinbarer nationaler, ethnischer und kultureller Andersheit festgemacht werden, durch formale und informale Festlegungen ein „Wir" und ein „Nicht-Wir" konstruiert wird, welches die dominante Zugehörigkeitsordnung bestimmt. Daraus resultiert eine Einteilung in Personen, die als „deutsch" konstruiert werden und damit zu „uns" gehören und solchen, die als „nicht-deutsch" konstruiert werden. Dies geschieht unter anderem in spezifischen Interaktionen, wenn Personen beispielsweise in jeder neuen Begegnung mit Menschen, die der Mehrheitsgesellschaft angehören, zunächst nach ihrem Herkunftsland gefragt werden und die von ihnen gegebene Antwort erst dann akzeptiert wird, wenn sie der natio-ethno-kulturellen Zugehörigkeitserwartung der Fragenden entsprechen, so dass zum Beispiel der Klang des Namens mit dem genannten Land zusammenpasst (vgl. Battaglia 2007, S. 182 f.). Zum besseren Verständnis soll hier kurz ein typischer Herkunftsdialog wiedergegeben werden:

> „Woher kommst du?" – „Aus Hamburg."; „Nein, ich meine, ursprünglich?" – „Ich bin in Essen geboren."; „Aber deine Eltern?" – „Die sind auch in Essen." „Aber wo sind die geboren?" – „In Indien." „Aaaah…" – … (fiktiv; angelehnt an Battaglia 2007, S. 182 f.)

Das Ergebnis ist eine immer wieder neu praktizierte, diskursive Platzierung der so befragten und auf eine „imaginäre Herkunft" festgelegten Personen außerhalb der Normgesellschaft und damit eine aktive (Wieder-)Herstellung der dominanten Norm (vgl. Castro Varela und Mecheril 2010, S. 41). Durch diese Art der Fragen wird – meist unbewusst – versucht, die Annahme zu bestätigen, dass eine Person, die so „anders" aussieht/heißt/sich so verhält keine Deutsche sein kann. Die Definitionsmacht darüber, was „nicht-deutsch" ist, bleibt dabei immer bei denjenigen, die der weißen Mehrheitsgesellschaft angehören und der „Norm" entsprechen. Oft wird diese Fremdzuschreibung, die in rassistischen Ausgrenzungs- und Diskriminierungssituationen in der alltäglichen sozialen Praxis erfahrbar werden, auch zu einer im eigenen Habitus inkorporierten Selbstzuschreibung (vgl. Castro Varela und Mecheril 2010, S. 39 ff.).

Tatsächlich lässt sich im Rahmen der hier vorgestellten empirischen Studie zeigen, dass die erfahrenen Zuschreibungen der (Nicht-)Zugehörigkeit zur deutschen Gesellschaft bei allen befragten Frauen eine Rolle spielt – auch dann, wenn sie in Deutschland geboren wurden. Gleichzeitig lässt sich eine Tendenz zu einer vermehrten Weiterbildungsteilnahme feststellen, je stärker das Zugehörigkeitsgefühl ist.

Bevor nun im Folgenden die untersuchte Dimension der zugeschriebenen „(Nicht-)Zugehörigkeit" vorgestellt wird, ist es wichtig, hervorzuheben, dass diese Dimension nicht für sich alleine wirkt. Verschiedene Dimensionen, die ausführlich erst nach Projektende vorgestellt werden können, verstärken und beeinflussen sich gegenseitig in beide Richtungen. Sie können sowohl als Begründung für Teilnahme als auch für Nicht-Teilnahme dienen. Ein hohes kulturelles Kapital zum Beispiel, im Sinne eines hochwertigen Bildungsabschlusses, kann also eine gute Grundlage sein, um an Weiterbildungen teilzunehmen, niedriges hingegen kann zum Gegenteil führen. Gleichzeitig kann es sein, dass selbst Personen mit hohem kulturellen Kapital nicht an Weiterbildung teilnehmen, wenn sie sich nicht als anerkannter Teil der Gesellschaft wahrnehmen und solche, die ein starkes Verbundenheitsgefühl zur der Gesellschaft haben, in der sie leben, könnten – trotz niedrigen Kulturellen Kapitals – Weiterbildungsangebote aufsuchen, in denen sie sich willkommen fühlen. Ein Bewusstsein für diese Verwobenheit der Dimensionen ist eine wichtige Voraussetzung für die Rezeption der folgenden Darstellung.

4 Zugehörigkeit und Weiterbildung

Um deutlich zu machen, inwiefern die eigene Wahrnehmung von Zugehörigkeit zur Gesellschaft und die Entscheidungen für Weiterbildungsteilnahme miteinander zusammenhängen können, soll zunächst Frau Turan, eine der befragten Frauen, zitiert werden, die von einem Erlebnis im Arbeitsamt berichtet. In der Türkei hatte sie als technische Zeichnerin gearbeitet und ist dann mit Anfang zwanzig nach Deutschland migriert. Nach einer längeren Phase als Hausfrau und Mutter, möchte sie in Deutschland eine Anpassungsschulung beantragen, um wieder in ihrem alten Beruf arbeiten zu können. Sie ist zu dem Zeitpunkt bereits 12 Jahre in Deutschland und plant, auch weiterhin dort zu leben. Sie berichtet von der Reaktion des Arbeitsamtsmitarbeiters, der sie auf ihre Anfrage hin zunächst ein längeres Diktat schreiben lässt:

> Frau Turan: Ja. Und hat er auch einfach zum Beispiel einen Zettel genommen. Er hat mir einen Kugelschreiber und Zettel gegeben. Er hat gelesen und ich habe geschrieben. Ganze Zettel, ganze Zettel. Über halbe Stunde, fast eine Stunde. Und er hat geguckt und so... „Mmm. Mmm. Mmm" – „Haben Sie wirklich hier keine Schule gemacht?" Ich habe gesagt „Nein". „Aber wie kann man so gut schreiben?" (GR-67)

Der Mitarbeiter kontrolliert also das Geschriebene und zeigt sich sehr erstaunt darüber, dass Frau Turan nur wenige Fehler macht. Abgesehen davon, dass hinterfragt werden könnte, was dieses Erstaunen ausmacht – warum ist es so erstaunlich, dass eine Frau, die seit so vielen Jahren in Deutschland lebt, ein weitgehend fehlerfreies Diktat schreiben kann? – ist auch die scheinbare Willkürlichkeit der Schreibaufgabe irritierend. Die beschriebene Testsituation lässt einen „erwachsenengerechten standardisierten Schreibtest" erwarten, anhand dessen die Umschulung gewährt oder abgelehnt wird. In der Entscheidung des vermutlich sprachdidaktisch nicht ausgebildeten Mitarbeiters, einen von ihm anscheinend spontan gewählten Text zu diktieren und dieses auch noch über einen sehr langen Zeitraum zu tun, zeigt sich eine abwehrende, machtvolle und für Frau Turan subjektiv als erniedrigend erlebte Reaktion auf die Umschulungsanfrage. Sie wird durch den Mitarbeiter als jemand wahrgenommen, die aus seiner Sicht der deutschen Schriftsprache nicht ausreichend mächtig sein kann. Eine durch den Arbeitsamtsmitarbeiter als „deutsch" konstruierte Person, hätte eine Umschulung vielleicht ebenfalls nicht erhalten, doch wäre die Argumentation nicht dominiert von ausgrenzenden Praxen, die sich an natio-ethno-kulturellen Differenzlinien entlang bewegen. Dies zeigt sich auch in der folgenden Sequenz. Nach dem guten Ergebnis des Diktats ist eine Ablehnung der Umschulung mit dem Argument, dass die schriftsprachliche Kompetenz dazu nicht ausreiche, nicht mehr möglich. Der Mitarbeiter wird daher direkter:

> Frau Turan: (…) er hat mich angeguckt… er hat zu mir gesagt, gerade in mein Gesicht „Wissen Sie was? Ich gebe ihnen das nicht". Ich habe gesagt: „Aber wieso? Warum geben Sie mir das (die Schulung) nicht?" Sagt er: „Glauben Sie, wenn ich gehe… wenn ich fahre nach Amerika äh kann ich in so was wie dem Arbeitsamt oder Finanzamt oder so was als Beamter arbeiten? Nein. Dafür können Sie hier auch nicht so einen Beruf kriegen." (…) „Ja, tut mir Leid. Ich gebe Ihnen das nicht. Das ist sehr teuer und für unser Land ist, also wissen Sie, zwei Jahre lang ist äh wie viele tausend Mark, Deutsche Mark das sind." (GR – 69/73)

Frau Turan, die sich zunächst bewusst für den Weg einer Anpassungsschulung entschieden hatte und zuversichtlich war, an einer Weiterbildung teilnehmen zu können, wird an dieser Stelle durch diese sie erniedrigende und exkludierende Praxis vermittelt, dass das Land, in dem sie jetzt lebt, nicht ihr Land sei und dass sie aus Sicht des Mitarbeiters, der stellvertretend für die deutschen Behörden – den deutschen Staat – steht, nicht dazugehört. Sie hat seiner Meinung nach daher kein Recht darauf, dass ihre beruflichen Qualifikationen anerkannt und gefördert werden und er ist nicht bereit, für sie Geld – genauer „Deutsche Mark" auszugeben. Diese Entscheidung hat dabei in Frau Turans Darstellung nichts mit ihren professionellen Voraussetzungen und Qualifikationen zu tun, sondern lediglich damit, dass sie ursprünglich aus der Türkei stammt und damit weniger Recht auf eine Unterstützung zu haben scheint. Sie reagiert auf dieses gewaltvolle Ausgrenzungserlebnis hochemotional und ist durch ihre dem Mitarbeiter gegenüber hierarchisch unterlegene Situation gleichzeitig nicht in der Lage sich dagegen zu wehren.

> Frau Turan: Das hat er mir ins Gesicht gesagt! Ich war so schockiert! Ich habe gesagt „Das ist aber unglaublich!" Das ist… Das ist… Das ist gar nicht schön. Das, was ich höre, das wirklich… Ich war schockiert. Ich war wirklich schockiert. Einfach ich konnte nichts sagen. Was soll ich sagen zu solchen Gedanken? Also!… (GR – 71)

Dieses Erleben prägt sie nachhaltig. Frau Turan zieht sich wieder in ihr Haus und zu ihrer Familie zurück, und ihr Schritt, wieder in das Berufsleben einsteigen zu wollen, endet darin, dass sie nach einer Weile zwar einen weiterführenden Deutschkurs besucht, ansonsten aber keinen Antrieb mehr hat, um sich um berufsqualifizierende Weiterbildungsangebote zu bemühen.

Diese kurzen hier zitierten Interviewauszüge stehen exemplarisch für die Aussagen und Erlebnisse mehrerer der befragten Frauen, die an einer inoffiziellen, aber immer wieder konstruierten „natio-ethno-kulturellen" Grenzlinie in der Gesellschaft neu neu zurückgewiesen werden. Besonders bemerkenswert ist in diesem Zusammenhang, dass *nicht eine* der befragten Frauen sich selbst als „Deutsche" identifizieren konnte. Auch dann nicht, wenn sie bereits in Deutschland geboren waren und ihr ganzes Leben dort verbracht hatten. Die Aussagen variierten dabei auf einem Kontinuum von einem sich zu keinem „Land" zugehörig fühlen, wobei dies vor allem diejenigen betrifft, die ohne Papiere und aus Angst vor Entdeckung am Rande und unsichtbar in der Gesellschaft leben, über solche, die sich zwar eher mit dem Herkunftsland verbunden fühlen, aber sich dennoch auch in Deutschland angekommen fühlen und solchen, die sich eher zu Deutschland zugehörig fühlen, aber eben nicht ganz, bis hin zu solchen Selbstzuschreibungen, die sich primär als dynamischer Teil eines transnationalen Netzwerks begreifen, ohne ihre Zugehörigkeit dabei über einzelne Länder/Nationen zu definieren. Dabei nehmen die in der Studie befragten Frauen, die eine geringe Zugehörigkeit zur deutschen Gesellschaft erfahren, sehr viel weniger beziehungsweise an sehr viel niedrigschwelligeren Angeboten teil, als diejenigen, die sich eher zu Deutschland oder auch als transnational gesellschaftlich zugehörig wahrnehmen (können). Diese Wahrnehmung ist dabei subjektiv geprägt von den erlebten Ausgrenzungs- und Abwertungserfahrungen und steht bezogen auf Weiterbildungsteilnahme in Wechselwirkung mit anderen Dimensionen, wie zum Beispiel dem vorhandenen kulturellen, ökonomischen, sozialen, symbolischen und „demokratischen" Kapital, dem Ausfüllen der eigenen habituellen und strukturellen Genderrolle, den persönlichen und beruflichen Verwertungsmöglichkeiten von Angebotsinhalten sowie der Kenntnis der Spielregeln im Feld der Weiterbildung.

5   Fazit

Als Fazit der Interviewauswertungen in Bezug auf die Dimension der „(Nicht-) Zugehörigkeit zur deutschen Gesellschaft" lässt sich folgende subjektive Begründungslogik der befragten Frauen beschreiben: Die Weiterbildungsteilnahme erscheint ihnen dann subjektiv eher als sinnvoll, wenn sie sich selbst auf formaler und informaler Ebene als „anerkannter" Teil der Gesellschaft erleben können. Fehlt dieses Erleben, weil ihnen durch die Mehrheitsgesellschaft über Ausgrenzungs- und Diskriminierungspraxen Nichtzugehörigkeit zugeschrieben wird, kann dies wie bei Frau Turan zu Rückzug und Verunsicherung führen. So lässt sich aus den

Ergebnissen der Studie folgern, dass Weiterbildung in der Migrationsgesellschaft aktuell in vielen Fällen unter der Bedingung stattfindet, dass bestimmte Personen, sich selbst gar nicht erst als AdressatInnen dieser Weiterbildung wahrnehmen, da sie sich gar nicht erst als legitimer Teil der Gruppe wahrnehmen, die durch die Angebote angesprochen sein könnte. Weiterbildung außerhalb von Deutsch- und EDV- Basiskursen scheint habituell und auch in dem, wie es sowohl von staatlichen Einrichtungen wie auch von privaten Trägern repräsentiert wird, erst einmal eher etwas für Deutsche ohne einen sogenannten „Migrationshintergrund" zu sein.

Diese Wahrnehmungen aufzubrechen, deren Ursachen letztlich auch in den gesamtgesellschaftlichen Rahmenbedingungen liegen und nicht nur bei den einzelnen Weiterbildungsträgern, ist eine große Herausforderung und braucht Zeit. Das unermüdlich zu sendende, klar nach außen zu kommunizierende Signal des Willkommens durch Einrichtungen der Weiterbildung, was sich ähnlich wie beim Gender Mainstreaming im Rahmen von Prozessen des Cultural Mainstreaming auf allen Ebenen der Organisation wiederfinden muss, ist in vielen Weiterbildungseinrichtungen -wenn überhaupt- noch immer einzig auf dem Papier vorhanden. Eine Diversity berücksichtigende Öffentlichkeitsarbeit, Angebote der Weiterbildungsberatung, der ständige Austausch mit MigrantInnenselbstorganisationen, die immer weiter zu entwickelnde Anpassung von Angebotskonzeptionen für heterogene Gruppen, das Einstellen von rassismuskritischen MitarbeiterInnen mit Migrationsgeschichte und ähnliches sind erste, sich in der Praxis bereits langsam entwickelnde Schritte in diese Richtung. Gleichzeitig ist die Weiterentwicklung der Erwachsenenbildungsforschung, die in diesem Gebiet gegenwärtig noch große Forschungsdesiderata aufweist, ein zentrales Arbeitsfeld, um mit dem gewonnenen Wissen über Bedürfnislagen und Lebenswelten, das Bewusstsein in Einrichtungen positiv beeinflussen zu können und neue Wege der Ansprache zu finden.

Nicht zuletzt ist es sowohl in der Forschung als auch in der Praxis wichtig, sich nicht entmutigen zu lassen, wenn ein scheinbar perfekt interkulturell geöffnetes Angebot, zunächst nur wenig Nachfrage findet, Angebote so lange vorzuhalten, bis sie ausreichend bekannt sind, immer wieder nachzufragen, wo die Ursachen für Nicht-Teilnahme liegen, sich dabei nicht mit vorschnellen stereotypisierenden Erklärungen zufrieden zu geben, die eigenen Vorurteile immer wieder bewusst zu hinterfragen, paternalistische fürsorgliche Grundhaltungen aufzugeben und sie gegen eine Haltung einzutauschen, die alle Menschen in dieser Gesellschaft, unabhängig vom sozio-ökonomischen Status, der Herkunft, des Geschlechts, sexueller Identität u. a. Differenzlinien als ernstzunehmendes Gegenüber wahrnimmt und vom gegenseitigen Zuhören geprägt ist.

Literatur

Barz H, Tippelt R (2004) Weiterbildung und soziale Milieus in Deutschland. (DIE spezial). Bertelsmann, Bielefeld

Battaglia S (2007) Die Repräsentation des Anderen im Alltagsgespräch: Akte der natio-ethno-kulturellen Belangung in Kontexten prekärer Zugehörigkeiten. In: IDA-NRW, Broden A, Mecheril P (Hrsg) Re-Präsentationen. Dynamiken der Migrationsgesellschaft. Düsseldorf, S 181–201

Bourdieu P (2007) Die feinen Unterschiede. Kritik der gesellschaftlichen Urteilskraft. Suhrkamp, Frankfurt a. M.

Bremer H (2007) Soziale Milieus, Habitus und Lernen. Zur sozialen Selektivität des Bildungswesens am Beispiel der Weiterbildung. Juventa, Weinheim

Castro Varela M d. M, Mecheril P (2010) Grenze und Bewegung. Migrationswissenschaftliche Klärungen. In: Andresen S (Hrsg) Migrationspädagogik, S 23–53

Corbin JM, Strauss AL (2008) Basics of qualitative research. Techniques and procedures for developing grounded theory. Sage, Los Angeles

Faulstich P (1981) Arbeitsorientierte Erwachsenenbildung, 1. Aufl. Diesterweg, Frankfurt a. M.

Frey R (2011) Genderaspekte in der betrieblichen Weiterbildung. Berlin. http://www.esf-gleichstellung.de/fileadmin/data/Downloads/Aktuelles/expertise_betriebliche_weiterbildung.pdf

Mecheril P (2010) Migrationspädagogik. Hinführung zu einer Perspektive. In: Andresen S (Hrsg) Migrationspädagogik, S 7–22

Öztürk H (2009) Weiterbildung von Menschen mit Migrationshintergrund. In: Aus Politik und Zeitgeschichte, 5/2009, S 24–30. http://www.bpb.de/files/R32I01.pdf. Zugegriffen: 18. März 2009

Schulenberg W, Loeber HD, Loeber-Pautsch U, Pühler S (1978) Soziale Faktoren der Bildungsbereitschaft Erwachsener. Klett-Cotta, Stuttgart

Strzelewicz W, Raapke HD, Schulenberg W (1996) Bildung und gesellschaftliches Bewusstsein. Ernst Klett, Stuttgart

Tietgens H (1964) Warum kommen wenig Industriearbeiter in die Volkshochschule? In: Schulenberg W (Hrsg) (1978) Erwachsenenbildung. Wissenschaftliche Buchgesellschaft, Darmstadt, S 98 ff.

Gedenkstätten in der Einwanderungsgesellschaft

Bünyamin Aslan

1 Einleitung

Unter den Bedingungen von Globalisierung, Migration und einem zusammen-wachsenden Europa sind praktisch alle gesellschaftlichen Lebensbereiche einem tiefgreifenden Wandel unterworfen. Infolgedessen werden auf gesellschaftlicher Ebene Individuen wie auch Organisationen mit einer zunehmenden kulturellen, sprachlichen und ethnischen Diversität konfrontiert. Letztlich stellen diese gesell-schaftlichen Veränderungen insbesondere auch pädagogische Organisationen vor enormen Herausforderungen, die den Bedarf an pädagogischen Reaktionen bzw. Antworten erhöhen. Mit der Frage nach einem angemessenen Umgang mit Globa-lisierungs- und Migrationsprozessen beschäftigen sich in den letzten Jahren daher immer stärker auch die Pädagogen der NS-Gedenkstätten.

NS-Gedenkstätten gelten als Institutionen der historisch-politischen Bildung und dienen als Orte der Weitergabe von Erinnerungskultur an die nachfolgenden Generationen. Es stellt sich hierbei die Frage, wie solche bis vor kurzem noch sehr „nationalgeschichtlich" ausgerichtete Institutionen des Gedenkens auf eine durch Migration geprägte Adressatenschaft reagieren. Der folgende Beitrag gibt einen er-sten Einblick in den Prozess der Interkulturalisierung von Gedenkstätten. Grund-lage bildet das Forschungsprojekt des Autors, aus dem erste zentrale Ergebnisse präsentiert werden.

B. Aslan (✉)
Institut für Erziehungswissenschaft, Lehrstuhl
Vergleichende Erziehungswissenschaft,
Ruhr-Universität Bochum, 44780 Bochum, Deutschland
E-Mail: Buenyamin.Aslan@ruhr-uni-bochum.de

M. Göhlich et al. (Hrsg.), *Organisation und kulturelle Differenz,*
Organisation und Pädagogik 12, DOI 10.1007/978-3-531-19480-6_14,
© VS Verlag für Sozialwissenschaften | Springer Fachmedien Wiesbaden GmbH 2012

2 Ausgangslage

Die bisherige Form der pädagogischen Arbeit in Gedenkstätten wird in gedenk-
stättenpädagogischen Diskursen vor dem Hintergrund gegenwärtiger gesellschaftlicher Veränderungen zunehmend in Frage gestellt. Dabei äußert sich vermehrt
ein Bedarf an neuen pädagogischen Konzepten in der Gedenkstättenarbeit. Aufgrund von migrationsbedingten gesellschaftlichen Veränderungen müsse eine „Erziehung nach Auschwitz" neu ausgerichtet werden, sodass auch andere als eben
deutsche Rezipientengruppen wie z. B. Jugendliche aus Einwanderungsfamilien an
den öffentlichen Diskussionen um die Erinnerung an die Geschichte des Nationalsozialismus partizipieren können (vgl. Fechler et al. 2000). Damit einher geht das
Problem auf Seiten der Pädagogen, dass diese bei der Bearbeitung der historischen
Themen Nationalsozialismus und Holocaust in Schulen und Gedenkstätten mit
einer immer größer werdenden Gruppe von Schülerinnen und Schülern arbeiten
müssen, die wegen ihrer unterschiedlichen kulturellen, ethnischen und sozialen
Herkunft jeweils unterschiedliche familiäre Bezüge zur deutschen Geschichte haben. Dies kann zu problematischen Unterrichtssituationen führen, in denen diver-
gierende Deutungsperspektiven in Schuldzuweisungen von jugendlichen Migranten an „deutsche" Jugendliche münden und dies wiederum zu Abwehrhaltungen
von deutschen Jugendlichen führt. Die Pädagogen in den Gedenkstätten stehen
dieser Entwicklung oft hilflos gegenüber (vgl. Fechler et al. 2000).

An dieser Stelle ist zu konstatieren, dass sich für eine „Erziehung nach Auschwitz", die in den 1960er Jahren postuliert wurde (vgl. Adorno 1971, S. 88), die
gesellschaftlichen Rahmenbedingungen grundsätzlich geändert haben. Damit
scheint der rein nationalgeschichtlich orientierte Zugang bei der Vermittlung der
Geschichte des Nationalsozialismus und Holocaust nicht mehr zeitgemäß zu sein.
Letztlich bedeutet dies für die Gedenkstätten, die kulturelle Diversität ihrer pädagogischen Klientel anzuerkennen und sich als Organisation auf diese Herausforderung auszurichten, was z. B. bedeuten würde, das pädagogische Angebot zu
verändern, kulturübergreifende Themen zu finden und Lernarrangements zu entwickeln, die multiperspektivische grenzüberschreitende Zugänge bieten und damit auch die Möglichkeit einer transnationalen Gedenk- und Erinnerungsarbeit
aufzeigen. Hoogsteder nennt dieses Vorgehen im Rahmen seines „Sieben-Stadien-
Modells" der Interkulturalisierung von Organisationen die Phase des „interkulturellen Managements der Dienstleistungen" (vgl. Besamusca-Janssen und Scheve
1999, S. 72 f.). Da die zentralen Dienstleistungen der Gedenkstätten im pädagogischen Angebot liegen, richtet sich somit der Fokus des Forschungsinteresses des
Autors auf die pädagogischen Programme der Gedenkstätten und ihre interkulturellen Ausrichtung. Das Forschungsprojekt stellt also die Frage, inwiefern Ge-

denkstätten als Organisationen die zunehmende kulturelle Diversität ihrer Klientel berücksichtigen. Im folgenden Abschnitt wird nun genauer das methodische Vorgehen der Forschungsarbeit dargestellt.

3 Forschungsdesign

Das Forschungsprojekt richtet seinen Fokus auf die Programmatik der Bildungsarbeit von Gedenkstätten und den Grad ihrer Interkulturalisierung. Denn gerade das pädagogische Programm gibt Auskunft darüber, inwieweit eine Organisation ihr Angebot auf die Bedürfnisse ihrer Klienten abstimmt und welche Vorstellungen die NS-Gedenkstätten über die Bildungsbedürfnisse und den vermuteten Zugang zu ihrer Klientel haben (vgl. Nolda 2009, S. 293). Das Untersuchungsdesign der empirischen Studie bewegt sich im Rahmen einer Dokumentenanalyse, die auf den Kontext der qualitativen Internetforschung angewendet wird. Dabei wird der Umstand genutzt, dass NS-Gedenkstätten in den letzten Jahren immer mehr das Internet als Möglichkeit der Selbstdarstellung wählen, um eine größere Öffentlichkeit zu erreichen (vgl. Hein 2009, S 194). Diese Webpräsenzen der Gedenkstätten stellen zugleich in ihrer Mehrheit ein Konglomerat von selbstdarstellenden sowie serviceorientierten und hauptsächlich textlich vermittelten Inhalten dar (vgl. ebd., S. 159–172). Die Online-Auftritte der Gedenkstätten sind „als virtuelle Repräsentanzen der realen Erinnerungsorte selbst anzusehen" (ebd., S. 195). Damit lässt sich mit der Analyse der einzelnen Webseiten ein „quasi-reales" Bild von der Programmatik der pädagogischen Arbeit in NS-Gedenkstätten zeichnen. Die Analyse und Auswertung der erhobenen Daten ist angelehnt an das Verfahren der qualitativen Inhaltsanalyse nach Mayring (2008).

Insgesamt umfasst das Untersuchungssample die Webpräsenzen von 20 NS-Gedenkstätten. Darunter befinden sich erstens Gedenkstätten für die Opfer nationalsozialistischer Gewaltmaßnahmen (z. B. jüdische Opfer, Sinti und Roma, Euthanasie-Opfer), zweitens zählen hierzu so genannte „Täterorte" (z. B. Haus der Wannsee-Konferenz) und drittens finden sich darunter Orte der Erinnerung an Kriegstote aus dem „Täterumfeld" (z. B. Wehrmachtssoldaten auf Kriegsgräberstätten).

Die Stichprobenauswahl dieser Untersuchung folgt einem qualitativen Stichprobenplan bzw. wendet ein selektives Sampling an, bei dem die Samplestruktur vor der eigentlichen Datenerhebung anhand von relevanten Merkmalen festgelegt wird, um das Forschungsfeld in seinen Ausprägungen möglichst breit abzubilden. Folgende Merkmale bildeten die Auswahlkriterien für die qualitative Stichprobenauswahl der Gedenkstätten:

1. Die Gedenkstätte gilt als ein authentischer und historischer Ort
2. Es besteht der historische Bezug zur Geschichte des Nationalsozialismus (1933–1945)
3. Am Ort der Gedenkstätte wurden Verbrechen begangen oder geplant
4. Es ist ein Ort historisch-politischer Bildungsarbeit
5. Die Gedenkstätte weist eine pädagogische Abteilung auf, die ein kontinuierliches Bildungsangebot gewährleistet
6. Sie verfügt über eine eigene Webpräsenz, auf der das Bildungsangebot dargestellt ist.

Das Ziel der hier durchgeführten Inhaltanalyse ist es, Strukturmerkmale der pädagogischen Programme herauszuarbeiten, um herauszufinden, auf welchen Ebenen (methodisch, inhaltlich) eine Interkulturalisierung der Gedenkstätten betrieben wird. Dabei ist die vorgenommene Kodierung der Internettexte zum einen als ein Verfahren zu verstehen, dass an theoretisch begründeten Leitkategorien orientiert ist. Zum anderen werden weitere Kategorien aus dem jeweiligen erhobenen Material gewonnen und mit den vorhandenen Leitkategorien verglichen. So wird das Kategoriensystem von Fall zu Fall neu überprüft, ergänzt und verändert. Es handelt sich bei dem hier durchgeführten inhaltsanalytischen Verfahren also um eine Mischform von deduktiver und induktiver Kategorienbildung.

Den theoretischen Hintergrund für die Leitkategorien bilden Ansätze aus dem Umfeld der historisch-politischen Bildung, die sich mit der Vermittlung der Themen Nationalsozialismus und Holocaust in Bezug auf Migration und Einwanderungsgesellschaft beschäftigen. Insbesondere wird auf Ansätze aus der Geschichtsdidaktik rekurriert, die historisches Lernen unter interkulturellen Aspekten betrachten, wie das interkulturelle Geschichtslernen (vgl. Alavi und Borries 2000). Interkulturalität kann sich nach diesem Ansatz auf verschiedenen Ebenen der Gestaltung von Lernarrangements zeigen. Beispielsweise auf der Ebene der Themenwahl, der Ebene der Materialien und auf der Ebene des Lernprozesses. Das zentrale didaktische Prinzip der „Multiperspektivität" wird dabei nicht nur auf den jeweiligen Lerngegenstand ausgerichtet, sondern berücksichtigt auch die jeweiligen „kulturellen Prägungen" der einzelnen Schülerinnen und Schüler und die damit verbundenen unterschiedlichen Sichtweisen auf Geschichte, die sie wiederum in den Lernprozess mit einbringen sollen (vgl. ebd., S 73). Multiperspektivität drückt sich auch in der Auseinandersetzung mit unterschiedlichen historischen Orientierungen und Deutungsperspektiven aus, wie dies z. B. im Rahmen von interkulturellen Begegnungsprojekten der Fall ist.

Ein weiterer Ansatz, der die theoretische Grundlage bildet, ist das pädagogische Konzept des „Globalen Lernens". Unter dem Konzept des „Globalen Lernens" lassen sich unterschiedliche ältere und neuere Konzeptionen (Erziehung zur Völkerverständigung, Friedenspädagogik, Entwicklungspolitische Bildung, Interkulturelle Pädagogik, Menschenrechtserziehung, Umwelterziehung usw.) subsumieren, die sich im weitesten Sinne mit dem Thema Globalisierung und dessen pädagogische Umsetzung in der schulischen und außerschulischen Bildung befassen (vgl. Adick 2008, S. 122). Anschlussfähig für die pädagogische Arbeit in Gedenkstätten sind insbesondere handlungstheoretische Ansätze, die in ihrer Zielsetzung nicht nur Wissen vermitteln wollen, sondern auch Wertorientierungen weitergeben, die letztlich in ein aktives politisches Handeln umgesetzt werden sollen. Das Konzept des Globalen Lernens regt an, Lerngegenstände in einer Verknüpfung von globalen bis hin zu lokalen Kontexten zu verorten. Es nimmt somit eine globale Perspektive ein, die nicht nur intentional-leitend für den pädagogischen Umgang mit den Herausforderungen der Globalisierung ist. Die „Weitergabe menschlicher Kultur" bzw. das menschliche Handeln schlechthin stehen für einen eher unspezifischen thematischen Fokus, der in diesem Konzept präferiert wird (vgl. ebd., S 126). Ähnlich wie beim Ansatz des interkulturellen Geschichtslernens ist das Globale Lernen in methodischer Sicht ganzheitlich und multiperspektivisch angelegt. Auch wenn das Forschungsprojekt noch nicht abgeschlossen ist, lassen sich erste wesentliche Formen der Interkulturalisierung der untersuchten Gedenkstätten anhand des bislang ausgewerteten Materials benennen. Im folgenden Abschnitt werden nun erste Ergebnisse der Untersuchung präsentiert.

4   Ausgewählte Ergebnisse

Eine erste Form der Interkulturalisierung von Gedenkstätten zeigt sich auf der Ebene interkultureller Aushandlungsprozesse zwischen Gleichaltrigen aus unterschiedlichen Kulturen, die versuchen einen gemeinsamen Blick auf historische Ereignisse zu richten. Hierbei handelt es sich um so genannte „internationale Workcamps", die in der Regel als „internationale Jugendbegegnungen" konzipiert sind. Ein wesentliches Ziel dieser Workcamps ist es, den Teilnehmern die Geschichte des Nationalsozialismus universell erfahrbar zu machen und die unterschiedlichen Perspektiven auf die historischen Ereignisse kennen zu lernen. Dies geschieht z. B. in thematischen Workshops, die sich auf allgemeine Aspekte der Geschichte des Holocaust und auf regional-spezifische Aspekte der Verbrechen am Ort beziehen. Hierbei beschäftigen sich die Teilnehmer nicht nur mit historischen Fakten, sondern tauschen sich auch über gegenwärtige Formen der Ausgrenzung und Diskriminierung aus. Die jugendlichen Teilnehmer erhalten im Rahmen dieses internationalen Lernkontextes die Möglichkeit, ihre Normen-, Denk- und Deutungsmuster einzubringen und miteinander auszutauschen. Somit besteht auch die Möglichkeit, eine gemeinsame bzw. transnationale Form der Erinnerung an den Zweiten Weltkrieg zu gestalten und zu diskutieren. Die Unterschiedlichkeit der Perspektiven ergibt sich aus der Heterogenität der ethnischen und kulturellen Herkunft der Teilnehmer im Alter von 16 bis 26 Jahren. Dabei beschränkt sich die Herkunft nicht nur auf europäische Länder wie Polen, Tschechien, England oder Frankreich, sondern weist sogar eine globale Ausrichtung auf, da viele Teilnehmer z. B. aus Ländern wie den USA, Israel, Korea und Tansania stammen.

Zum Konzept dieser Workcamps zählen auch gärtnerische und handwerkliche Pflegearbeiten auf dem Gelände der jeweiligen Gedenkstätten. Weitere Elemente der ca. zweiwöchigen Workcamps sind Exkursionen, Führungen über das Gelände und durch die Dauerausstellungen, Zeitzeugengespräche sowie Freizeitaktivitäten. Begleitet werden die Jugendbegegnungen von hauptamtlichen und ehrenamtlichen pädagogischen Fachkräften der jeweiligen Gedenk- und Bildungsstätten. Die Verkehrssprachen sind Englisch und Deutsch, wobei die Führungen in fast allen Gedenkstätten in mehreren Sprachen (z. B. Französisch, Niederländisch, Polnisch, Russisch) angeboten werden.

Neben den multinationalen Workcamps (z. B. Gedenkstätten Dachau, Neuengamme und Ravensbrück) werden insbesondere bi-nationale Jugendbegegnungen angeboten (z. B. Kriegsgräberstätte Golm, Gedenkstätte Bergen-Belsen, Kriegsgräberstätte Seelower Höhen), die sich auf die regionale Nähe der beteiligten Länder zur jeweiligen Gedenkstätte beziehen. Da sich die Kriegsgräberstätte Golm z. B. auf Usedom an der deutsch-polnischen Grenze befindet, liegt in der pädagogischen Arbeit der Schwerpunkt auf die Begegnung von deutschen und polnischen Jugendlichen.

Eine zweite Form der Interkulturalisierung von Gedenkstätten betrifft die Ebene der Arbeitsmaterialien und Arbeitsmedien. Bestes Beispiel hierfür stellt der Dokumentenkoffer „Geschichte(N) teilen" der Gedenk- und Bildungsstätte Haus der Wannsee-Konferenz dar. Dieser Dokumentenkoffer, der in der Projektarbeit mit Schülerinnen und Schülern unterschiedlicher Schulformen eingesetzt wird, enthält thematische Mappen mit Fotos, Berichten von Zeitzeugen und historische Dokumente. Ziel der Arbeit mit den Materialien ist es, die Geschichte des Holocaust nicht als (deutsche) Nationalgeschichte zu erzählen, sondern den Jugendlichen eine multiperspektivische und grenzüberschreitende Sichtweise zu vermitteln. Themenbereiche wie z. B. „Türkische Juden und der Holocaust", „Die Juden Tunesiens unter deutscher Besatzung" oder „Muslimischer Helfer in Sarajevo" sollen zeigen, dass die Verfolgung und Ermordung von jüdischen Bürgern eben nicht nur innerhalb der Grenzen Deutschlands stattgefunden hat, sondern auch über europäische Grenzen hinaus bis nach Nordafrika reichte. Zudem werden Themen angeboten, die im normalen Geschichtsunterricht keine Relevanz haben. Hierzu zählen die deutsch-türkischen Beziehungen während des Zweiten Weltkrieges oder die Beschäftigung mit der Geschichte von Muslimen, die jüdische Verfolgte vor den Nationalsozialisten gerettet haben. Entscheidend ist zudem, dass die Jugendlichen unabhängig von ihrer Herkunft die Themenbereiche bearbeiten sollen, die ihrem Interesse entsprechen. Diese Art des Zugangs folgt dem didaktischen Prinzip der Multiperspektivität, die sich eben nicht nur auf die inhaltliche Gestaltung der Themen bezieht, sondern auch die unterschiedliche Herkunft der Jugendlichen im Hinblick auf Kultur, Religion, Bildung oder Geschlecht berücksichtigt und die Jugendlichen als Individuen mit eigenen Lebens- und Familiengeschichten anerkennt.

Eine dritte Form der Interkulturalisierung von Gedenkstätten bezieht sich auf die Ebene der Themenauswahl im Rahmen der angebotenen Projekt- oder Studientage und lässt sich in der Verknüpfung des Holocaust mit dem Thema Menschenrechte ablesen. Dabei werden in den Gedenkstätten (z. B. Gedenkstätte Buchenwald, Dokumentationszentrum Reichsparteitagsgelände) explizit Projekttage zum Thema Menschenrechte angeboten. So wird die Möglichkeit gegeben, sich anhand von Biografien, historischen Dokumenten und Fundstücken mit den am historischen Ort begangenen Menschenrechtsverletzungen auseinanderzusetzen. Hiermit wird das Ziel verfolgt, gesellschaftliche Mechanismen der Ausgrenzung und Diskriminierung im Kontext der jeweiligen Geschichte des historischen Ortes zu erkennen und damit die Teilnehmer von Projekten für Verletzungen der Menschenrechte in der Gegenwart zu sensibilisieren. Methodisch spiegelt sich das Thema Menschenrechte auch im pädagogischen Selbstverständnis der untersuchten Gedenkstätten, indem ganzheitliche Lernformen Verwendung finden, die die unterschiedlichen Interessen und Zugangsvoraussetzungen wie kulturelle sowie soziale Herkunft und die damit verbundenen unterschiedlichen Lebenserfahrungen der jugendlichen Teilnehmer berücksichtigen. Abschließende Gesprächsrunden sollen den teilnehmenden Jugendlichen ermöglichen, die Bedeutung der Beschäftigung mit der Geschichte des Holocaust für die Wahrung der Menschenrechte in der Gegenwart zu diskutieren und zu reflektieren, um Schlussfolgerungen für das eigene Handeln daraus abzuleiten.

5 Ausblick

Abschließend ist zu resümieren, dass die untersuchten NS-Gedenkstätten sehr wohl auf unterschiedlichen Ebenen ihrer pädagogischen Programme Formen der Interkulturalisierung aufweisen. Die Gedenkstätten befinden sich wohl aber erst am Anfang eines Prozesses der Interkulturalisierung von Organisationen. Die Interkulturalisierung zeigt sich nicht in Form eines spezifischen Angebotes für jugendliche Migranten, was auch der kulturellen Diversität in Bezug auf Geschlecht, Religion und soziale Herkunft der Jugendlichen nicht gerecht würde. Grundsätzlich wird in den Gedenkstätten die kulturelle Diversität der jugendlichen Nutzer der pädagogischen Angebote anerkannt. Es wird darauf geachtet, Formen unterschiedlicher Zugänge zur Geschichte des Nationalsozialismus anzubieten. Die Interkulturalisierung betrifft daher insbesondere die Schaffung von Lernkontexten, die ermöglichen, dass die lernenden Jugendlichen aus der Diskussion um ihre unterschiedlichen Perspektiven auf die Geschichte des Nationalsozialismus eine gemeinsame Perspektive entwickeln, die bestenfalls in eine Gestaltung transnationaler Erinnerung münden kann. Eine Verknüpfung der dargestellten Formen der Interkulturalisierung wäre wünschenswert. Allerdings können zum jetzigen Zeitpunkt der Auswertung noch keine fundierten Aussagen hierzu getroffen werden.

Ein weiterer Aspekt der Interkulturalisierung von Gedenkstätten wäre die Entwicklung und Förderung der Interkulturellen Kompetenz der pädagogischen MitarbeiterInnen. Die analysierten Daten konnten hierüber leider keine Auskunft geben. Hierfür müssten weitere Datenerhebungen z. B. in Form von Experteninterviews durchgeführt werden.

Literatur

Adick C (2008) Vergleichende Erziehungswissenschaft. Eine Einführung. Kohlhammer, Stuttgart

Adorno TW (1971) Erziehung zur Mündigkeit. Suhrkamp, Frankfurt a. M.

Alavi B, Borries B v. (2000) Geschichte. In: Reich HH, Holzbrecher A, Roth HJ (Hrsg) Fachdidaktik interkulturell. Ein Handbuch. Leske & Budrich, Opladen, S 55–91

Besamusca-Janssen M, Scheve S (1999) Interkulturelles Management in Beruf und Betrieb. IKO, Frankfurt a. M.

Fechler B, Kößler G, Liebertz-Groß T (Hrsg) (2000) „Erziehung nach Auschwitz" in der multikulturellen Gesellschaft. Pädagogische und soziologische Annäherungen. Juventa, Weinheim

Hein D (2009) Erinnerungskulturen online. Angebote, Kommunikatoren und Nutzer von Websites zu Nationalsozialismus und Holocaust. UVK, Konstanz

Mayring P (2008) Qualitative Inhaltsanalyse. Grundlagen und Techniken, 10. Aufl. Beltz-Verlag, Weinheim

Nolda S (2009) Programmanalyse – Methoden und Forschungen. In: Tippelt R, Hippel A v. (Hrsg) Handbuch Erwachsenenbildung/Weiterbildung, 3. Aufl. VS Verlag für Sozialwissenschaften, Wiesbaden, S 293–307

Evaluation von Interkultureller Öffnung in Einrichtungen der kommunalen Kulturarbeit

Katharina Iseler

Der vorliegende Beitrag versucht eine Antwort zu geben auf die Fragen „Was sind geeignete Evaluationskriterien für Interkulturelle Öffnung?" und „Was sind geeignete Methoden für die Evaluation Interkultureller Öffnung?" Den Hintergrund hierfür liefert eine Evaluation der städtischen Kulturarbeit einer deutschen Großstadt. Im Folgenden werden die empirische Grundlage, die Evaluationskriterien, die Planung und Durchführung und die Ergebnisse dieser Evaluation vorgestellt und erörtert.

1 Empirische Grundlage

Es handelt sich um eine drittmittelfinanzierte Evaluation von Interkultureller Öffnung und Gender Mainstreaming in den Einrichtungen des Kultur- und Freizeitamts einer deutschen Großstadt, mit der der Lehrstuhl für Pädagogik I (Prof. Göhlich) der Uni Erlangen beauftragt und die von der Autorin als wissenschaftliche Mitarbeiterin und Projektleiterin von März 2009 bis Juni 2010 durchgeführt wurde. Im Folgenden beziehe ich mich allein auf den Teil der Studie, der sich mit Interkultureller Öffnung befasst.

Unser Auftrag war es, programmatische Aspekte städtischer Kulturarbeit zu evaluieren, genauer: das Angebot des städtischen Kultur- und Freizeitamts (AKF), das unter seinem Dach verschiedene städtische Angebote im Bereich der Kultur und Soziokultur vereint. Dieses Amt ist eine Dienststelle im Kulturreferat der Stadt.

K. Iseler (✉)
Institut für Pädagogik, Friedrich-Alexander-Universität
Erlangen-Nürnberg, Bismarckstr. 1 ½, 91054 Erlangen, Deutschland
E-Mail: Katharina.Iseler@paed.phil.uni-erlangen.de

M. Göhlich et al. (Hrsg.), *Organisation und kulturelle Differenz*,
Organisation und Pädagogik 12, DOI 10.1007/978-3-531-19480-6_15,
© VS Verlag für Sozialwissenschaften | Springer Fachmedien Wiesbaden GmbH 2012

Es hat 82 hauptamtliche MitarbeiterInnen und beschäftigt außerdem in den verschiedenen Einrichtungen insgesamt ca. 250 Honorarkräfte. Zu den Einrichtungen des AKF gehören elf auf die Stadtteile verteilte Kulturzentren, die Musikschule, der Parcours der Sinne, eine Initiative für Fußballkultur sowie die Stabstellen Interkultur und Öffentlichkeitsarbeit.

Das AKF hat ein eigenes Leitbild. Darin hat es sich u. a. die Interkulturelle Öffnung zum Ziel gesetzt. Interkulturelle Kulturarbeit wird hier so verstanden, dass sie die Möglichkeit bietet „von der ‚Multikultur' als bloßem Nebeneinander zu einem interkulturellen, aktiven Austauschprozess zu gelangen" (Markwirth 2007, S. 89).

Interkulturelle Öffnung wird von allen an der Studie Beteiligten (AKF und Evaluierende) als organisationaler Lernprozess verstanden, der nicht allein durch Verordnung installiert werden kann, sondern eine allmähliche Aneignung und Auseinandersetzung der Beteiligten erfordert.

In der Evaluation geht es darum herauszufinden, wie weit dieser Prozess der Interkulturellen Öffnung bereits fortgeschritten ist, wo Stärken und Schwächen des Amtes oder einzelner Bereiche liegen, um daraus Empfehlungen für weiterführende Maßnahmen abzuleiten.

Während der Evaluation ist allerdings stets gegenwärtig, dass neben Interkultureller Öffnung auch Gender Mainstreaming erfasst werden soll. Die beiden Prozesse werden bisher meist getrennt betrachtet, so wurden auch je unterschiedliche Vorgehensweisen und Kriterien entwickelt, die in unserem Projekt zusammengeführt werden. Die Parallele zwischen beiden sehen wir darin, dass beide – Interkulturelle Öffnung und Gender Mainstreaming – ein Mehr an Gerechtigkeit zum Ziel haben (vgl. den Beitrag von Gomolla im vorliegenden Bd.): im einen Fall zwischen den Geschlechtern, im anderen Fall zwischen MigrantInnen und Deutschen. Deshalb war die Gerechtigkeit Leitthema unserer Evaluation.

2   Evaluationskriterien

Interkulturelle Öffnung wird hier als Beitrag zur Gerechtigkeit zwischen Deutschen und MigrantInnen, genauer: zwischen Menschen mit und ohne Migrationshintergrund verstanden, wobei Menschen mit Migrationshintergrund alle diejenigen sind, die selbst oder deren Eltern nach 1949 nach Deutschland eingewandert sind (vgl. Statistisches Bundesamt 2007). „Es geht um so unterschiedliche kulturelle und ethnische Gruppen wie Arbeitsmigrantinnen und -migranten aus verschiedenen Herkunftsländern, europäische oder außereuropäische Flüchtlinge, alteingesessene Minderheiten, wie Roma und Sinti, osteuropäische Aussiedlerinnen und Aussiedler oder Angehörige der im Nationalsozialismus fast vollständig vernichteten jüdischen Gemeinden." (Handschuck und Schröer 2003, S. 182).

Gerechtigkeit fassen wir in den Dimensionen Beteiligung an Entscheidungen, Ressourcenverteilung, Normen und Werte (vgl. Tondorf und Krell 1999, S. 119). Neben dem Recht auf Gleichheit bzw. Nicht-Benachteiligung auf der Verteilungsebene ist auch das Recht auf Verschiedenheit auf der Verständigungsebene zu beachten (vgl. Höher 2002, S. 78). Diese beiden Rechte können nicht gegeneinander verrechnet werden, sondern die Spannung zwischen ihnen ist zu halten. Zudem verweist der Anspruch der Interkulturalität nicht allein auf die Frage der Gerechtigkeit sondern darüber hinaus auf Ziele wie Kommunikation, Austausch und wechselseitige Beeinflussung der Kulturen.

Auf der Suche nach geeigneten Evaluationskriterien müssen die zunächst sehr allgemein gehaltenen Ziele von Gerechtigkeit und Austausch auf abfragbare Items heruntergebrochen werden. Dazu wird die Literatur verschiedener Diskurse und Ebenen zusammengetragen. Als allgemeine Richtschnur werden die Qualitätsstandards der Deutschen Gesellschaft für Evaluation (DeGEval) herangezogen, deren Aspekte Nützlichkeit, Durchführbarkeit, Fairness und Genauigkeit sich auch in diesem Projekt als Leitfaden bewährt haben. Beim Studium vorhandener Evaluationen zeigt sich zudem, dass es von großer Bedeutung ist, die Messung des Status Quo und die Frage nach Erfolgen ergriffener Maßnahmen (Problem des Ursache-Wirkung-Zusammenhangs) auseinanderzuhalten (vgl. Bustelo 2003, S. 393).

Wenden wir uns nach diesen methodologischen Überlegungen der Frage gegenstandsbezogener Kriterien zu, so finden sich im Diskurs über Interkulturelle Öffnung mehrfach Auflistungen relevanter Bedingungen, z. B.:

> 1. Leitbild – interkulturelle Orientierung der Einrichtung, 2. Beseitigung versteckter Ausgrenzungsmechanismen, 3. Methodenvielfalt/angemessene Umgangsformen, 4. Sprachenvielfalt/Sprachkompetenz, 5. Gemeinwesenorientierung, 6. Fortbildung/Personalentwicklung, 7. Öffentliche Sichtbarkeit der interkulturellen Orientierung, 8. Orientierung des Angebots an den Bedürfnissen aller potentiellen Klientinnen und Klienten, 9. Verhalten, Einstellungen, Überzeugungen der MitarbeiterInnen. (M.A.R.E. 2005a, S. 10)

Im Zusammenhang mit Interkultureller Öffnung von Organisationen spielt die Interkulturelle Kompetenz der jeweiligen MitarbeiterInnen in der Literatur regelmäßig eine große Rolle. Das ist ein klärungsbedürftiger Begriff, der sich mit Hermann-Günther Hesse wie folgt fassen lässt: Interkulturelle Kompetenz „ist mehrdimensional, bezieht sich auf kulturallgemeine und kulturspezifische Aspekte, impliziert kognitive, affektive und Handlungskomponenten, umfasst deklaratives Wissen und kommunikative, interaktive Teilkompetenzen, besteht aus Teilkomponenten, zwischen denen ein komplexes Gefüge besteht und deren Entwicklung nicht immer linear erfolgt." (Hesse 2008, S. 48). Es handelt sich also um ein sehr komplexes und nicht leicht zu evaluierendes Konstrukt. Es gibt verschiedene Messinstrumente, die beanspruchen, Interkulturelle Kompetenz oder zumindest Interkulturelle Sensibilität messen zu können (z. B. Banks 1981; Bennett 1986; Hinz-Rommel 1994; Thomas 2001). Da jedoch das zugrundeliegende Verständnis Interkultureller Kompetenz und deren objektive Messbarkeit in Frage gestellt werden, sind diese umstritten (z. B. Hesse 2008).

In der Literatur besteht nichtsdestotrotz Einigkeit über einen engen Zusammenhang zwischen Interkultureller Kompetenz der MitarbeiterInnen und dem Erfolg der Interkulturellen Öffnung. Die Frage der Messung von Interkultureller Kompetenz kann also nicht unberücksichtigt bleiben.

Welche weiteren Werkzeuge können zur Evaluation Interkultureller Öffnung verwendet werden? Aus dem Diskurs über Gender Mainstreaming lässt sich das Mittel des Impact Assessments übertragen. Dabei werden anstehende Entscheidungen systematisch und routinemäßig daraufhin untersucht, welchen Einfluss sie möglicherweise auf das Geschlechterverhältnis haben. Im politischen Kontext haben Verloo/Roggeband dazu diese fünf Schritte festgehalten:

1. Description of current gender relations,
2. Description of probable development without new policy,
3. Description and analysis of the new policy plan
4. Description of potential effects on gender relations
5. Evaluating the positive and negative potential effects on gender relations (Verloo und Roggeband 1996, S. 5).

Auf die Interkulturelle Öffnung übertragen ist also bei jeder Entscheidung zu fragen: Wie ist es momentan in diesem Bereich um die interkulturelle Gerechtigkeit bestellt? Wie wird sich diese ohne einen Eingriff voraussichtlich weiterentwickeln? Welche Implikationen hat die anstehende Entscheidung im Hinblick auf interkulturelle Gerechtigkeit? Wollen wir das?

Insgesamt fällt bei der Literatursichtung auf, dass sich die bisherigen Publikationen zu Interkultureller Öffnung sowie deren Evaluation großteils auf Unternehmen oder (Sozial-)Verwaltungen beziehen. Damit bleibt ein Aspekt unbeachtet, der in den Angeboten des AKF eine wesentliche Rolle spielt: der Bildungsauftrag kultureller Arbeit, der sich im aufklärerischen Anspruch niederschlägt, gesellschaftliche Ungerechtigkeitsverhältnisse auch als Inhalt der eigenen Arbeit zu thematisieren – also nicht „nur" eine interkulturelle Organisation zu werden, sondern darüber hinaus zu interkultureller Gerechtigkeit in der Gesellschaft aktiv beizutragen. Dieser Anspruch der Gesellschaftsveränderung wird bisher vorrangig im Bereich der Policy-Forschung betrachtet, nur vereinzelt finden sich Publikationen aus dem Bereich der Kulturarbeit (z. B.: Institut für Kulturpolitik der Kulturpolitischen Gesellschaft e. V. 2007).

Aus dieser Literaturrecherche ergeben sich für unser Vorhaben vier übergeordnete Fragen:

a. Welches Ausmaß an interkultureller Gerechtigkeit ist erreicht?
b. Wie hoch ist die interkulturelle Kompetenz der MitarbeiterInnen?
c. Findet ein wirksames Intercultural Impact Assessment statt?
d. Wie wird Interkulturalität auf der Angebotsebene aufgegriffen und umgesetzt?

Diese übergeordneten Fragen werden weiter ausdifferenziert und daraus ein Fragenkatalog erstellt.

3 Planung und Durchführung der Evaluation

Die Literatur über Interkulturelle Öffnung ist sich einig darin, dass die MitarbeiterInnen einer Einrichtung den Schlüssel zum Erfolg darstellen. Deren interkulturelle Kompetenz, deren Zusammensetzung und Arbeitsteilung sind entscheidend für die Wahrnehmung der Einrichtung in der Öffentlichkeit, für die Zusammensetzung ihrer NutzerInnen (KlientInnen, KundInnen) und den möglichen Bildungserfolg. Daher bildet eine Befragung der MitarbeiterInnen des AKF das Kernstück der Evaluation.

Für die öffentliche Wahrnehmung sind alle Hierarchiestufen zu beachten dort Tätigen werden als RepräsentantInnen der jeweiligen Einrichtung wahrgenommen. Entsprechend wurde mit einem online auszufüllenden, quantitativ auswertbaren Fragebogen ein Instrument geschaffen, um alle Beschäftigten (unabhängig von der Hierarchiestufe und Art der Anstellung) anzusprechen. Dieser umfasst 40 Items zur Interkulturellen Öffnung, 32 Items zu Gender Mainstreaming, 5 themenübergreifende Fragen sowie Angaben über Geschlecht, Alter, Staatsangehörigkeit(en), Muttersprache(n) und Einsatzbereich im AKF sowie beruflichem Status (Hauptamtlich, Honorarkraft, Praktikum/Zivildienst). Er wird online passwortgeschützt zur Verfügung gestellt. Die Antworten wurden nach Ende des Erhebungszeitraums in SPSS konvertiert und ausgewertet.

Es ergeben sich Fragen des Datenschutzes: Die abgefragten Angaben über die Person der Befragten sind einerseits erforderlich, um die geforderten Ergebnisse zu erhalten. Andererseits sind sie so differenziert, dass ihre Kombination im Einzelfall

Rückschlüsse auf konkrete Personen zulassen kann. Daher wurde eine sorgfältige Trennung der Daten vorgenommen: Die EvaluatorInnen erhalten keine Namen oder Auflistungen der AKF-MitarbeiterInnen; das AKF bekommt keinen Einblick in die Rohdaten und erhält nur solche Auswertungen, die keinen Rückschluss auf Einzelne zulassen. Die Antworten werden differenziert nach Einrichtung, beruflichem Status, Geschlecht oder Migrationshintergrund ausgewertet. Eine Kombination dieser Merkmale erfolgt nicht.

Von einer Befragung von BesucherInnen wurde Abstand genommen: Um vergleichbare Daten über die verschiedenen Einrichtungen des AKF zu erhalten, wäre ein einheitlicher Fragebogen für die NutzerInnen erforderlich – z. B. für BesucherInnen eines größeren Konzerts ebenso wie für die Mitglieder einer seit Jahren bestehenden Fotogruppe. Zur Sicherung eines möglichst großen Rücklaufs müsste der Fragebogen darüber hinaus sehr kurz sein. Die Antworten in so einem allgemeinen kurzen Fragebogen lassen keine differenziert auswertbare Rückmeldung erwarten.

Um nicht allein die Innenperspektive der MitarbeiterInnen, sondern auch die Wirkung des AKF in der Öffentlichkeit zu evaluieren, wurde eine Dokumentenanalyse aller für die Öffentlichkeit bestimmten Publikationen der verschiedenen Arbeitsbereiche durchgeführt. Auf den Ebenen Sprache, Medium, Bilder und explizite Inhalte wurden alle Programmhefte, aber auch Internetauftritte, Faltblätter und Plakate des AKF und seiner Teilbereiche aus dem Jahr 2009 untersucht. Dabei geht es um die Frage, ob die Interkulturelle Öffnung in der Öffentlichkeitsarbeit umgesetzt und für Außenstehende erkennbar ist. Hierfür wurde ein in seinem Aufbau einem Fragebogen ähnliches Analyseraster entwickelt, anhand dessen alle Publikationen einzeln durchgegangen und ausgewertet werden. Es umfasst insgesamt 40 Items, davon 19 zur Interkulturellen Öffnung: fünf zur Sprache, zwei zum Medium, fünf Items zur Wahl von Bildern und Symbolen, sowie zu Angebotszielgruppen und Inhalten 7 Items. Die Prüfung durchliefen 328 Print-Dokumente sowie der gesamte Internetauftritt des Amts und seiner Einrichtungen. Die Auswertung erfolgte mittels Tabellenkalkulation.

4   Ergebnisse der Evaluation

Die Ergebnisse der MitarbeiterInnenbefragung und der Analyse der Publikationen lassen sich im Hinblick auf die Interkulturelle Öffnung unter den drei Aspekten „Personen", „Gerechtigkeit" und „Angebot" zusammenfassen.

Auf der Ebene der Personen zeigt die Evaluation, dass MigrantInnen im AKF bei den Beschäftigten unterrepräsentiert sind. Dies gilt bei den Vorgesetzten noch stärker als im Durchschnitt der Gesamtbelegschaft. Die MitarbeiterInnen mit Migrationshintergrund haben manchmal gesonderte Arbeitsbereiche, das bedeutet, dass sie nicht überall selbstverständlich gleichrangige KollegInnen sind. Vielmehr werden ihnen fallweise Sonderaufgaben zugewiesen. Dies scheint in der Regel mit spezifischen Sprachkenntnissen begründet zu sein, es ist aber anhand der vorliegenden Ergebnisse nicht auszuschließen, dass dahinter auch Tendenzen zur ethnischen Segregation (vgl. Kolland 2007, S. 104) oder zur sachunabhängigen „Zuständigkeit" für MigrantInnen (vgl. M.A.R.E. 2005b, S. 60) stehen. Als BesucherInnen nehmen MigrantInnen nur Ausschnitte des Angebots wahr – manche Einrichtungen werden kaum von MigrantInnen frequentiert, andere dafür stark.

Auf der Ebene der Gerechtigkeit zeigt sich, dass die Ressourcenverteilung da am gerechtesten ist, wo MigrantInnen unter den MitarbeiterInnen sind. Obwohl gerade die MitarbeiterInnen ohne Migrationshintergrund im Fragebogen Engagement und Bereitschaft für interkulturelle Öffnung signalisieren, findet weder ein Intercultural Impact Assessment noch sonst eine regelmäßige Überprüfung Interkultureller Gerechtigkeit im AKF statt.

Im Hinblick auf die Angebote des AKF zeigt sich interkulturelles Programm vor allem in Form von Veranstaltungen mit KünstlerInnen verschiedener Herkunft. Das Thema Interkulturalität wird von vielen Einrichtungen explizit aufgegriffen. Dies geschieht vor allem in Hinblick auf kulturelle Vielfalt und wechselseitige Anregung – der Aspekt der Fremdheit und möglicher Konflikte bleibt unterbelichtet. Insofern ist das AKF zwar über reine Folklore deutlich hinaus (dies zeigt sich an der Mischung und wechselseitigen Anregung), bleibt aber auf der Ebene des harmonischen Vielklangs und vermeidet Spannungen – die eventuell das bekundete Engagement der MitarbeiterInnen ohne Migrationshintergrund auf die Probe stellen könnten.

Zu unserem Auftrag gehörte auch, aus den Befunden der Evaluation Empfehlungen für weiterführende Maßnahmen abzuleiten. Dabei besteht das Risiko, dass ein extern erstellter Maßnahmenkatalog zwar zur Kenntnis genommen wird, dann aber weitgehend folgenlos bleibt. Ein weiteres Risiko im Hinblick auf Nützlichkeit und Durchführbarkeit der Ergebnisse besteht darin, dass Maßnahmen vorgeschlagen werden, die der Organisationskultur der erforschten Einrichtung so stark entgegenstehen, dass sie dort nicht anschlussfähig sind und selbst dann weitgehend wirkungslos bleiben, wenn sie durchgeführt werden.

Um diesen Risiken entgegenzuwirken, wird – unter Rückgriff auf in der Literatur vorliegende Partizipationsforderungen (vgl. Bustelo 2003, S. 396) – ein partizipativer Weg der Maßnahmenentwicklung beschritten. Die Ergebnisse der MitarbeiterInnenbefragung und der Dokumentenanalyse wurden von der Autorin an vier verschiedenen Stellen innerhalb des AKF präsentiert: Im Gremium der

Abteilungs- und StabstellenleiterInnen, bei einer Sitzung der LeiterInnen der Kulturzentren sowie in den AGs Gender und Interkultur. Alle vier Gruppen hatten im Anschluss an Vorstellung und Diskussion der Ergebnisse die Möglichkeit und den Auftrag, ihrerseits Vorschläge für Maßnahmen zu entwickeln und diese binnen eines Monats an die Leitung des Evaluationsprojekts zurückzumelden. Diese Papiere werden zur Ergänzung und Verbesserung der von uns entwickelten Vorschläge herangezogen und geben wichtige Hinweise.

Schließlich werden konkrete Empfehlungen abgegeben – sowohl für das Amt im Ganzen als auch in Bezug auf einzelne Abteilungen und Einrichtungen und ihre je spezifischen Ergebnisse und Problemlagen. Die Vorschläge beziehen sich auf sehr unterschiedliche Handlungsebenen: auf im AKF anzuregende Diskussionen zum Verständnis von Gerechtigkeit, auf die Weiterentwicklung partizipativer (Entscheidungs-) Strukturen und die Einführung eines Impact Assessment, auf Öffentlichkeitsarbeit entsprechend der Kriterien aus dem Analyseraster, auf die Personalentwicklung mit dem Ziel größerer Transparenz von Stellenbesetzungen und Weiterbildungsangeboten, sowie schließlich auf die Ebene der Kultur-Angebote, auf der als ein Bestandteil der interkulturellen Öffnung vor allem mehr Vermittlung von Fremdheitserlebnissen empfohlen wird.

Zusätzlich zu diesen Empfehlungen für das ganze AKF gibt es für jede Einrichtung einen Teil, in dem berücksichtigt wird, inwiefern diese Einrichtung vom Amtsdurchschnitt abweicht und was daher für sie besonders empfehlenswert wäre.

Methodisch erweist sich die Kombination einer Vollerhebung per Fragebogen unter den MitarbeiterInnen mit einer detaillierten Analyse der Publikationen als gut geeignet, um sehr verschiedene Abteilungen und Einrichtungen derselben Organisation zu erfassen. Von Bedeutung ist darüber hinaus der formative Aspekt der Evaluation. Um die Ergebnisse zurückzuspiegeln und in Form von Veränderungen wirksam zu machen, war es sehr wichtig, während der gesamten Evaluation den Kontakt zur Einrichtung zu halten. In unserem Fall geschah dies durch regelmäßige Gespräche mit dem innerorganisationalen EntscheiderInnen-Kreis, in denen (Zwischen-)Ergebnisse kommuniziert und das weitere Vorgehen abgesprochen wurden. Grundsätzlich zeigt sich: Mit dem Fokus auf die Frage der Gerechtigkeit, und damit auf eine allgemein anerkannte Wertvorstellung, wird auch Menschen ohne Migrationshintergrund eine Identifikation mit den Zielen der Interkulturellen Öffnung ermöglicht. Des Weiteren bringt die Zusammenführung der beiden Diskurse um Interkulturelle Öffnung und Gender Mainstreaming und der jeweils entwickelten Werkzeuge deutliche Synergie-Effekte hervor.

Der hier vorgestellte Kriterien- und Werkzeugkatalog kann als Beitrag zur evaluatorischen Praxis in Kultureinrichtungen ebenso dienen wie als Grundlage zur Entwicklung von Evaluationswerkzeugen für Diversity-Programme in pädagogischen und sozialen Organisationen.

Literatur

Banks JA (1981) Multiethnic education. Theory and practice. Allyn and Bacon, Boston

Bennett MJ (1986) A developmental approach to training for intercultural sensitivity. Int J Intercult Relat 10(2):179–195

Bustelo M (2003) Evaluation of gender mainstreaming: ideas from a meta-evaluation study. Evaluation 9(4):383–403

Deutsche Gesellschaft für Evaluation (2008) Standards für Evaluation, 4. Aufl. Deutsche Gesellschaft für Evaluation, Köln

Handschuck S, Schröer H (2003) Soziale Gerechtigkeit durch interkulturelle Orientierung Sozialer Arbeit. In: Hosemann W, Trippmacher B (Hrsg) Soziale Arbeit und soziale Gerechtigkeit. VSA-Verlag, Baltmannsweiler, S 181–188

Hesse H-G (2008) Interkulturelle Kompetenz: Vom theoretischen Konzept über die Operationalisierung bis zum Messinstrument. In: Bundesministerium für Bildung und Forschung (Hrsg) Kompetenzerfassung in pädagogischen Handlungsfeldern. Theorien, Konzepte und Methoden. Bundesministerium für Bildung und Forschung, Bonn, S 47–61

Hinz-Rommel W (1994) Interkultureller Selbsttest. Checkliste für die berufliche und ehrenamtliche Praxis sozialer Arbeit. Stuttgart

Höher F (2002) Diversity-Training. Perspektiven – Anschlüsse – Umsetzungen. In: Koall I (Hrsg) Vielfalt statt Lei(d)tkultur. Managing gender & diversity. Lit-Verlag, Münster, S 53–98

Kolland D (2007) Die „Neuköllner Leitlinien" – Interkulturelle Kulturarbeit in Berlin-Neukölln. In: Institut für Kulturpolitik der Kulturpolitischen Gesellschaft e. V. (Hrsg) Beheimatung durch Kultur. Kulturorte als Lernorte interkultureller Kompetenz. Klartext, Essen, S 100–112

M.A.R.E. (2005a) Leitfaden Implementierung interkultureller Kompetenz im Arbeitsalltag von Verwaltungen und Organisationen. Frankfurt a. M.

M.A.R.E. (2005b) Trainingshandbuch Implementierung interkultureller Kompetenz im Arbeitsalltag von Verwaltungen und Organisationen. Frankfurt a. M.

Markwirth J (2007) Aus der Sicht der Städte: Interkultur in Nürnberg. In: Institut für Kulturpolitik der Kulturpolitischen Gesellschaft e. V. (Hrsg) Beheimatung durch Kultur. Kulturorte als Lernorte interkultureller Kompetenz. Klartext, Essen, S 89–91

Statistisches Bundesamt (2007) Fachserie 1, Reihe 2.2 „Bevölkerung und Erwerbstätigkeit. Bevölkerung mit Migrationshintergrund – Ergebnisse des Mikrozensus 2005". Statistisches Bundesamt, Wiesbaden

Thomas RR (2001) Management of diversity. Neue Personalstrategien für Unternehmen. Wie passen Giraffe und Elefant in ein Haus? 1. Aufl. Unter Mitarbeit von Marjorie I. Woodruff. Gabler, Wiesbaden

Tondorf K, Krell G (1999) „An den Führungskräften führt kein Weg vorbei!". Erhöhung von Gleichstellungsmotivation und –kompetenz von Führungskräften des öffentlichen Dienstes. Hans-Böckler-Stiftung, Düsseldorf

Verloo M, Roggeband C (1996) Gender impact assessment. The development of a new instrument in The Netherlands. Impact Assess 14:3–20

Teil IV
Internationalisierung von Organisationen

Organisation interkultureller Kommunikation – interkulturelle Kommunikation in Organisationen: Eine vergleichende Untersuchung

Matthias Klemm

1 Einleitung[1]

Grenzüberschreitende Zusammenarbeit in Wirtschaft, Politik, im Vereins- oder Kulturleben wird in zunehmenden Maße als eine interkulturelle Konstellation erkannt, die spezifisch gestaltet werden muss: zunächst als ein „technisches Problem", wenn das zu erreichende Ziel einer Kooperation dadurch verkompliziert wird, dass Mitglieder verschiedener Länder oder Kulturen daran mitwirken; sodann als Chance, Ziele und Zwecke besser zu erreichen, als es in monokulturellen Gruppen möglich wäre; schließlich in Form der Vorstellung, durch interkulturelle Kooperation „dritte", in der nachfolgenden Darstellung europäische Identitäten und Kulturen hervorzubringen, also einen Beitrag zur sozialen Integration größerer Kollektive zu leisten.

Die steigenden Erwartungen an interkulturelle Kommunikation und an multikulturelle Arbeitsteams werfen die Frage auf, welche organisatorischen und individuellen Rahmenbedingungen gegeben sein müssen, damit eben jene Potenziale interkultureller Konstellationen sichtbar und nutzbar werden. Forciert stellt sich diese Frage unter der Bedingung des in der aktuellen Diskussion vorherrschen-

---

[1] Eine erste Version dieses Beitrags wurde von Nicolas Engel kritisch kommentiert und mit Verbesserungsvorschlägen versehen. Hierfür möchte sich der Autor ausdrücklich bedanken. Die Vorschläge wurden allesamt in die vorliegende Fassung eingearbeitet.

M. Klemm (✉)
Institut für Soziologie, Friedrich-Alexander-Universität
Erlangen-Nürnberg, Bismarckstr. 8, 91054 Erlangen, Deutschland
E-Mail: Matthias.Klemm@soziol.phil.uni-erlangen.de

M. Göhlich et al. (Hrsg.), *Organisation und kulturelle Differenz,*
Organisation und Pädagogik 12, DOI 10.1007/978-3-531-19480-6_16,
© VS Verlag für Sozialwissenschaften | Springer Fachmedien Wiesbaden GmbH 2012

den relativistischen Kulturverständnisses, demzufolge Kulturunterschiede nicht objektiv der Kommunikation vorgängig sind, sondern zumindest in ihrer Wirkung abhängig sind von der Art und Weise ihrer kommunikativen „Konstruktion" im Rahmen der Begegnung. Untersucht wird die aufgeworfene Frage vermittels eines Vergleichs dreier Settings, in denen interkulturelle Kommunikation unterschiedlichen organisationalen Rahmenbedingungen und Zwecksetzungen unterworfen ist.

In einem ersten Schritt wird ein Modell gelingender interkultureller Kommunikation skizziert. Dann wird auf die empirische Datengrundlage der vergleichenden Untersuchung eingegangen. Im Anschluss werden drei Settings organisierter interkultureller Kommunikation vorgestellt. Die Untersuchung wird mit einem Fazit abgeschlossen, das auf dem Vergleich der drei Settings beruht.

2 Theoretischer Zugang, Daten und Methoden

2.1 Gelingende Interkulturelle Kommunikation

Kommunikation findet statt, wenn und weil die Beteiligten nicht gleich sind, denn ohne Unterschiede gäbe es keinen Abstimmungsbedarf (Luhmann 1998, S. 39 f.). Interkulturelle Kommunikation impliziert hingegen nicht nur Unterschiede, etwa solche der Interessen oder des Informationsstandes, sondern auch Fremdheitserfahrung. Das heißt, dass die Andersartigkeit der Anderen nicht nur als Anlass für, sondern auch als Irritation in der Kommunikation verstanden wird (so Stichweh 2010, S. 162). Interkulturelle Kommunikation hat also zu tun mit einer Praxis, in der ein Umgang mit Fremdheit nötig wird. Es überrascht daher nicht, dass die einschlägigen Studien und Theorien interkultureller Interaktion häufig mit der Frage befasst sind, wie Unterschiede in interkultureller Kommunikation zugeschrieben werden (vgl. Fuchs 1999). Wie Taylor (Taylor 2009) in dem vieldiskutierten Essay zur Philosophie der Anerkennung hervorhebt, sind es Ansprüche auf Identität, die zu einer Herausforderung in interkultureller Kommunikation führen können: durch die Zuschreibung einer negativen Identität, aber auch durch die Aberkennung oder Delegitimation fremder Ansprüche auf eine eigenständige Identität oder auf eigene Weltdeutungen. Während der erste Fall unter dem Stichwort des Vorurteils eine intensive Diskussion erfahren hat, wird der zweite Fall aktuell wesentlich weniger häufig diskutiert. Der Anspruch auf eine eigene kulturelle Tradition weist auf das Problem des Umgangs mit solchen Ansprüchen hin, die mit Authentizität unterlegt werden und in Auseinandersetzungen um die Deutungshoheit in gemeinsamen Handlungsräumen eingebracht werden (vgl. Srubar 1998).

Abb. 1 Interkulturelle
Kommunikation, organisa-
torische Zweckstruktur und
Akteursmotive

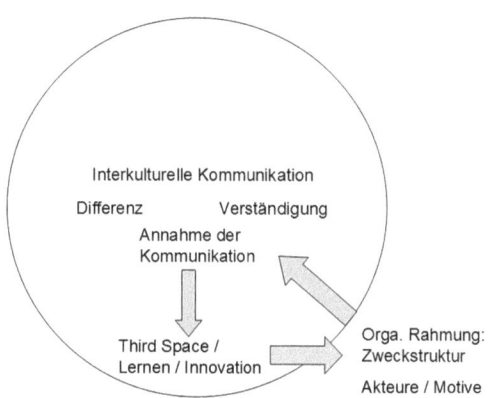

Interkulturelle Konstellationen können, folgt man den genannten Ansätzen, nur dann Lernprozesse erzeugen, wenn die Differenz der Akteure als Differenz im Sinne der Alterität für die Akteure in einem gemeinsamen Handlungsraum verfügbar ist, und die Emergenz „dritter" Identitäten besteht wiederum darin, dass verschiedene Deutungsmuster innerhalb des auf den Handlungsraum bezogenen Rahmens ihren Platz finden können – sei es in einer harmonischen, sei es in einer konfliktiven Form (vgl. für das politischen Feld: Mouffe 2010).

Allgemein gefasst: Interkulturelle Kommunikation gelingt, wenn „Kulturalisierung" Ansprüche auf Identität nicht verschüttet, Kooperation ermöglicht und die Weiterführung der Kommunikation auch in Konfliktfällen zulässt. Ob allerdings interkulturelle Kommunikation als eine anspruchsvolle Praxisform in der Lage ist, nicht nur die Genese von Verstehen zu ermöglichen, sondern dabei zugleich auch die Identitätsansprüche ebenso wie „kathektische" Ansprüche der Beteiligten (s. Parsons und Shils 1965) zu befriedigen und mit Organisationszwecken zu verbinden, ist offen. Dies lässt sich grafisch wie folgt darstellen (Abb. 1).

Durch die Platzierung der organisationalen Zweckstruktur sowie der Motivkonstellationen der beteiligten Akteure außerhalb des unmittelbaren Wirkungskreises interkultureller Kommunikationssituationen und -verläufe soll deren (relative) Eigenständigkeit gegenüber dem Kommunikationsgeschehen angezeigt werden. In der organisationsinternen Kommunikation werden natürlich sowohl Zwecksetzung als auch Motive und Interessen thematisch und diese werden in der kooperativen Praxis „bedient" oder verfehlt – gleichwohl erscheinen sie nicht nur in den einschlägigen Theorien, sondern auch in der Praxis selbst als dieser auferlegt und nur teilweise modifizierbar (s. für Zweckstrukturen etwa: Scheler 1999; für Motive und Interessen: Barnard 1948; zu einer empirischen Rekonstruktion am Beispiel von Expatriates: Klemm und Popp 2006). Wie organisatorische Zweckstrukturen und Akteursinteressen mit interkultureller Kommunikation in Organisationen zusammenhängen, wird im Folgenden durch die Kontrastierung dreier organisierter Settings interkultureller Kommunikation herausgearbeitet.

2.2 Datengrundlage

Die folgenden Ausführungen basieren auf Datenmaterial aus vier Forschungsprojekten[2]: zwei Studien zu interkultureller Kommunikation und Wissensaustausch in einem transnationalen Automobilunternehmen, einer Studie zur europäischen betrieblichen Mitbestimmung anhand dreier Automobil- und Automobilzulieferindustrie (sog. Eurobetriebsräte) und schließlich einer Studie zu acht grenzregionalen Organisationen an der bayerisch-böhmischen Grenze, die auf den Umgang mit sprachlichen und kulturellen Übersetzungsanforderungen bei der Umsetzung programmatisch vorgeschriebener Ziele hin untersucht werden. In allen Projekten kommen insbesondere Instrumente der qualitativen Forschungstradition in Erhebung und Auswertung zum Einsatz: Neben Interviews mit deutschen und tschechischen Projektpartnern wurden mit Beteiligten Gruppengesprächen wurden, Treffen teilnehmend beobachtet sowie verschiedene Dokumente ausgewertet.

Gemeinsam haben die Settings zwei Eigenschaften: Sie sind organisiert und unterliegen daher einer spezifischen Zwecksetzung und sie spielen sich im Verhältnis Deutschland-Mittelosteuropa ab und sind daher mit Verständigungsproblemen in einem spezifischen kulturellen Kontext belastet. Die Fälle unterscheiden sich aber auch hinsichtlich dieser Aspekte: die Organisationsformen und Zwecksetzungen divergieren und damit einhergehend die Verständigungsanforderungen und Ressourcen, diesen zu begegnen.

---

[2] Die ersten beiden Studien („Kommunikation im multikulturellen Unternehmen"; „Die Konstruktion von Glocal Knowledge") wurden von der DFG gefördert. Das dritte Projekt „Chancen transnationaler Solidarität" wurde der Hans Böckler Stiftung gefördert. Diese Projekte waren am Institut für Soziologie der Universität Erlangen-Nürnberg angesiedelt. Das vierte Projekt „Interkulturelle Übersetzung in grenzregionalen Organisationen. Herausforderungen und Praxen von Organisationen in der deutsch-tschechischen Grenzregion" wird als interdisziplinäres Verbundprojekt vom BMBF gefördert und von den Instituten für Pädagogik der Universität Erlangen und für Soziologie der Universität Münster sowie dem Bohemicum an der Universität Regensburg getragen.

3   Die empirischen Fälle

3.1   Management und interkulturelle Kommunikation in einem großen Industrieunternehmen

Im ersten untersuchten Fall kamen Investitionsinteressen eines deutschen Mutter-konzerns sowie die Überlebenssicherung einer tschechischen Firma unter Markt-bedingungen Anfang der 1990er Jahre zusammen. Die unternehmerische Verant-wortung in der tschechischen Firma wurde im Zuge eines Joint Ventures (später einer Übernahme) durch das deutsche Management übernommen; eine intensive Transformation und Reorganisation der Tschechischen Firma und die dauerhafte Entsendung einer großen Anzahl deutscher Manager in das tschechische Unter-nehmen waren die Folge. Obwohl Interkulturalität nicht im primären Fokus des „Change Management" stand, wurde den Beteiligten schnell klar, dass eine ein-seitige Umorientierung ausschließlich nach west-deutschem Vorbild in den Füh-rungs-, Kommunikations- und Arbeitsstilen nicht erfolgversprechend war. Statt-dessen wurde ein ausgefeiltes Modell des Change Management realisiert, bei dem auf einen Zeitraum von drei Jahren Führungspositionen doppelt besetzt wurden (sogenannte Tandems deutscher und tschechischer Manager), die beiden Sprachen Deutsch und Tschechisch wurden als Geschäftssprachen festgelegt und intensive Schulungen angeboten (ausführlich: Groenewald und Leblanc 1996; Dörr und Kes-sel 1997). Die ausgesprochene Asymmetrie zugunsten der deutschen Seite wurde in zunehmendem Maße von Identitätsforderungen vor allem auf der tschechischen Seite begleitet und erzwang eine Modifikation des zunächst zweifellos vorhande-nen Überlegenheitsanspruchs der deutschen Manager. Mit anderen Worten hat sich zwischen den deutschen und tschechischen Managern die Wahrnehmung aus-geprägter Differenzen in Kommunikations- und Arbeitsstilen verfestigt. Dies ist kein Ausgangspunkt, sondern das Ergebnis des zu Beginn recht schwierigen Um-gangs miteinander unter der Bedingung einer starken Asymmetrie zwischen bei-den Partnern (Jung et al. 2004; Srubar 2002).

3.2   Europäische betriebliche Arbeitnehmervertretung

Das folgende Setting wurde anhand einer Analyse der Zusammenarbeit in der europäischen Arbeitnehmerinteressenvertretung dreier Unternehmen der Metall-industrie entwickelt. Seit Mitte der 1990er Jahre werden in internationalen Unter-nehmen auf der Grundlage einer Europäischen Direktive sog. Europäische Be-triebsräte als Konsultationsgremien eingerichtet, in einem der untersuchten Fälle existiert die europäische Zusammenarbeit der Arbeitnehmervertreter bereits länger. Die Unternehmen mit Stammsitz in Deutschland weisen eine hohe Standortdichte in Deutschland, West- und Mittelosteuropa auf. Zwischen den Standorten hat sich in den vergangenen Jahren eine ausgesprochene Konkurrenz um Produktionsumfänge ausgebildet, die vom Management strategisch im Umgang mit der Arbeitnehmerschaft genutzt wird. Konzessionen von Arbeitnehmervertretern an einem Standort führen teilweise zum Verlust von Arbeitsplätzen an einem anderen und legen ein Verhalten nach dem Sankt-Florians-Prinzip nahe: „Verschon mein Haus, zünd andere an." Für Arbeitnehmervertreter erhält internationale Kommunikation daher eine herausragende Bedeutung: Standortdrohungen können so durch Informationsaustausch realistisch eingeschätzt werden, über Kooperationen kann das lokale Management international diszipliniert werden. Schließlich können Belegschaftsvertreter auch eigene Absprachen vereinbaren und gegebenenfalls gemeinsam durchsetzen. Grundlage bildet die Entwicklung einer transnationalen Solidarität zwischen Arbeitnehmern (vgl. für eine ausführliche Darstellung Klemm et al. 2011; zur Solidaritätsdebatte Gerlach et al. 2011). In den untersuchten Fällen gelingt es zwar, Informationen aus den Standorten auszutauschen und den Eurobetriebsrat auch zu nutzen, um konkrete Missstände an einzelnen Standorten über die Unternehmenszentralen abzustellen, aber in allen Fällen ist die Einbindung in die Vertrauensbeziehungen unvollständig und wird der Stand des Erreichten als ungenügend eingestuft: Zwar sei es im Interesse aller, enger zusammenzuarbeiten, aber die jeweiligen Einzelinteressen würden dies verhindern. Auf internationale Solidarität könne man sich kaum verlassen.

3.3 Grenzregionale Organisationen

Im Zuge der sog. Euroregionalisierung wurden und werden in europäischen Grenzregionen in großer Zahl Organisationen und Projekte ins Leben gerufen, deren primärer Zweck die Herstellung grenzüberschreitender Kooperationen sind. Man wird sagen können, dass die Zielstellung in der Überführung wechselseitiger Vorbehalte oder zumindest einer Indifferenz in geregelte soziale Austauschbeziehungen zwischen Einwohnern und Einrichtungen der Grenzregionen besteht. Das Spektrum der Felder der Kooperation ist weit und reicht von Verwaltungskooperationen der Gebietskörperschaften über Interessenverbände, Bildungs- und Kultureinrichtungen hin zu im engeren Sinne wirtschaftlichen Kooperationen. Zu den Charakteristika der von uns untersuchten Einrichtungen gehört ein in der Regel hoher Grad externer Abhängigkeit, der durch die (Re-)Finanzierung über Förderung und die Bindung an politische, häufig europa-integrative, Zielsetzungen entsteht. Auf der anderen Seite findet sich in der von uns untersuchten Region Bayern-Böhmen ein ausgebildetes Milieu mit stark ausgeprägter emphatischer Zugehörigkeit zu grenzüberschreitenden Projekten. Im formalen Sinne bestehen meist keine einheitlichen Organisationszugehörigkeitsregeln, sondern Verträge regeln die Beziehungen (mindestens) zweier Organisationen auf der bayerischen bzw. böhmischen Seite. Insofern kann weniger von einer gemeinsamen Struktur und muss eher von Parallelstrukturen gesprochen werden.

4 Fallvergleich

Aus den interkulturellen Kontaktsituationen entwickeln sich unterschiedliche Modi der Verständigung heraus, die in unterschiedlichem Maße mit den Zweckstrukturen der Organisationen verbunden werden und deren Umgang mit den biografischen Ressourcen der Beteiligten ebenfalls variiert.

4.1 Verständigung und Zwecksetzung

Im ersten Falle sehen wir, dass Unterschiede klar benannt werden, es existieren aber auch gemeinsame Semantiken, die den Umgang der beiden Kulturen miteinander als dynamisches Gemisch beschreiben. Konflikte, die in der konkreten Zusammenarbeit werden vor dem Hintergrund wahrgenommener unterschiedlicher Kommunikations-, Handlungs- und Führungsstile nicht noch einmal kulturalisiert (und damit als kollektives Versagen zugeschrieben). Sie werden historisiert und personalisiert. Unternehmerischer Erfolg dient als Stabilisierungsfaktor und ist eingebettet in eine geteilte Semantik von Markt und Leistung. Interkulturelle Kommunikation gelingt, insoweit Unterschiedlichkeit akzeptiert und thematisiert wird und die damit verbundenen Ansprüche in einem gemeinsam geteilten sozialen Raum des Unternehmens koexistieren. In dem Maße, als diese Unterschiede allen Seiten zugänglich sind, ist ein gemeinsames Arbeiten möglich und konnte die Asymmetrie auf der Ebene der Verständigung überführt werden in ein wechselseitiges Verhältnis auf Augenhöhe (ausführlich: Klemm und Popp 2008).

4.2 Gemeinsamkeit des Handlungsraumes

Im Fall europäischer Betriebsräte besteht der Umgang mit Kultur einerseits darin, dass Unterschiede in ihrer Relevanz für die Kooperation bestritten werden: Arbeitnehmervertreter unterliegen, so die Ansicht, überall denselben Imperativen und sind einander aufgrund ihrer sozialen Lage und ihrer Zielsetzung solidarisch verbunden. Die vordergründige Zurückweisung von Unterschieden erstaunt, da europäische Treffen begleitet sind von ganz erheblichen Verständigungsproblemen, an denen viele wichtige Formen der informellen Vergemeinschaftung scheitern (etwa gemeinsames Biertrinken, das in Sprachlosigkeit mündet, Unmöglichkeit der Einschätzung eines Kooperationspartners anhand seiner Mitgliedschaft in einer Gewerkschaft usw.). Unter diesen Bedingungen werden Sprachwahlentscheidungen, um ein Beispiel zu nennen, schnell zum Politikum: Die Weigerung, „pragmatisch" das Deutsche zu nutzen, wird etwa mittelosteuropäischen Gewerkschaftern als Minderwertigkeitskomplex vorgehalten. Andererseits werden – von West nach Ost – Mentalitätsrückstände attestiert, die für das Scheitern eines gemeinsamen Vorgehens verantwortlich gemacht werden. Währenddessen wird – von Ost nach West – eine Bevormundungspraxis attestiert, die aus der östlichen Perspektive auf geerbter Macht und mangelnder Kontextkenntnis basiert. Kulturelle Unterschiede treten so wieder ein und zwar entlang der ehemaligen Linie des „eisernen Vorhanges". Kulturelle Unterschiede werden dann thematisch, wenn das beobachtete Verhalten anderer als defizitär wahrgenommen wird. Die wichtigste sachliche Konsequenz ist, dass es kaum zu einer Akzeptanz der jeweiligen Situationsbeschreibungen kommt, eben weil die gemeinsam unterstellte ähnliche soziale Lage die Tatsache verdeckt, dass auf beiden Seiten unterschiedliche Lagen und Probleme vorherrschend sind.

4.3 Biografische Orientierung

In Übereinstimmung mit den integrativen, in der Regel moralisch hoch aufgeladenen Zweckprogrammen (Vermittlung, Brückenbau, gute Nachbarschaft etc.) blicken die Grenzorganisationen auf eine von Engagement und Euphorie getragene Startphase ihres Bestehens zurück. Mit der Dauer der Kooperationen schieben sich jedoch andere Aspekte in den Vordergrund: Vor allem die Stabilisierung ihrer Ressourcenlage und der Verlängerung ihrer Zeithorizonte. Dabei wird der Bezug auf gemeinsame Ziele zunehmend schwierig: Diese erscheinen als abstrakte Rhetorik, hinter der durchaus widersprüchliche und unterschiedliche Interessen der je nationalen (oder regionalen) Träger stehen. Die Einrichtungen sehen sich einerseits mit der Aufgabe konfrontiert, ihren nationalen Prinzipalen stärker Rechnung zu tragen. Andererseits verlieren die langfristigen Zielhorizonte der europäischen Integration an Überzeugungskraft, nicht zuletzt biografisch: Viele Projekte kämpfen sich von Förderperiode zu Förderperiode und bieten entsprechend befristete Beschäftigung mit ungewisser Zukunft. Die Projekte befinden sich so unter gesteigerten Verständigungsanforderungen in der Vermittlung divergierender Entwicklungsperspektiven. Allerdings fahren viele Beteiligte gerade auf der deutschen Seite ihr anfängliches Engagement etwa in Sachen Sprachlernen zurück, während ihre tschechischen Kollegen erwarten, irgendwann von der leidigen Übersetzungsarbeit entlastet zu werden. Deutlich wird die Verkomplizierung der Beziehungen auch an der Unsicherheit und Angreifbarkeit der Kompromisse, die gefunden werden. Konfligierende Einschätzungen werden häufig nicht weiter verfolgt, strittige Fragen in die Zukunft delegiert.

5   Fazit

Zieht man die sehr unterschiedlichen „outputs" der Kooperationsweisen in Betracht, stellt sich die Frage nach den Gründen für die unterschiedlichen Dynamiken. Der Fall der grenzregionalen Projektorganisationen ist dabei besonders instruktiv: Eine differenzierte Analyse zeigt, dass diejenigen Grenzorganisationen einen Umgang mit Interkulturalität in der Form von Differenz und Anerkennung gefunden haben, die erstens über eine klare und langfristige Mandatierung verfügen, z. B. durch Staatsverträge und einen hoheitlichen Auftrag. Zweitens bieten diese Organisationen langfristige Beschäftigungsmöglichkeiten in der grenzüberschreitenden Zusammenarbeit, verfügen über kontinuierliche interkulturelle Teams und bieten zusätzliche Schulungsangebote (v. a. Sprachlernen). Zum Gelingen interkultureller Kooperation trägt ganz offensichtlich die Aussicht bei, auch in der Zukunft in einem grenzregionalen Milieu Beschäftigung zu finden. Die in interkulturellen Situationen enthaltenen Möglichkeiten der Verständigung und der Akzeptanz anderer Sichtweisen bedarf also einer praxistranszendierenden Abstützung. So gesehen kommt der Fall des „Global Player" der Vorstellung gelingender Kommunikation am nächsten: eine übergreifende (Leistungs-)Semantik, langfristige Horizonte, intensive Begegnung und persönliches Commitment werden verbunden. Im Falle der Europäischen Arbeitnehmerkooperation werden die Akteure eher durch Konkurrenzzwänge und ihre unbefragt notwendig lokale tätigkeitsbezogene Rückbindung an die je eigenen Belegschaften und Ligaturen, aber auch durch abstrakte Gleichheitspostulate in der Nutzung der europäischen Verständigungsplattform beschnitten. Die Disposition über die organisationale und biographische Zukunft ist auch die große Schwachstelle der grenzregionalen Kooperationen – eine Schwachstelle, die durch Moral und Emphase mittelfristig nicht ausgeglichen werden zu können scheint, wie der Kontrast zwischen den stark mandatierten und den eher zivilgesellschaftlich aufgestellten Einrichtungen zeigt.

Internationale Verständigung hängt, wie gesehen, von der Form der „Kulturalisierung" in der Kommunikation ab, davon, wie Differenz wahrgenommen, artikuliert und zu welchen Zwecken sie verwendet wird. Erstens bestimmen Zwecksetzung und Mittelausstattung Reichweite und Stabilität der Gemeinsamkeit des Handlungsraumes. Zweitens bedürfen gemeinsame, dritte Identitäten einer gemeinsamen Pflege der Unterschiede, also einer Organisationskultur, die Inklusion verschiedener Perspektiven nahe legt. Im Organisationsrahmen geht es um die Bereitstellung von Orientierungs- und Identifikationsmöglichkeiten an der Schnittstelle zu den Mitgliedern und mindestens so sehr um eine stabile zeitliche Perspektive, die es erlaubt, Unterschiedlichkeit als Entwicklungsmöglichkeit wahrzunehmen. Dass diese Perspektive eröffnet wird, setzt drittens eine gewisse Dauerhaftigkeit und ein Einspielen der Akteure aufeinander in alltäglichen Interaktionssituationen voraus, die nicht alleine auf die Überwindung kommunikativer Hindernisse ausgerichtet sind. Auch die biografischen Lebenspläne des Personals müssen eine entsprechende „Investition" in das Lernen erstrebenswert erscheinen lassen. Nur dann sind interkulturelle Konstellationen davon entlastet, ihren eigenen Rahmen und ihre eigenen Bedingungen zu organisieren.

Aus der vorgelegten Analyse folgt, dass interkulturelle Kommunikationssituationen in Organisationen nicht aus sich heraus produktiv sind, sondern von den Bedingungen mitbestimmt werden, die organisational und biografisch vorstrukturiert sind.

Literatur

Barnard C (1948) The function of the executive. Harvard University Print, Cambridge

Dörr G, Kessel T (1997) Transformation durch Kooperation und Kommunikation. Erfahrungen aus Joint ventures in Tschechien. In: Höhne S, Nekula M (Hrsg) Sprache, Wirtschaft, Kultur. Deutsche und Tschechen in Interaktion. Iudicum, München, S 99–126

Fuchs M (1999) Kampf um Differenz. Repräsentation, Subjektivität und soziale Bewegungen. Das Beispiel Indien. Suhrkamp, Frankfurt a. M.

Gerlach F, Greven T, Mückenberger U, Schmidt E (Hrsg) (2011) Solidarität über Grenzen. Gewerkschaften vor neuer Standortkonkurrenz. Edition Sigma, Berlin

Groenewald H, Leblanc B (Hrsg) (1996) Personalarbeit auf Marktwirtschaftskurs. Transformationsprozesse im Joint Venture Škoda-Volkswagen. Luchterhand, Neuwied

Jung A, Klemm M, Schmidt G, Simeunovic V, Srubar I (2004) Culture matters – the success story of the Volkswagen-Skoda venture. In: Faust M, Voskamp U, Wittke V (Hrsg) European industrial restructuring in a global economy: fragmentation and relocation of value chains. SOFI, Göttingen, S 201–217

Klemm M, Popp M (2006) Nomaden wider Willen: Der Expatriate als Handlungstypus zwischen Alltagswelt und objektiver Zweckbestimmung. In: Gebhardt W, Hitzler R (Hrsg)

Nomaden, Flaneure, Vagabunden. Wissensformen und Denkstile der Gegenwart. VS Verlag für Sozialwissenschaften, Wiesbaden, S 126–139

Klemm M, Popp M (2008) The renaissance of car production in central Eastern Europe: knowledge exchange and cultural dynamics at Škoda auto. In: Furukawa S, Schmidt G (Hrsg) The changing structure of the automotive industry and the Post-Lean Paradigm in Europe. Comparisons with Asian business practices. Kyushu University Press, Kyushu, S 180–205

Klemm M, Kraetsch C, Weyand J (2011) „Das Umfeld ist bei ihnen völlig anders" – Kulturelle Grundlagen der europäischen betrieblichen Mitbestimmung. Edition Sigma, Berlin

Luhmann N (1998) Die Gesellschaft der Gesellschaft, 2 Bd. Suhrkamp, Frankfurt a. M.

Mouffe C (2010) Über das Politische. Wider die kosmopolitische Illusion. Bpb, Bonn

Parsons T, Shils EA (Hrsg) (1965) Toward a general theory of action. Theoretical foundations for the social sciences. Harper & Row, New York

Scheler M (1999) Arbeit und Ethik [1899]. In: Scheler M (Hrsg) Ethik und Kapitalismus. Zum Problem des kapitalistischen Geistes. Philo, Berlin, S 33–68

Srubar I (1998) Ethnicity and social space. In: Balla B, Sterbling A (Hrsg) Ethnicity, nation and culture. Central and East European Perspectives, Hamburg, S 47–64

Srubar I (2002) Strukturen des Übersetzens und interkultureller Vergleich. In: Renn J, Straub J, Shimada S (Hrsg) Übersetzung als Medium des Kulturverstehens und der sozialen Integration. Campus, Frankfurt a. M. S 323–345

Stichweh R (2010) Der Fremde. Studien zu Soziologie und Sozialgeschichte. Suhrkamp, Frankfurt a. M.

Taylor C (2009) Die Politik der Anerkennung. In: Taylor C (Hrsg) Multikulturalismus und die Politik der Anerkennung. Suhrkamp, Frankfurt a. M, S 11–68

Organisationale Grenzgänger? Professionelle Akteure in internationalen Kooperationen

Birgit Althans und Juliane Lamprecht

Einleitend sei bemerkt, dass in dem – unserem Beitrag zugrunde liegenden – internationalen Forschungsprojekt zu Kooperationsformen unterschiedlicher Professionskulturen nicht nur die professionellen Akteure zu Grenzgängern wurden: Auch unser eigenes Forschungswissen wurde durch unerwartete „cultural turns" und kulturelle Wechselwirkungen irritiert – ganz im Sinne von Argyris/Schöns Ausführungen zum Untersuchen organisationaler Lernprozesse „à la Dewey" (Argyris und Schön 1999, S. 45). Wir wollen im Folgenden versuchen, das Potential dieser Irritationen für Organisationsentwicklungsprozesse darzustellen.

In dem Forschungsprojekt sind wir auf einen für uns überraschenden Effekt der Kooperationen gestoßen: Lehrer, Kultur- und Tanzpädagoginnen sowie die beteiligte Psychologin, die in einer berufsvorbereitenden IPDM-Klasse[1] mit sozial benachteiligten Jugendlichen gemeinsam pädagogisch tätig wurden, beschrieben im Rahmen von responsiven Evaluationsgesprächen, wie ihre Kooperationserfahrun-

---

[1] Die Abkürzung IPDM steht für „Initiation Professionelle Divers Metier" und meint Berufsorientierung. Im Schuljahr 2009/2010 besuchten 378 von insgesamt 37.941 luxemburgischen Schülern eine IPDM-Klasse (Daten auf telefonische Anfrage beim statistischen Amt des „Ministère de l'Education nationale et de la Formation professionelle" am 15. Dezember 2010).

B. Althans (✉)
Universität Trier, Abteilung Sozialpädagogik I,
Universitätsring 15, 54296 Trier, Deutschland
E-Mail: Althans@uni-trier.de

J. Lamprecht
Fachbereich Erziehungswissenschaft und Psychologie,
Freie Universität Berlin, Arnimallee 11, 14195 Berlin, Deutschland
E-Mail: j.lamprecht@fu-berlin.de

M. Göhlich et al. (Hrsg.), *Organisation und kulturelle Differenz,*
Organisation und Pädagogik 12, DOI 10.1007/978-3-531-19480-6_17,
© VS Verlag für Sozialwissenschaften | Springer Fachmedien Wiesbaden GmbH 2012

gen innerhalb dieses interregionalen und internationalen Projekts die routinierten Abläufe in ihren jeweiligen Herkunfts-Organisationen zu irritieren begannen.

Diesen Effekt möchten wir zum Anlass nehmen, um drei Fragen nachzugehen, die zugleich unseren Beitrag strukturieren:

1. Wie lassen sich internationale und interdisziplinäre Kooperationen als Erfahrungsraum professions- und damit verbundener organisationskultureller Differenzen untersuchen?
2. Welche Rückwirkungen hatten die Irritationen auf die eigene Organisationskultur – im Sinne einer Organisationsentwicklung?
3. Welches Potential birgt ein professionelles Handeln, das internationalisiert wurde, für die jeweilige Herkunftsorganisation?

1 Das rekonstruktiv-responsive Forschungsdesign und sein erster Gegenstand: Die Bühne als Drehpunkt

Bevor der Projektkontext näher erläutert, die empirischen Ergebnisse zur Diskussion gestellt und methodologische Konsequenzen erläutert werden, soll zunächst das Untersuchungsdesign nachgezeichnet werden: Das responsive, prozessanalytisch angelegte Evaluationsdesign kombinierte Gruppendiskussionen und Teilnehmende Beobachtungen in einem Zeitraum von 6 Monaten (in 2010). Über ein halbes Jahr haben wir auf Basis dieser Erhebungen prozessanalytische Evaluationsgespräche geführt, in denen die Vertreter der Organisationen ihre Erfahrungen austauschen konnten, die wiederum durch unsere Interpretationen um einen praxeologischen Forschungszugang erweitert wurden. Das meint, dass die responsiven Evaluationsgespräche, in denen die Projektbeteiligten ihr Wissen als „irritierte" Orientierungen entfalteten, als ein Raum bestimmt werden kann, in dem ihre unerwarteten Erfahrungen durch die Interpretationen der Evaluatoren aufgegriffen und ihnen somit aus einer erweiterten Perspektive verfügbar gemacht wurden. In diesen Gesprächen thematisierten wir die nicht-intendierten Effekte der Programmumsetzung als Hinweise auf organisationale Entwicklungspotentiale.

Die Universität Trier hat dieses Projekt in Kooperation mit Schulen, dem *Ministère de l'Education nationale et de la Formation professionnelle* sowie dem *Centre de psychologie et d'orientation scolaires Luxembourg* (CPOS) und zwei deutschen Organisationen, die mit kultureller Arbeit befasst sind, durchgeführt. In diesem Projekt mit dem Titel: „Wo stehe ich – wo will ich hin?" wurden Luxemburger Schülern, die ihren Hauptschulabschluss nicht geschafft und für ein Jahr das Recht auf die Teilnahme an einer sogenannten IPDM-Klasse haben, alternative Lernräume zu den üblichen Konditionen eröffnet. Das Ministerium für Schul- und Unterrichtsforschung beauftragte zusammen mit dem CPOS die Universität Trier, ihr Luxemburger Modell als spezielles Schulentwicklungsprogramm zu evaluieren. Dieses Programm erweitert die Idee der IPDM-Klasse um eine sogenannte „Künstler- und Lebensbühne", auf der die Jugendlichen unter Anleitung eines Teams aus einer Psychologin des CPOS, zwei Lehrern ihrer Schule, einer Kulturpädagogin aus einem Trierer Kulturzentrum sowie einer Tanzpädagogin aus einer Kulturfabrik in Luxemburg neue „Standpunkte" erproben sollen. Der Terminus Standpunkt wurde hier sowohl für das Tanzprojekt wie auch für die Berufsorientierung metaphorisch gewählt, um auszudrücken, dass es für in der Schule gescheiterte Jugendliche zunächst einmal wichtig ist, „wieder Boden unter die Füße zu bekommen" sowie eine Position oder Haltung zu finden, die sie für sich selbst vertreten und durch die sie agieren können. Den Jugendlichen wurde zwei Mal pro Woche ermöglicht, in einem Übungsraum in der Schule Theaterübungen durchzuführen und Begriffe wie „Vertrauen" performativ auf der Künstlerbühne für einander aufzuführen und diese dann mit den Tänzerinnen und Kulturpädagoginnen zu bearbeiten und zu inszenieren. Die Bühne wurde so in diesem Projekt zu einer Art „Drehpunkt", wie er von Georg Simmel in seiner „Soziologie des Raumes" (1903) gefasst wurde, als gewissermaßen flüchtige „Fixierung", die räumliche Festlegung eines Interessengegenstandes, der wiederum bestimmte Beziehungsformen um sich gruppiert (Simmel 1903/1995, S. 146). Dies gilt nicht nur für die in der Klasse zusammengeführten Jugendlichen, sondern auch für die sie unterstützenden Tänzerinnen, die sie punktuell beobachtenden Lehrer wie für die Psychologin als Repräsentantin der psychologischen Organisation, die Erfahrungen der Jugendlichen mit Hilfe eines anderen Mediums – der Bildproduktion – reflektiert. Aufgrund dieser Fokussierung des Projekts auf „Bewegung im Raum" und „Bühne" werden im folgenden die Raumsoziologie Simmels, dem das große Verdienst zukommt, als einer der Ersten auf die soziale Verfasstheit des Raumes und die Bedeutung des Fremden als Wanderer zwischen den Welten hingewiesen zu haben und die Theorie des Ethnologen Victor Turner, die das experimentelle Theater mit Übergangs- und Initiationsritualen vergleicht (Turner 1982/1995), zur Diskussion der empirischen Ergebnisse herangezogen.

Auf der Bühne wird den Jugendlichen durch die theater- und tanzpädagogischen Rahmungen und Übersetzungen ihrer Orientierungssuche somit zunächst einmal ein Raum gegeben, der ihre Erfahrungen rahmt bzw. produktiv „begrenzt":

> Immer fassen wir den Raum, den eine gesellschaftliche Gruppe in irgendeinem Sinne erfüllt, als eine Einheit auf, die die Einheit jener Gruppe ebenso ausdrückt und trägt, wie sie von ihr getragen wird, der Rahmen, die in sich zurücklaufende Grenze eines

Gebildes, hat für soziale Gruppen sehr ähnliche Bedeutung wie für ein Kunstwerk. (Simmel 1903/1995, S. 138)

Die Grenze entsteht für Simmel dabei als „soziologische Tatsache, die sich räumlich formt" (ebd., S. 141). Die Bühne lässt sich so als sozial geformte räumliche Tatsache fassen, die die nachschulischen und vorberuflichen Orientierungsbewegungen der Jugendlichen nicht nur als experimenteller Schutzraum begrenzt, sondern zugleich als „Zwischenraum", als „Schwellenzustand" fungiert, der ihnen einen Übergang in einen anderen Zustand ermöglicht:

> Wenn Personen, Gruppen, ein System von Vorstellungen usw. von einer Ebene oder Form der Organisation bzw. Regulation ihrer interdependenten Teile bzw. Elemente zu einer anderen übergehen, muss es eine Nahtstelle oder, um die Metapher zu wechseln, ein – wenn auch noch so kurzes – Intervall geben, eine *Schwelle (limen)*, an der die Vergangenheit für kurze Zeit negiert, aufgehoben oder beseitigt ist, die Zukunft aber noch nicht begonnen hat – einen Augenblick reiner Potentialität, in dem gleichsam alles im Gleichgewicht zittert. (Turner 1982/1995, S. 69)

Diese Potentialität – das machen die nachfolgenden Beispiele deutlich – irritiert die beteiligten Organisationen.

2   Rückwirkende Irritationen als Anlässe organisationalen Lernens?

2.1   „Können dann schön tanzen, aber haben keinen Abschluss"

Gleich zu Beginn kam es bei der Ausführung des Evaluationsauftrags[2] zu unerwarteten „Übersetzungsschwierigkeiten": Vergeblich versuchten die Evaluierenden, das Konzept der „ästhetischen Bildung" in den Bildungsprogrammen Luxemburgs zu finden. Der zentrale Ansatzpunkt des Projekts befand sich somit in einem wenig institutionalisierten Rahmen[3] und stellte bereits auf programmatisch-struktureller Ebene eine Irritation für die Organisation Schule dar.

---

[2] Die Methodentriangulation der Teilnehmenden Beobachtung und der Gruppendiskussionen für responsive Evaluationen wurde in Kooperation mit Nicolas Engel M.A. (Lehrstuhl Prof. Göhlich, FAU) konzipiert und durchgeführt. Die umfangreichen Erhebungen und Auswertungen konnten durch die Mitarbeit von Dipl. Pädagoge Marc Tull und der Studentin Pamela Roland umgesetzt werden.

[3] Nach Aussage des „Ministère de l'Education" kommt ästhetischer Bildung in Luxemburg der Status einer „transversalen" Kompetenz zu, die in sämtlichen Schulfächern und im Spe-

Der Schulleiter wusste von weiteren Irritationen zu berichten:

Schulleiter: „Also uns hat das Projekt großen Ärger eingebracht, die Lehrer die beteiligt waren, wurden von den andern hier an der Schule plötzlich ganz komisch beäugt: der denkt wohl er is was Besseres. Warum sind denn nun deutsche Künstler hier an der Schule? Sind wir als Lehrer nicht mehr gut genug? Und was haben sie am Ende davon? Können dann schön tanzen, aber haben keinen Abschluss. Na das könnt ihr schön dem Arbeitsamt erklären. Was das kostet? Und die Zeit sollten sie lieber Mathe lernen. Es gab einen solchen Wirbel im Kollegium dass ich kurz davor war das Projekt abzubrechen."

Mit Karl Weick (vgl. Weick 1985, 2009) lässt sich in den Beschreibungen des Schulleiters eine *produktive* Ambivalenz innerhalb der Organisationskultur erkennen, die der Schulleiter als interkollegiale Konflikte rahmt. Die Lehrer und Lehrerinnen fühlten sich von der neuen Entwicklung offenbar bedroht. Auf der Grundlage unserer Ergebnisse zur Dynamik in der Schule und im CPOS, die infolge der internationalen Kooperation entstand, beschrieben wir ihre Unsicherheiten und Schwankungen wertschätzend. Ähnlich wie die Jugendlichen auf der Bühne, befanden sich auch die Vertreter der Organisationen in einem „Schwellenzustand" (Turner 1982/1995, S. 84 ff.). Wir fassten dies als Bedingung für organisationales Lernen auf, das mit Rekurs auf Karl Weick organisationstheoretisch ähnlich wie bei Victor Turner beschreibbar wird. Bei Weick materialisiert sich Turners „Anti-Struktur" jedoch als netzwerkartiges Gebilde, das sich in „Fakten" niederschlägt: Weick beschreibt als Substanz von Organisationen wechselseitige, unstete und fließende Abhängigkeiten zwischen Menschen, die einen wesentlichen Anteil an der „Schaffung von Realitäten" haben, „die sie dann als ‚Fakten' sehen, denen sie sich anpassen müssen" (Weick 1985, S. 26). Und später: „Im Gegensatz zu dem vorherrschenden Bild, dass Elemente in Organisationen durch enge und dichte Verbindungen gekoppelt seien, wird (…) vorgeschlagen [sich vorzustellen, J.L./B.A.], dass die Elemente oftmals in loser Weise verknüpft sind." (Weick 2009, S. 85).

---

ziellen im Musik- und Kunstunterricht vermittelt werden soll. Dabei wurden wir auf die Schulprogramme der Primar- und Sekundarstufe verwiesen (http://www.men.public.lu/, Stand: November 2011). Schaut man sich diese Schulprogramme aber genauer an, zeigt sich, dass in den benannten Schulfächern die pathischen Bildungsmomente nahezu ausgeklammert werden – ästhetische Bildung wird hier weniger mit leiblich-sinnlichen, als vielmehr mit körperlich-sportlichen Lernprozessen verbunden (http://www.men.public.lu/, Stand: November 2011). So werden für den Sportunterricht beispielsweise Ziele wie das Erlangen von Ausdauer und das taktische Überlegen in Spielsituationen aufgelistet.

Organisationsentwicklungsprozesse, die auf der Idee einer gezielten Gestaltbarkeit basieren, sehen sich daher vor das Problem gestellt, organisationale Lernprozesse nur mäßig kontrollieren oder gar initiieren zu können. Wir fragten daher – gemäß Argyris/Schöns Dewey-Rezeption in ihrem Konzept des organisationalen Lernens – nach den unerwarteten und nicht-intendierten Entwicklungen insbesondere in internationalen Organisationskooperationen, nach den Zweifeln, die die Kooperationen für die in sie Verwickelten aufwerfen.

> Während Peirce (1877) den Zweifel als eine Eigenschaft des individuellen Bewusstseins betrachtete, glaubte Dewey (1938), dass wir zweifeln, weil wir uns in einer Situation befinden, die von Hause aus zweifelhaft ist. Er meinte, die Untersuchung beginne mit einer unbestimmten, problematischen Situation, einer Situation, deren inhärente Unstimmigkeit, Unklarheit oder Verwirrung das Handeln blockiert. Und der Untersuchende bemüht sich, diese Situation zu klären, und damit den Handlungsfluss wiederherzustellen. (Argyris und Schön 1999, S. 46)

Um diesem Erkenntnisinteresse nachzugehen, bedurfte es jedoch der Forschungsinstrumente, die die Mehrdeutigkeit und Unplanbarkeit von Lernprozessen – und somit auch das Nicht-Lernen als Teil des Balance-Akts gemäß Weicks Konzept der Stabilität und Flexibilität[4] – in den Blick nehmen können.

2.2 Nicht-Intendierte Effekte organisationalen Lernens in inter-nationalen Kooperationen: Zwitter, Liaison oder Rendez-Vous?

Das Potential eines solchen Vorgehens zeigt sich bei unserer Untersuchung der nicht-intendierten Effekte von *inter*-nationalen Kooperationen:

Die Vertreterin des deutschen Kulturzentrums beschrieb im Rückblick auf die Projektarbeit, dass sie unerwarteter Weise immer „dazwischen war". Während die Bühne als ein „Zwischenraum" für die jugendlichen Adressaten erwünscht war, war der gefühlte Sozialraum des „Dazwischen-Seins" für die professionelle Akteurin irritierend. Ihre Organisation hatte nirgends einen richtigen Platz und so kam der Vertretung ihrer Organisation die ungeplante Rolle zu, „der rote Faden" zu sein:

Pcw: „Also bei mir war es sehr spannend, weil letztendlich ging es darum meine Rolle war ja dann so eher ähm Projekt ähm -leiterin. und als solche, das ist schon verrückt, ich die immer in so ner Zwitterrolle war; ich war immer

---

[4] Laut Weick (1985, S. 17) sind Organisationen, die ihre früheren Erfahrungen sowohl glauben als auch bezweifeln, flexibler und anpassungsfähiger.

in ner Zwitterrolle und ich war der rote Faden was auch immer das heißt ich kam immer son bisschen aber wir haben geguckt wie wir diese Liaison finden."

Die Rolle in der Kooperation wird von der Akteurin als „Zwitterrolle" beschrieben, die sie offenbar zunächst als Angriff auf ihre Autorität als „Projekt ähm -leiterin" empfand. Der Begriff des Zwitters wurde in letzter Zeit durch seine Verwendung in Latours Terminologie aufgewertet, der in seiner „symmetrischen Anthroplogie" den Dingen, mit denen Menschen in ihrem (beruflichen) Alltag hantieren, eine sehr aktive, Beziehungen konstituierende Rolle zubilligt. Hybriden sind für Latour nicht-menschliche Wesen, die – besonders in den von ihm untersuchten Laborkontexen – als Zeugen fungieren:

> Diese nicht-menschlichen Wesen, die keine Seele haben, denen man jedoch einen Sinn zuspricht, sind sogar zuverlässiger als die normalen Sterblichen, denen man zwar einen Willen zuspricht, die aber unfähig sind, Phänomene auf zuverlässige Weise anzuzeigen. (Latour 2008, S. 35)

Ganz ähnlich beschrieb die menschliche Akteurin hier ihre Rolle: Sie wirkte als Zeugin der Kooperationsprozesse, aber auch als ein sie vernetzendes „Ding": „und ich war der rote Faden was auch immer das heisst". Die Metapher des Fadens verweist auf ihre ihr durch die Kooperationsprozesse erwachsende Funktion der Vernetzung. Zu solch konstitutivem vernetzenden Element aufgewertet, erscheint ihr die eigene Kooperationstätigkeit nicht nur „spannend", sondern sogar erotisch, als „Liaison", als kurzfristige Liebesbeziehung. Einerseits beschreibt dies präzise die zeitliche Begrenztheit dieser internationalen Kooperation. Der Ausdruck „Liaison" verweist auf das Problem des Arbeitens in Projektstrukturen, auf die Kurzfristigkeit, das bloße „Anreißen" als Struktur im Kultur- und Sozialbereich. Gleichzeitig wird dies in der Metapher Liaison auch erotisiert, was aus der Perspektive der Organisationsentwicklung besonders interessant erscheint: Im schon zitierten Text von Simmel findet sich eine ähnliche Figur, die des „Rendez-Vous":

> Das Rendezvous – und keineswegs nur das erotische oder illegitime – hebt sich psychologisch durch den Zug des *Einmaligen*, Akuten, nur der besonderen Gelegenheit Entsprießenden, aus der chronischen Daseinsform heraus, und weil es sich so von dem kontinuierlichen Ablauf der Lebensinhalte inselhaft ablöst, gewinnt es gerade an den formalen Momenten seiner Zeit und seines Ortes einen besonderen Halt für das Bewusstsein. (Simmel 1903/1995, S. 150)

Der Begriff der Liaison beschreibt die Kooperation als „Einmaliges", das auf das Normalgeschäft verweist. Immerhin begegnet man sich hier, wenn auch nur flüchtig, und gerade diese Begegnungen erscheinen spannend, weil sie auf Potentialitäten der eigenen Arbeit verweisen. So gelesen, lässt sich die Metapher der Liaison auch an Weicks Begriff der lose gekoppelten Systeme anschließen:

Als lose gekoppelt sieht Weick auch Handlung und Absicht in Organisationen. Wie in dem Beispiel nachvollziehbar ist, war es keineswegs die Absicht der kulturpädagogischen Organisationsvertreterin aus Trier, zum „roten Faden" der internationalen Kooperation zu werden. Doch ihr Verhältnis zu den anderen Organisationsvertretern bleibt lose gekoppelt – eine Liaison. Weick betont, dass Ereignisse in einer Organisation „eher zeitlich verbunden sind als logisch" (Weick 2009, S. 99). Die Metapher der Liaison betont die Zeitlichkeit, lässt aber auch an eine Schwellenphase der Organisation denken: „Man *arbeitet* am Liminalen, *spielt* aber mit dem Liminoiden" (Turner 1982/1995, S. 87).

Und dieser Zustand des Liminoiden der Kooperation wirkt offensichtlich, dies zeigen die Aussagen der TeilnehmerInnen in den Gruppendiskussionen, auf die Herkunftsorganisationen zurück. Die Irritationen innerhalb der Organisation Schule sind demnach lose gekoppelt mit den Irritationen zwischen den Vertretern der anderen Organisationen. Sie werden durch die Kooperation offenbar in ihrem organisationalen Wissen irritiert:

Tanzpäd: „… weil ich denke ähm dass man immer die Tendenz hat wenn es irgendwie kritisch kommt das man dann an Trennungsprozesse denkt. so ich mache deins und du machst deins, und äh ich glaub das ist ähm das man das nicht tun soll und das man weiter gemeinsam auf diesem Platz eigentlich sich bewegen soll."

Lehrer: „… wo ist so der Platz wir hatten unsere Vorstellungen, die an einem System mit nem anderen System prallte, und diese Irritation wir schauen wo kommt die Vernetzung und wo durchaus auch dann für mich ist es so ne Art Aushalten dieses kreative produktive Chaos, wie sich da die Leute die Professionen jetzt mal abgesehen von den Leuten persönlich sich vernetzen können."

Die Konfrontation mit den anderen Organisationsvertretern irritiert zunächst die Selbstverständlichkeiten organisationalen Handelns. Mit diesem Schwellenzustand bringen sie im fortlaufenden Gesprächsabschnitt auch Erfahrungen in ihren Organisationen in Verbindung, wenn sie von den anderen Mitgliedern der Organisation plötzlich schräg angeschaut werden. Nicht nur im internationalen Projekt, sondern auch in ihrer Organisation selbst werden sie zu Grenzgängern.

Ihre Beschreibungen von abweisenden, konkurrierenden und isolierenden Reaktionen von Kolleginnen innerhalb der eigenen Organisationen haben wir in responsiven Evaluationsgesprächen aufgegriffen und ihnen so Möglichkeiten des Verfügbarmachens jener Erfahrungen angeboten. Die Irritationen haben wir mit ihnen als Erweiterungen des eigenen Wissens diskutiert, als einen neuen unbekannten Weg, auf den sie sich – mit allen Krisen, die das Einlassen auf eine neue Praxis mit sich bringt – begaben. Dieser Zugang half ihre Deutung der zunächst als bedrohlich wahrgenommenen Situation einer internationalen Kooperation zu erweitern. Die vereinbarte Folge-Evaluationsstudie und das große Interesse des Ministeriums hat uns ermutigt, diese Art der Verschränkung von Professions- und Organisationskulturforschung weiterzuverfolgen.

3 Responsive Evaluationen als organisationales Lernen oder als Retention?

Wir verstehen unser Vorgehen als eine Evaluationsforschung (vgl. Bohnsack 2006; Stake 1980, 2004), die über polyseme Zugänge wie Metaphern, Photos und Beschreibungen Prozesse des Verfügbarmachens von Erfahrungen untersucht und erweitert. In unserem Beispiel konnten wir diese Zugänge an unterschiedlichen Konfliktkulturen der Organisation Schule bzw. des CPOS festmachen. Die – durch die internationale Zusammenarbeit entstandenen – Irritationen des organisationalen Wissens wurden entlang organisationsspezifischer Modi des Erinnerns erzeugt und bearbeitet: In der Schule wurde die Exklusion der am internationalen Projekt beteiligten Kollegen dadurch gelöst, dass in Konferenzen Informationen zu dem Projekt weitergegeben wurden. Im CPOS wurden die Konflikte informell erzeugt und auch bearbeitet – durch kleine Botschaften sowie Türangelgespräche. Wir fragen uns daher, ob nicht die Modi, mit denen die beschriebenen Irritationen und Konflikte in den Organisationen bearbeitet wurden, mit Michael Göhlich (vgl. Göhlich 2005) als musterförmige Lernprozesse des Verfügbarmachens von Erfahrungen untersucht werden können? Weisen diese musterförmigen Lernprozesse nicht auf die Transformationspotentiale und -grenzen von organisationalen Gedächtnissen hin?

Wie Erfahrungen in Organisationen bearbeitet werden, hängt mit ihrem Gedächtnis zusammen. Werner Vogd zieht die körperliche Ebene als Referenz für das Gedächtnis semantischer Systeme heran, als „Verkörperung von Welt, als Muster, das in ein Medium [die Kommunikation, B.A/J.L.] eingeschrieben wird, um die Trägheiten und Widerständigkeiten zu zeigen, welche dann als systemisches Gedächtnis erscheinen" (Vogd 2007, S. 101). Folglich lässt sich der Vergleich von organisationalem Wissen und Gedächtnis als Ansatzpunkt für die Frage von Genese und Transformierbarkeit (routinierter) Kommunikationen begreifen.

Karl Weick benennt das Verfügbarmachen von Erfahrungen – unter Rückgriff auf William James – als „Retention" und bestimmt es als Bedingung für organisationales Lernen:

> Wenn eine Organisation überhaupt irgendetwas lernen soll, dann werden die Aufteilung und die Genauigkeit ihres Gedächtnisses und die Bedingungen unter denen dieses Gedächtnis als Beschränkung behandelt wird, zu entscheidenden Merkmalen des Organisierens. (Weick 1985, S. 293)

In responsiven Evaluationsgesprächen wurden daher die fallspezifischen Merkmale des Verfügbarmachens von Erfahrungen im internationalen Vergleich mit den Beteiligten thematisiert und so bereits während der Programmumsetzung zugänglich gemacht. Evaluationsgespräche bieten somit Anlässe für Retentionsprozesse, indem die Erfahrungen der Beteiligten komparativ zum Reflexionsgegenstand gemacht werden. Ihre Art, Erfahrungen zu bearbeiten, lässt sich als musterförmige Lernprozesse, d. h. routinierte Modi der Bearbeitung von Erfahrungen entlang bestimmter Orientierungen untersuchen. So weist Michael Göhlich darauf hin, dass ein organisationspädagogischer Lernbegriff, „das organisations*psychologische* Verständnis von Lernen nicht aus [-schließt, B.A./J.L.], (…) [es, B.A./J.L.] jedoch in Lebenspraxis und Geschichtlichkeit mit ein[-bindet, B.A./J.L.], und (…) damit Lernen nicht nur als Veränderung [fasst, B.A./J.L.], sondern zugleich als – unbewusste oder bewusste – Erfahrung" (Göhlich 2005, S. 16). In dieser Perspektive wird das Verfügbarmachen von Erfahrungen selbst zu einer Erfahrung; wir erproben den Forschungszugang als potentielle Lernunterstützung für Prozesse der Organisationsentwicklung, indem wir die responsive Evaluation als Forschungsansatz auf ihre organisationspädagogische Implikation befragen. Noch einmal mit Göhlich:

> Wenn Lernen als mustermimetischer Prozess verstanden wird, rückt die Frage ins Zentrum der Aufmerksamkeit pädagogischer Organisationsforschung, ob und wie in Mustern der Lernunterstützung selbst Lernen sichtbar wird. (ebd., S. 17)

Methodologisch sollen daher die Idee der Retention von Karl Weick als Bedingung für organisationale Lernprozesse durch Göhlichs Fokussierung auf mustermimetische Lernvorgänge ergänzt und dabei responsive Evaluation als organisationspädagogisches Handeln untersucht werden. Diese Verschränkungen erscheinen – wie am empirischen Beispiel gezeigt – insbesondere für interkulturelle bzw. internationale Forschungszusammenhänge gewinnbringend, da es durch die Konfrontationen mit „fremden Kulturen" zu produktiven Irritationen organisationsspezifischer Selbstverständlichkeiten kommen kann, die sich in responsiven Evaluationen aufgreifen lassen.

Literatur

Argyris C, Schön D (1999) Die Lernende Organisation. Grundlagen, Methode, Praxis. Klett-Cotta, Stuttgart

Bohnsack R (2006) Qualitative Evaluationsforschung und Handlungspraxis. Grundlagen dokumentarischer Evaluationsforschung. In: Flick U (Hrsg) Qualitative Evaluationsforschung. Konzepte, Methoden, Umsetzung. Rowohlt, Reinbek, S 135–155

Göhlich M (2005) Pädagogische Organisationsforschung. Eine Einführung. In: Göhlich M, Hopf C, Sausele I (Hrsg) Pädagogische Organisationsforschung. VS Verlag für Sozialwissenschaften, Wiesbaden, S 9–24

Latour B (2008) Wir sind nie modern gewesen. Versuch einer symmetrischen Anthroplogie. Suhrkamp, Frankfurt a. M.

Simmel G (1995) Soziologie des Raumes (1903). In: Simmel G, Krümme R von, Rammstedt A, Rammstedt O (Hrsg) Aufsätze und Abhandlungen 1901–1908, Gesamtausgabe, Bd I. Fischer, Fankfurt a. M., S 132–183

Stake RE (1980) Program evaluation, particulary responsive evaluation. In: Dockrell WB, Hamilton D (Hrsg) Rethinking educational research. Sage, London

Stake RE (2004) Standards-based & responsive evaluation. Sage, Thousand Oaks

Turner V (1995) Vom Ritual zum Theater. Der Ernst des menschlichen Spiels (1982). Fischer, Frankfurt a. M.

Vogd W (2007) Soziales Gedächtnis. In: Schützeichel R (Hrsg) Handbuch Wissenssoziologie und Wissensforschung. UVK, Konstanz, S 456–462

Weick KE (1985) Der Prozess des Organisierens. Suhrkamp, Frankfurt a. M.

Weick KE (2009) Bildungsorganisationen als lose gekoppelte Systeme. In: Koch S, Schemmann M (Hrsg) Neo-Institutionalismus in der Erziehungswissenschaft – Grundlegende Texte und empirische Studien. VS Verlag für Sozialwissenschaften, Wiesbaden, S 85–109

Cross Border Identities. Zur (Inter) Kulturalität grenzüberschreitend agierender Organisationen

Thomas Höhne

1 Einleitung

Die zunehmende Bedeutung interkulturellen Lernens wird mit den durch Migration, Globalisierung und europäischer Integration hervorgerufenen Entwicklungen begründet und als Herausforderung für die Interkulturelle Pädagogik aufgefasst. Die damit einhergehenden neuen Qualitäten von (Inter)Kulturalität stellen mehrdimensionale Anforderungen an eine inter- bzw. transkulturelle Pädagogik, welche auch für Organisationen als Akteure grenzüberschreitender Zusammenarbeit von Bedeutung sind. Der nachfolgende Text beschäftigt sich mit (Inter)Kulturalität aus organisationspädagogischer Perspektive und setzt sich dabei mit einem sich wandelnden Kulturverständnis auseinander, das für die Praxis grenzüberschreitend agierender Organisationen fruchtbar gemacht werden soll.[1]

Zu Beginn erfolgt eine Skizzierung der Prämissen und Probleme der interkulturellen Managementforschung. Mit Bezug auf den pädagogischen Konsens eines nicht-essentialistischen Kulturverständnisses wird anschließend das Modell von „Kultur als Übersetzung" erörtert und nachfolgend auf den organisationspädagogischen Begriff des Erfahrungslernens bezogen. Abschließend soll eine grenzana-

---

[1] Der Beitrag folgt theoretischen Überlegungen, die im Kontext eines interdisziplinären empirischen Forschungsprojektes entstanden sind, welches die Mehrdimensionalität kultureller Übersetzungsanforderungen in der grenzüberschreitenden Zusammenarbeit von Organisationen im bayerisch-tschechischen Grenzraum untersucht. (http://www.grenzorganisationen.de).

T. Höhne (✉)
Institut für Pädagogik, Friedrich-Alexander-Universität
Erlangen-Nürnberg, Bismarckstr. 1 ½, 91054 Erlangen, Deutschland
E-Mail: Thomas.Hoehne@paed.phil.uni-erlangen.de

M. Göhlich et al. (Hrsg.), *Organisation und kulturelle Differenz*,
Organisation und Pädagogik 12, DOI 10.1007/978-3-531-19480-6_18,
© VS Verlag für Sozialwissenschaften | Springer Fachmedien Wiesbaden GmbH 2012

lytische Betrachtung auf unterschiedliche Formen und Ebenen grenzüberschreitender und grenz(en)bearbeitender pädagogischer Praxis Anschlussmöglichkeiten
für eine organisationspädagogische Perspektive aufzeigen.

2 Organisation und (Inter)Kulturalität

Im organisationstheoretischen Diskurs lässt sich hinsichtlich der Auseinandersetzung mit Interkulturalität eine Dominanz der interkulturellen Managementforschung feststellen, deren Interesse an Kultur sich vor allem als ein instrumentelles
darstellt. Kulturphänomene geraten dabei in mehrfacher Hinsicht als Ressource in
den Fokus der Forschung: einerseits bezüglich der Existenz und Gestaltungsmög-
lichkeit einer spezifischen Unternehmenskultur, andererseits als kulturelle Vielfalt
innerhalb eines Unternehmens zur Erschließung potentieller Innovations- und
Synergieeffekte, und schließlich „als strategisches Wissen über die Kultur des Anderen" (vgl. Schlamelcher 2003, S. 19), das die Transaktionskosten zwischen Unternehmen verringern und Wissen für eine kundenorientierte Vertriebsstrategie zur
Verfügung stellen soll. Alle Aspekte dieses instrumentellen Kulturverständnisses
lassen sich auch in Kulturansätzen wieder finden, die sich auf Interkulturalität in
grenzüberschreitenden Kontexten beziehen. Gerade dem Wissen über die Kultur
des Anderen kommt dabei in Form standardisierter interkultureller Trainings und
der damit verbundenen Intention der Vermittlung interkultureller Kompetenz die
größte Bedeutung zu. Der instrumentelle Zugriff auf kulturelle Identität und interkulturelle Kompetenz findet sich auch in den sich als dialogisch bezeichnenden
Ansätzen wieder. Interkultureller Dialog gilt dabei primär als „wirtschaftlicher Erfolgsfaktor" (Schroll-Machl 2008).

Diese Theorieansätze konzeptionalisieren Kultur in der Regel als homogenes
und statisches Gebilde. In der Gleichsetzung von Kultur mit Nation werden in-
tranationale Unterschiede eingeebnet, inter-nationale Differenzen essentialisiert
und als kulturelle Grenzen festgeschrieben. Dieses Verständnis von Kultur kann
aus handlungstheoretischer Perspektive vereinfachend als „Marionettenmodell"
bezeichnet werden (vgl. Leiprecht 2004). Durch die darin angelegte homogeni-
sierende und verdinglichende Sichtweise werden die involvierten Organisationen
und deren Akteure einer bestimmten Kultur zugeordnet und deren Handlungen als
durch die jeweilige kulturelle Herkunft entsprechend determiniert betrachtet. Über
den engeren disziplinären Rahmen der interkulturellen Managementforschung hinaus, bildet dieses Kulturverständnis gerade auch in grenzüberschreitenden Kontexten die dominierende Wissensbasis interkultureller Vermittlungsarbeit. Akteure
und Organisationen, die sich derart auf grenzüberschreitende Kooperationen vor-

bereiten, bekommen ein stereotypes Bild von der „Kultur des Anderen" vermittelt und laufen Gefahr, dass sie die jeweils hegemoniale Kultur als einzige Repräsentation „der Anderen" wahrnehmen. Aus historisch-pädagogischer Perspektive ist die in diesem Kulturverständnis angelegte Homogenitätsfixierung (Krüger-Potratz 2006) auch als Resultat von „Reaktionen auf die sprachliche, kulturelle, ethnische und nationale Heterogenität" (ebd., S. 123) zu verstehen. Die von Krüger-Potratz kritisierte Fixierung auf Homogenität ist immer ein Ergebnis von Ein- und Ausschließungspraktiken, die ein Hegemonieverhältnis zwischen kulturellen Differenzen konstituieren.

Zwar finden sich auch im Diskursraum der Interkulturellen Pädagogik einige Spielarten dieser Kulturkonzeption der interkulturellen Managementforschung. Geht man aber davon aus, dass in diesem Arbeitsfeld ein Konsens über „ein antiessentialistisches Verständnis von Kultur" (Auernheimer 2003, S. 120) herrscht und die Festlegung der Akteure auf ethnische Zugehörigkeit abgelehnt wird, so sind alternative Überlegungen bezüglich eines adäquaten Kulturverständnisses anzustrengen. Im Zusammenhang mit den so genannten „cultural turns" ergeben sich Möglichkeiten der Neuausrichtung, die für einen organisationspädagogischen Zugang fruchtbar gemacht werden können. Im Folgenden wird das Potenzial der Auffassung von „Kultur als Übersetzung" untersucht.

3 Kultur als Übersetzung: ein neues Paradigma interkultureller Pädagogik?

Die sogenannten Cultural Turns lassen sich nicht bestimmten akademischen Schulen zuordnen, sondern bezeichnen eher den Wechsel von Perspektiven und Fokussierungen der Forschung (Bachmann-Medick 2006, S. 23). Entsprechend weit und offen sind die jeweiligen „Turns" angelegt, von denen mit dem „interpretative", „performative" oder „spatial turn", nur einige unter vielen benannt sind. In Bezug auf eine veränderte Konzeptionalisierung kultureller Phänomene bietet der „translational turn" wohl das größte Potenzial für eine Neuausrichtung zur Vermeidung der Fallstricke eines essentialistischen Kulturverständnisses und ethnozentrischer Zuschreibungspraxen. Für eine gründliche Auseinandersetzung kultureller Übersetzung in grenzüberschreitenden Kooperationen müssten nicht nur Perspektiven des „spatial turns", sondern auch die Übersetzungskonzeptionen aus unterschiedlichen disziplinären Perspektiven hinzugenommen werden. Im Rahmen dieses Textes wird der Fokus allein auf das hier interessierende Kulturverständnis gelegt, das „Kultur als Übersetzung" konzipiert.

Kultur als Übersetzung bedeutet für Bachmann-Medick den „Übersetzungs-
charakter der kulturwissenschaftlichen Gegenstände, (…) ihre nicht-holistische
Struktur, (…) Hybridität und Vielschichtigkeit" (ebd., S. 245 f.) ins Zentrum zu
stellen. Das beinhaltet eine Kritik „an der Jahrhunderte langen europäischen Praxis
der Wesensbestimmungen und Entgegensetzungen von Eigenem und Fremdem."
(ebd.) Das wissenschaftliche Programm besteht aus der Erforschung von Zwischen-
räumen, die als „ ‚Übersetzungsräume' betrachtet werden: als Gestaltungsräume
von Beziehungen, von Situationen, ‚Identitäten' und Interaktionen durch konkrete
kulturelle Übersetzungsprozesse." (ebd.).

Im Unterschied zu Bachmann-Medick legt Buden (2008) das Konzept der kulturellen Übersetzung breiter an und fasst darunter sowohl das Modell der Interkulturellen Übersetzung als auch das der Hybridisierung. *Interkulturelle Übersetzung*
bezeichnet in dieser Perspektive „ein Verhältnis zwischen zwei Kulturen bzw. zwischen zwei kulturell definierten Gruppen von Menschen." (ebd., S. 18). Buden liest
dieses Verhältnis auf der Basis gegebener gesellschaftlicher Verhältnisse und deren
normativ-politischem Hintergrund. Interkulturelle Übersetzung versteht er dabei
als „Metapher für die verschiedenen Formen einer erfolgreichen – respektvollen,
toleranten, inklusivistischen usw. – kulturellen Interaktion" (ebd.). Notwendig dafür sei die interkulturelle Kompetenz, die zugleich Produkt und Voraussetzung der
interkulturellen Übersetzung ist. Das hier zugrunde liegende Modell ist das des in-
tra-nationalen Multikulturalismus, das nach dem Vorbild der Interaktion zwischen
Mehr- und Minderheiten innerhalb eines Staates entworfen wurde, aber auch auf
inter- und supranationaler Ebene Anwendung findet.

Diese Form der Übersetzung verbliebe aus der postkolonialen Perspektive
Bhabhas in der Sackgasse identitärer Politik. Buden stellt dem Modell des Multikulturalismus dessen *Konzept des Dritten Raumes* gegenüber, welches mit der Idee
vom „hybriden Charakter kultureller Identitäten (…) einen radikal antiessenzia-
listischen Ansatz" (ebd., S. 21) voraussetzt. Im Multikulturalismus würden Bhabba
zufolge sich die existierenden hegemonialen Verhältnisse festigen, da andere Kulturen zwar anerkannt, jedoch stets innerhalb des jeweils eigenen kulturellen Ra-
sters verbleiben würden. Dagegen lehnt Bhabha in seinem Kulturverständnis binär
angelegte Differenzen nicht nur ab, sondern negiert die Vorstellung, dass kulturelle
(wie auch jede andere Form von) Identität in einem einheitlichen und eindeutigen
Sinn möglich wäre (vgl. Göhlich 2010a).

Kultur als Übersetzung kann also sowohl essenzialistisch als auch anti-essenzi-
alistisch begründet werden. Kulturelle Differenzen können innerhalb des Modells
der interkulturellen Übersetzung als Identitäten im Rahmen eines Miteinanders
kultureller Vielfalt fixiert werden oder im Sinne Bhabhas als nicht-feststellbare

Identifikationen einen Dritten Raum des Dazwischen eröffnen, der allerdings den (scheinbar) sicheren Hafen eindeutiger Identitätsbestimmungen verunmöglicht.

Im Folgenden geht es darum, aus organisationspädagogischer Perspektive die Anschlussmöglichkeiten zwischen organisationalem Lernen und kultureller Übersetzung auszuloten. Die Schnittstelle zwischen beiden Denkfiguren kann möglicherweise im Begriff des Erfahrungslernens liegen, was nachfolgend diskutiert werden soll.

4 Organisationales Lernen und kulturelle Übersetzung

Der instrumentelle Kulturbegriff des Mainstreams der interkulturellen bzw. kulturvergleichenden Managementforschung korrespondiert weitestgehend einem instrumentellen Organisationsverständnis. Kultur als Medium des Organisierens wird zumeist auf den Gesichtspunkt der Förderlichkeit oder Hinderlichkeit zur Erreichung des Organisationszwecks reduziert und scheint dabei als willkürlich einsetzbares Instrument verfügbar zu sein.

Dem instrumentellen Organisationsbegriff wurde im organisationspädagogischen Diskurs ein institutionelles Verständnis gegenübergestellt. Dieses bezieht sich auf die organisationale Gesamtheit und umfasst somit neben den Mitgliedern, der gesatzten Ordnung, den Regeln und Grenzen auch ein gemeinsam verfolgtes Ziel (vgl. Göhlich 2010b). Entscheidend gegenüber dem Managementfokus ist neben dem Einbezug kontingenter Organisationsphänomene insbesondere der zeitliche Aspekt, der auf die Dauerhaftigkeit des Zusammenarbeitens und -lebens in einer Organisation abzielt. Hier zeigt sich ein weiterer relevanter Unterschied zur interkulturellen Kommunikationsforschung, die zumeist von einer (einmaligen) face-to-face-Interaktion ausgeht und dabei die jeweilige organisationale Eingebundenheit der Akteure, ihr kollektives Agieren sowie das damit verbundene Lernvermögen ausblendet. Der letztgenannte Aspekt deutet auf den pädagogisch fundierten Lernbegriff hin, der ein weiteres Spezifikum des organisationspädagogischen Ansatzes darstellt. Auch organisationales Lernen gründet in Erfahrung (vgl. Göhlich 2009). Die Ungewissheit der Erfahrung wird als existenzieller Prozess angesehen, deren nicht-identisches Moment gegenüber anderen Einflüssen virulent gehalten werden muss (ebd., S. 34).

Im Anschluss an die Frage nach einem adäquaten Kulturkonzept für eine organisationspädagogische Perspektive kann, wie bereits ausgeführt, Kultur als Übersetzung in zweifacher Weise verstanden werden: als essenzialistisch gefasste, binäre Dichotomie oder als antiessenzialistische Kategorie der Übergänge, des „Dazwischen" und (potentiellen) Dritten Raums. Da der organisationspädagogische

Lernbegriff auf die lebendige Erfahrung und das Moment des Nicht-Identischen verweist und Erfahrung im emphatischen Sinne (gegebene) Identität als Ganze in Frage stellt, lässt sich auch die identitätskritische Variante Bhabbas für ein organisationspädagogisches Verständnis kultureller Übersetzung fruchtbar machen. Die Subsumption des Besonderen unter das Allgemeine, bspw. als Kulturdimensionen oder Kulturstandard, kann sowohl aus organisationspädagogischer Sicht als auch aus Sicht kultureller Hybridisierung zurückgewiesen werden. „Nicht-Identität" hieße bei beiden Zugängen, einen Möglichkeitsraum offen zu halten, der nicht bereits durch eine hegemoniale Perspektive auf kulturelle Differenzen eingeengt ist.

5 Border Crossing: Grenzanalytische Perspektiven

Im letzten Abschnitt wird der Versuch unternommen, die bisherigen Überlegungen zur kulturellen Übersetzung und organisationalem Lernen aus grenzanalytischer Perspektive zu betrachten. Dieses soll sowohl bezüglich der metaphorischen Vieldeutigkeit des Grenzbegriffs als auch hinsichtlich der konkreten Manifestierung territorialer Grenzen vorgenommen werden. Grenzphänomene als Gegenstand der Theoriebildung und Analyse, ob nun materieller, metaphorischer oder diskursiver Art, sind in der Pädagogik im Unterschied zu anderen Disziplinen kaum ein Thema. Auch hier sind es vor allem postmoderne Theoriekonzepte sowie die „Cultural Turns", die Anstöße für eine weiterführende Auseinandersetzung geliefert haben.

In einer ersten Annäherung können drei Zugänge unterschieden werden, die für die hier interessierende Fragestellung von Bedeutung sind. Organisationales Lernen kultureller Grenzüberschreitungen steht dabei im Zusammenhang mit (territoriale) Grenzen überschreitenden Kooperationen (5.1), „border pedagogy" als identitäts- und machtkritisches pädagogisches Konzept (5.2) und Grenzbearbeitung als disziplinärer Aufgabe (5.3).

5.1 (Territoriale) Grenzen überschreitende Kooperationen

Die Auseinandersetzung mit einer Pädagogik die sich grenzüberschreitend ausrichtet, kann als Spezial- und Randthema bezeichnet werden. Hier sind es vor allem arbeitsfeldbezogene Thematisierungen, bspw. in der grenzüberschreitenden Erwachsenenbildung (Brödel 2000) oder der grenzüberschreitenden Sozialen Arbeit (Steinert 2004), die sich (auch) mit der Frage nach (Inter)Kulturalität im Kontext grenzüberschreitender Kooperationen beschäftigen. Dabei wird zumeist von gegebenen, also „feststehenden" kulturellen Identitäten ausgegangen. Im Rahmen transnationaler bzw. grenzüberschreitender Kooperation findet dementsprechend für die AutorInnen immer auch eine interkulturelle Begegnung statt. Als pädagogische Aufgabe wird die Vermittlung interkultureller Kompetenz gesehen, die die jeweiligen Akteure in die Lage versetzen soll, miteinander produktiv umzugehen. Grenzen überschreitende Identitätsbezüge erfolgen dagegen je nach Arbeitsfeldern unterschiedlich. Während Brödel die Konstituierung einer europäischen Staatsbürgerschaft als Aufgabe für eine grenzüberschreitende Erwachsenenbildung benennt, nimmt Steinert im sozialarbeiterischen Kontext den Grenzraum als Bezugspunkt für eine berufs- und tätigkeitsbezogene Identität, bspw. wenn im Rahmen eines im polnisch-tschechisch-deutschen Grenzgebiet durchgeführten Projektes, eine „positive Einstellung zur grenzüberschreitenden Zusammenarbeit und eine Identität der ‚GrenzarbeiterInnen' " (ebd., S. 184) unterstützt wird. Als Zwischenfazit zur arbeitsfeldbezogenen Thematisierung grenzüberschreitender Pädagogik ist festzuhalten, dass diese auf die interkulturelle Form kultureller Übersetzung Bezug nimmt und hier eine entsprechende Lernunterstützung als organisationspädagogische Aufgabe sichtbar wird.

5.2 „border pedagogy" als identitäts- und machtkritisches pädagogisches Konzept

Das Konzept der Grenzpädagogik, als „border pedagogy" ursprünglich vom US-amerikanischen Pädagogen und Critical-Pedagogy-Protagonisten Giroux entwickelt, wurde im deutschsprachigen Raum erstmals von Steiner-Khamsi (1992) als grenzüberschreitende antirassistische Pädagogik rezipiert, die es Schülern ermöglichen soll „sich in verschiedenen Bezugssystemen zu bewegen", (...) einen Lerngegenstand aus verschiedenen Blickwinkeln her zu analysieren (...) und dabei Grenzen und Möglichkeiten des eigenen Bezugssystems zu erfahren (ebd., S. 207). Während Steiner-Khamsi das Konzept der „border pedagogy" mit einer postmodern informierten „Kritischen Interkulturellen Pädagogik" verbindet und den Begriff der Grenze auf subjektive und kulturelle Identitäten bezieht, finden sich im internationalen Diskurs inzwischen vielfältige Versuche das Konzept der „border pedagogy" unter Beibehaltung der identitäts- und machtkritischen Ausrichtung auch im Kontext territorialer Grenzüberschreitung fruchtbar zu machen. Im deutschsprachigen Raum hat der Germanist und Friedenspädagoge Wintersteiner die „border pedagogy" als ein Fundament für das (kultur)politische Projekt einer „Interregionalen Pädagogik" als offenes, machtkritisches und transkulturelles Konzept genutzt und auf den Alpen-Adria-Raum, das Dreiländereck Österreich, Slowenien und Italien übertragen. Dabei rückt insbesondere der Aspekt der Macht im gesellschaftlichen Umgang mit „Anderen" in den Fokus einer pädagogischen Praxis, die es Studierenden ermöglichen soll „in den *borderlands* mit selbstgewählten Identitäten zu experimentieren." (Wintersteiner 2005, S. 212; Herv. im Original). Als Zwischenfazit lässt sich anmerken, dass mit dem Konzept der „border pedagogy" eine Form kultureller Übersetzung ins Blickfeld rückt, die den Gedanken des „Dazwischen" als Hybridisierung teilt und sich ebenso wie der postkoloniale Diskurs explizit machtkritisch positioniert. Aus organisationspädagogischer Sicht können hier individuelle und kollektive Lernprozesse unterstützt werden, die Lernen als lebendige Erfahrung verstehen. Das Konzept der „borderlands", auf das Wintersteiner im Rahmen seiner interregionalen Pädagogik abzielt, ist an das organisationspädagogische Verständnis kultureller Übersetzung anschlussfähig, welches sich für das nicht-identische Moment der Erfahrung offen zeigt.

5.3 Grenzbearbeitung als disziplinäre Aufgabe

Mit seinem Konzept von „Sozialer Arbeit als Grenzbearbeiterin" hat Kessl (2009) eine grenzanalytische Perspektive auf Soziale Arbeit als kultur- und praxistheoretische Wissenschaft eröffnet. Eine Nähe zur border pedagogy zeichnet sich da ab, wo in den Blick gerät, „wie die bestehenden Grenzen als Fixierung historisch-spezifischer Macht- und Herrschaftsverhältnisse entstanden sind, welche Ausschließungslogiken sie verfestigen und wie sie bestehende In- und Outgroup-Zuschreibungen verfestigen" (ebd., S. 50). Soziale Arbeit als pädagogische Grenzbearbeiterin ist laut Kessl „dazu aufgefordert ein sozial situiertes, kontextuiertes ‚Wissen' und Agieren zu realisieren, das seiner Gespaltenheit, seiner Vieldeutigkeit und Instabilität immer wieder gewahr wird" (ebd., S. 56). Während Kessl sich auf den Diskursraum der Sozialen Arbeit als Wissenschaft bezieht, müsste eine organisationspädagogische Perspektive auf grenzbearbeitende Phänomene der organisationalen Ebene abzielen.

Abschließend kann festgehalten werden, dass mit einer grenzanalytischen Ausrichtung theoretisches Neuland betreten wird, was angesichts der Zunahme grenzüberschreitender Kooperationen im europäischen Integrationsprozess erforderlich ist. Während die grenzorientierte pädagogische Praxis als kritische border pedagogy eine explizit identitäts- und hegemonietheoretische Perspektive einnimmt, eröffnet die Konzeptionalisierung (sozial)pädagogischer Arbeit als Grenzbearbeitung produktive Anschlussmöglichkeiten an die kulturwissenschaftlichen Neuorientierungen, deren organisationspädagogische Bedeutung einer noch zu leistenden Ausarbeitung bedarf.

Literatur

Auernheimer G (2003) Einführung in die Interkulturelle Pädagogik. Wissenschaftliche Buchgesellschaft, Darmstadt

Bachmann-Medick D (2006) Cultural Turns. Neuorientierungen in den Kulturwissenschaften. Rowohlt, Hamburg

Brödel R (2000) Grenzüberschreitende Erwachsenenbildung – Weiterbildung in Schleswig-Holstein. In: Brödel R (Hrsg) Grenzüberschreitende Erwachsenenbildung. Waxmann, Münster, S 15–26

Buden B (2008) Kulturelle Übersetzung. Einige Worte zur Einführung in das Problem. In: Buden B, Nowotny S (Hrsg) Übersetzung: Das Versprechen eines Begriffs Verlag Turia und Kant, Wien, S 9–28

Göhlich M (2009) Erfahrung als Grund und Problem organisationalen Lernens. In: Göhlich M, Weber SM, Wolff S (2009) (Hrsg) Organisation und Erfahrung. Beiträge der AG Organisationspädagogik. VS Verlag für Sozialwissenschaften, Wiesbaden, S 29–40

Göhlich M (2010a) Homi K. Bhabha. Die Verortung der Kultur. Kontext und Spuren einer postkolonialen Identitätstheorie. In: Jörissen B, Zirfas J (Hrsg) Schlüsselwerke der Identitätsforschung. VS Verlag für Sozialwissenschaften, Wiesbaden, S 315–330

Göhlich M (2010b) Pädagogische Organisationsforschung in der Erwachsenen- und Weiterbildung. Probleme, Trends und Bedarfe. In: Dollhausen K, Feld TC, Seitter W (Hrsg) Erwachsenenpädagogische Organisationsforschung. VS Verlag für Sozialwissenschaften, Wiesbaden, S 277–292

Kessl F (2009) Soziale Arbeit als Grenzbearbeiterin. Einige grenzanalytische Vergewisserungen. In: Neumann S, Sandermann P (Hrsg) Kultur und Bildung. Neue Fluchtpunkte für die sozialpädagogische Forschung? VS Verlag für Sozialwissenschaften, Wiesbaden, S 43–61

Krüger-Potratz M (2006) Präsent, aber „vergessen" – Zur Geschichte des Umgangs mit Heterogenität im Bildungswesen. In: Göhlich M, Leonhard H-W, Liebau E, Zirfas J (Hrsg) Transkulturalität und Pädagogik. Interdisziplinäre Annäherungen an ein kulturwissenschaftliches Konzept und seine pädagogische Relevanz. Juventa, Weinheim, S 121–137

Leiprecht R (2004) Kultur – Was ist das eigentlich?, Heft 7. Interdisziplinäres Zentrum für Bildung und Kommunikation in Migrationsprozessen, Oldenburg

Schlamelcher U (2003) Kultur und Management. Theorie und Praxis der Interkulturellen Managementforschung. Rainer Hampp, München

Schroll-Machl S (2008) Interkultureller Dialog als wirtschaftlicher Erfolgsfaktor. In: Thomas A (Hrsg) Psychologie des interkulturellen Dialogs. Vandenhoeck und Ruprecht, Göttingen, S 175–190

Steiner-Khamsi G (1992) Multikulturelle Bildungspolitik in der Postmoderne. Leske & Budrich, Opladen

Steinert E (2004) Momente grenzüberschreitender Zusammenarbeit. In: Homfeldt HG, Brandhorst K (Hrsg) International vergleichende Soziale Arbeit. Sozialpolitik. Kooperationen. Forschung. Schneider Verlag Hohengehren, Baltmannsweiler

Wintersteiner W (2005) Lernen und Lehren im Alpen-Adria-Raum. In: Denk R (Hrsg) Nach Europa unterwegs. Grenzüberschreitende Modelle der Lehrerbildung im Zeichen von europäischer Identität, Kultur und Mehrsprachigkeit. Centaurus, Herbolzheim, S 209–231

Von kultureller Diversität zum interkulturellen Lernen in binationalen Nicht-Regierungs-Organisationen. Empirische Befunde

Dorota Gierszewski

Der mit dem Zusammenschluss Europas gewachsene religiöse und kulturelle Pluralismus stellt uns vor neue Aufgaben und Herausforderungen. Sie zeigen sich in der Notwendigkeit, andere Kulturen zu verstehen, mit den kulturellen Unterschieden zurechtzukommen und die Wege zur Akzeptanz der Anderen zu finden. Die internationale Kooperation auf politischer Ebene ist dafür nicht ausreichend; es muss auch auf anderen gesellschaftlichen Ebenen eine stärkere Zusammenarbeit entstehen. Wichtig ist, dass an diesem Prozess Vertreter verschiedener Organisationen, auch der NGOs, von Anfang an aktiv teilnehmen. Von besonderem Interesse sind hierbei Organisationen, die eigens zum Zweck der binationalen Verständigung eingerichtet worden sind.

Heutzutage gilt Interkulturelles Lernen als Schlüssel zum gleichberechtigten Miteinander von Angehörigen unterschiedlicher Kulturen, auch im Rahmen ein und derselben Gesellschaft. In dem Beitrag wird auf der Basis von Erhebungen zu sieben – auf binationale Verständigung ausgerichteten – Organisationen gezeigt, welche Rolle diese Nicht-Regierungs-Organisationen auf dem Gebiet des Interkulturellen Lernens spielen. Aus den Befunden der Untersuchung resultiert eine Systematik der pädagogisch relevanten Funktionen solch binationaler Organisationen.

D. Gierszewski (✉)
Instytut Pedagogiki UJ, Jagiellonen Universität Krakau,
ul. Batorego 12, 31–135 Kraków, Deutschland
E-Mail: d.gierszewski@uj.edu.pl

M. Göhlich et al. (Hrsg.), *Organisation und kulturelle Differenz*,
Organisation und Pädagogik 12, DOI 10.1007/978-3-531-19480-6_19,
© VS Verlag für Sozialwissenschaften | Springer Fachmedien Wiesbaden GmbH 2012

1   Einleitung

In der modernen Welt findet das gesellschaftliche Leben aufgrund der Phänomene
der Globalisierung, Mobilisierung, Mediatisierung, Virtualisierung etc. häufiger als
in früheren Zeiten in unterschiedlichen kulturellen Kontexten, kulturbegegnend
bzw. kulturüberschreitend statt. Direkte Kontakte zwischen Vertretern verschiedener Länder spielen gerade im vereinten Europa, auch auch global, eine immer
bedeutendere Rolle. Man kann sogar behaupten, dass die interkulturelle Zusammenarbeit eine der grundlegenden Voraussetzungen für die weitere Entwicklung
der Menschheit ist. Jacques Delors, Verfasser des UNESCO-Berichtes „Bildung im
21. Jahrhundert" stellt fest, dass ein wichtiger Bestandteil der modernen Bildung
darin besteht, zum Zusammenleben mit anderen Menschen zu erziehen. Besonders
wichtig werden in diesem Zusammenhang die nachbarschaftlichen Kontakte. Das
Thema der deutsch-polnischen Kontakte war und ist weiterhin Gegenstand des besonderen Interesses von Wissenschaftlern unterschiedlicher Fachrichtungen. Auch
die Pädagogik setzt sich mit dieser Problematik auseinander.

Es fällt schwer, der Aussage zuzustimmen, dass „*der Prozess der Normalisierung
der deutsch-polnischen Beziehungen beinahe an seinem Ausgangspunkt stehen blieb,
und außer den symbolischen Gesten der Versöhnung nichts Wesentliches in dieser
Materie geschah*" (Więckowski 2001, S. 25). Diese Aussage kann jene beunruhigen,
die schon seit Jahren die deutsch-polnischen Beziehungen beobachten und in der
Tat viele positive Veränderungen feststellen können. Więckowski behauptet aber,
dass trotz der Tätigkeit mehrerer deutsch-polnischer Organisationen in Polen eher
die Tendenz herrscht, die Unterschiede zwischen den beiden Ländern zu vertie-
fen und zu festigen, statt gegenseitige Verständigung und gute Nachbarschaft zu
pflegen. Haben die Öffnung der Grenzen und die Zunahme der Kontaktmöglich-
keiten tatsächlich keinen Einfluss auf die Beseitigung der Stereotypen? Bleiben die
Aktivitäten der Nicht-Regierungs-Organisationen, die in diesem Bereich arbeiten,
wirklich ohne Folgen?

2   Die Fragestellung der empirischen Untersuchung

Das Hauptthema der Untersuchung lässt sich durch folgende Frage beschreiben:
Wie gestaltet sich der Prozess interkulturellen Lernens im Rahmen binationaler
Nicht-Regierungs-Organisationen? Zudem wurden folgenden Fragen nachgegangen, deren Ergebnisse jedoch in diesem Beitrag nicht erörtert werden: Unter welchen Umständen entstanden die Vereine? Wie hat sich die Organisationsstruktur
entwickelt? Wie sind die Funktionsprinzipien? Welche Motive entscheiden bei der

Mitgliedschaft? Welche Erwartungen haben die Mitglieder? Welche Merkmale charakterisieren die Mitglieder? Welche Ziele und Inhalte sind bei der Arbeit bemerkbar? Welche Defizite kann man bei der Arbeit der Vereine beobachten?

Untersucht wurden 7 internationale, deutsch-polnische sowie polnisch-deutsche Organisationen (NGO) (Barwińska 2007, S. 131). In Polen waren es: die Edith-Stein-Gesellschaft in Breslau, das Kolpingwerk in Krakau und die Vereinigung für Wissenschaft und Kultur, GFPS-Polska. In Deutschland wurden die Untersuchungen in 4 Gesellschaften durchgeführt: In der Deutsch-Polnischen Gesellschaft der Bundesrepublik Deutschland (DPG BRD), der Deutsch-Polnischen Gesellschaft Berlin (DPG Berlin), der Gemeinschaft für studentischen Austausch in Mittel- und Osteuropa GFPS und der Polnisch-Deutschen Literarischen Gesellschaft „WIR".

Die Datenerhebung erfolgte unter Verwendung eines Fragebogens. Der Fragebogen wurde von 221 Mitgliedern aus Polen und aus Deutschland ausgefüllt. Befragt wurden 114 Polen und 107 Deutsche, darunter 103 Frauen und 118 Männer. Unter den Befragten waren sowohl junge Menschen ab 18, als auch ältere. Die meisten Befragten kamen aus der Gruppe, die man als frühes Erwachsenenalter bezeichnen kann (zwischen 18–35). Außerdem gab es auch Befragte im mittleren Alter (35–60), sowie ältere Menschen (60–75). Ausserdem wurden 14 Interviews durchgeführt, die im alltäglichen Milieu des Befragten stattfanden, um eine möglichst „natürliche" Situation herzustellen und authentische Informationen zu erhalten. Die Interviews waren nicht standardisiert, d. h. die Fragen waren offen formuliert und in ihrer Abfolge flexibel. Aus dem Gesprächsverlauf ergaben sich Umfang und Reihenfolge der weiter zu behandelnden Gesprächsthemen.

Den theoretischen Rahmen der Untersuchung bildet die Theorie von Aleksander Kamiński, der in Polen als einer der größten Pädagogen des 20. Jahrhunderts gilt. Die wichtigste Funktion von Vereinen besteht, nach Worten Kamiński, „in der Bildung von subjekthaften sozialen Mikrostrukturen" (Kamiński 1980, S. 156). Kamiński beschreibt die Vereine als „eine Nachbarschaft der Wahl" und stellt fest, dass „deren Aktivität desto intensiver verläuft, je stärker sie den Interessen und Bedürfnissen der Individuen entsprechen." Seine Theorie der sozialen Funktionen eines Vereins unterscheidet zwei Typen dieser Funktionen:

1. Voraussetzungsfunktionen, verbunden mit Zielen und Vorhaben des Vereins
2. Realfunktionen:

   a. Resultate, die sich aus der Realisierung der Ziele und Vorhaben ergeben, das ist das was vorherzusehen ist,
   b. Resultate, die nicht beabsichtigt, aber bedeutsam sind. Kamiński konzentriert sich bei der Betrachtung der Realfunktionen (in diesem Sinne) auf drei wesentliche Ausprägungen: Affiliations-, Integrations- und Expressfunktion.

Diese sind insofern zu beobachten, als die Aktivität des Vereins lebendiger wird, je mehr die Bedürfnisse und Interessen der Mitglieder angesprochen und befriedigt werden. Dadurch wird ein emotionales Verhältnis zu dem geweckt, was im Verein geschieht. Dies fördert die „Verschmelzung" der Normen und Ideen des Vereins mit den Mitgliedern.

3 Die Ergebnisse der Untersuchung

Die Untersuchung liefert interessante Erkenntnisse über die Arbeit der NGOs. Anhand der Umfrage kann man feststellen, dass die Tätigkeit in einer binationalen NGO zum Kennenlernen des Nachbarlandes beigetragen hat. Die Auswertung ergibt, dass nur 11 % der Befragten das Nachbarland schon vorher kannte; die anderen lernten es erst dank der Tätigkeit in einem Verein kennen. In der Gruppe, die das Nachbarland bereits kannte, waren die Deutschen in der Mehrheit (13 %). Unter den Polen waren es nur 5 % der Befragten. Diese Zahlen spiegeln aber nicht die tatsächliche Situation in der BRD wieder. In diesem Fall ist die Kenntnis des östlichen Nachbarlandes unter den Deutschen eng verbunden mit ihrer Mitgliedschaft in einem Deutsch-Polnischen Verein und bedingt durch ein tiefes Interesse an Polen. Hier wird die Integrationsfunktion sichtbar.

Bei 42 % der Befragten kann man feststellen, dass dank der Mitgliedschaft in einem Verein die Anzahl der Informationen über das Nachbarland zugenommen hat. Diese Feststellung überrascht nicht – die Arbeit in einer internationalen Organisation eröffnet fast unbegrenzte Möglichkeiten, das Nachbarland kennenzulernen. Aufmerksam macht die Feststellung der deutschen Befragten, von denen 2/3 erst auf diese Art Polen kennengelernt haben, dagegen haben nur 1/4 der Polen mehr über Deutschland erfahren. Dies kann daran liegen, dass Deutschland sich aus vielen Gründen seit langem schon im Blickpunkt des polnischen Nachbarn befindet und als Land stark wahrgenommen wird. Umgekehrt ist dies keineswegs so – für die Deutschen ist Polen oft noch ein Land, das irgendwo zwischen Berlin und Moskau liegt. Bei näherer Betrachtung der Aussagen der Befragten erfährt man, was unter dem neuen Wissen über das Nachbarland verstanden wird. Die Deutschen antworteten unter anderem: *„ich habe die polnische Mentalität besser kennengelernt und jetzt kann ich besser damit umgehen; ich verstehe besser Polen und seine Kultur; ich habe das alltägliche Leben in Polen kennengelernt; ich habe mehr über die historische und gegenwärtige Situation Polen erfahren und habe bemerkt, wie viele Probleme noch zwischen uns bestehen; ich habe gelernt, dass die kulturellen Unterschiede zu interessanten Erfahrungen und zu spannenden Diskussionen führen".*

Ähnliche Aussagen konnte man von polnischen Mitgliedern hören: „*ich habe aufgehört, zur Geschichte zurückzukehren, und ich verstehe die heutige deutsche Gesellschaft besser*"; „*ich habe die Möglichkeit bekommen, Deutschland besser kennenzulernen*"; „*auf verschiedenen Ebenen konnte ich das tägliche Leben erleben*".

Sowohl bei den Polen als auch bei den Deutschen kann man ein besseres Verständnis für die Mentalität des Nachbarn feststellen (16,4 %). Dank der (bewusst gesuchten) Intensivierung der Beziehungen fangen die Mitglieder an, die besonderen Verhaltensweisen der Anderen besser zu verstehen.

Ein weiterer Vorteil, in einer NGO tätig zu sein, ist die Entwicklung und Ausprägung von sozialen Verhaltensweisen. Beide Gruppen stellen fest, dass „*die Arbeit in einem Verein eine wahre Quelle der Zufriedenheit ist, und die freiwillige Tätigkeit zum Wohlfühlen beiträgt.*" „*Die freiwillige Arbeit bewirkt, dass Arbeiten als angenehm empfunden wird, was das Klima in einem Verein ohne Zweifel beeinflusst*"; „*es ist wichtig, an einer Sache zu arbeiten, ohne mit finanziellen Gewinnen oder Beifall zu rechnen.*" Solche Aussagen wurden von Mitgliedern polnischer Vereine häufiger genannt als von Mitgliedern der deutschen Vereine.

Insgesamt zeigen sie, dass die Vereine ein Ort sind, wo sich soziale Verhaltensweisen bilden können. Die Feststellung, dass die freiwillige Arbeit wertvoll ist, schafft gute Bedingungen zur Durchführung der Annahmen der interkulturellen Erziehung.

Binationale Vereine tragen, den Untersuchungen zufolge, zur Einübung demokratischer Verhaltensmuster bei. Bei fast 11 % der Befragten, darunter 9,6 % Polen und 12,1 % Deutsche, kann man Verhaltensveränderungen in diesem Bereich feststellen. Dies ist eine wertvolle Fähigkeit der Mitglieder, die sich für die Stabilisierung der demokratischen Ordnung in den Ländern nutzen lässt. Gleichzeitig entsteht das Gefühl, durch die Tätigkeit in einer NGO mehr Einfluss nehmen zu können: auf sein eigenes Schicksal, aber auch auf das des Landes. Dies erhöht die Bereitschaft, sich sozial stärker zu engagieren.

Durch die Tätigkeit in einem Verein erfahren die Befragten gleichzeitig mehr über sich selbst. Sowohl Polen als auch Deutsche betonen, dass sie sich selbst besser kennengelernt haben. Die Kontakte zu anderen Mitgliedern tragen dazu bei, den Glauben an eigene Fähigkeiten zu gewinnen, eigene versteckte Fähigkeiten zu entdecken, mehr Selbstbewusstsein zu entwickeln und viel über sich selbst zu erfahren.

Die Erfahrung der Zusammenarbeit in einer Gruppe wird von den Befragten als am wichtigsten bewertet. Sie wird von Deutschen (35,5 %) und Polen (34,2 %) fast gleich oft für wichtig befunden. Zudem kann man bei den Befragten aus beiden Ländern feststellen, dass die Tätigkeit in einem Verein das Sozialverhalten der Mitglieder in einer Gruppe verbessert. Die Befragten erwähnen mehrfach die Bedeutung der Frage des Mitglieder- und Aufgabenverwaltung. Diese Fähigkeit beherrschen die Befragten aus Deutschland (14 %) besser als ihre Partner aus Polen (11 %). Als zweitwichtigste Fähigkeit wird von den Mitgliedern der Erwerb von Fremdsprachenkenntnissen genannt. Hier kann man feststellen, dass die Polen diese Fähigkeit höher einschätzen (22,8 %) als die deutschen Befragten (14 %). Die Mitgliedschaft in einem Verein hat demnach einen großen Einfluss auf Erwerb oder Vertiefung ihrer Sprachkenntnisse.

Ähnlichen Einfluss nimmt die Tätigkeit in einem Verein auf die Verbesserung der organisatorischen Fähigkeiten ihrer Mitglieder. Dies ist vor allem unter den deutschen Befragten zu beobachten, von denen ein Viertel dies für sich in Anspruch nimmt. Man muss in diesem Zusammenhang darauf hinweisen, dass die Mehrheit der Befragten gerade dank der Arbeit in einem Verein zum ersten Mal die Gelegenheit dazu hatte, eine Veranstaltung selbständig organisieren und durchführen zu können.

Die nächste Fähigkeit, die zum Teil auch mit den Sprachkenntnissen zusammenhängt, ist jene, Kontakte leichter knüpfen zu können. Die Arbeit in einem Verein erfordert häufig, mit Vertretern verschiedener Kreise in Verbindung zu treten, um mit ihnen diverse Angelegenheiten zu besprechen. Die Befragten nennen hier Kontakte zu Gleichaltrigen, älteren Personen, den sogenannten VIPs – Vertretern verschiedener Stiftungen, welche die Arbeit des Vereins finanzieren, sowie Personen aus politischen Kreisen. Die auf Basis der Umfrage gewonnenen Informationen zeigen, dass Polen häufiger mit ihren Landsleuten als mit Deutschen in Kontakt treten.

Die Tätigkeit in einem Verein nimmt auch Einfluss auf die Fähigkeit, seine eigene Freizeit effizienter organisieren zu können. 14 % der Deutschen wie auch der Polen stellen fest, dass sie gelernt haben, nicht nur sich selbst, sondern auch Anderen die Freizeit zu gestalten, was mit einer besseren und effektiveren Planung der Pflichten einhergeht. Aufgrund der Aussagen der Befragten könnte man die Behauptung wagen, dass binationale Vereine ein geradezu idealer Ort sind, um Erfahrungen im Bereich der internationalen Zusammenarbeit zu sammeln. Dies betont auch fast jeder fünfte (19,6 %) Deutsche. Für die polnischen Befragten spielte dieser Aspekt eine kleinere Rolle – nur 7,8 % der Polen nannten diesen Punkt in der Umfrage. Die Tatsache, dass weniger Polen auf diese Fähigkeit Wert legten, bedeutet aber nicht, dass diese Fähigkeit ignoriert wird. Wahrscheinlich hängt es damit zusammen, dass die befragten Mitglieder zweier polnischer Vereine (Edit-Stein-Gesellschaft und Kolpingwerk) deutlich seltener im direkten Kontakt zu deutschen Mitgliedern stehen, als umgekehrt ihre westlichen Kollegen.

Mit neu auftretenden Problemen zurechtzukommen, gilt als weitere Fähigkeit, die durch die Tätigkeit in einem Verein beherrscht wurde. Ähnlich wie bei der oben genannten Fähigkeit zur internationalen Zusammenarbeit wird auch diese häufiger von den Deutschen (12,1 %) als von den Polen erwähnt. Dies kann damit zusammenhängen, dass diese Fähigkeit von den polnischen Befragten, die bereits in Aktivitäten anderer Organisationen engagiert waren, schon früher erlernt worden war, während sie für die deutschen Befragten neu war. An den Aussagen der Befragten fällt auf, dass auch die Tätigkeit in der Redaktion eines Vereins einen Einfluss auf ihr Leben hatte. Viele der Befragten sammeln Erfahrungen, die bei der Verfassung von Zeitschriften, Artikel und anderen Publikationen des Vereins erforderlich sind. Andere konnten ihr schriftstellerisches Talent schulen, ihre Übersetzungsfähigkeiten vervollkommnen und sich mit der Herausgabe einer Publikation vertraut machen. Die polnischen Befragten erwähnen den Erwerb dieser Fähigkeiten häufiger als ihre deutschen Kollegen.

Den letzten Platz in der Tabelle nimmt die Kategorie „andere" ein, in der die polnischen Teilnehmer der Umfrage unter anderem die Fähigkeit, einen Antrag auf Subvention zur Realisierung eines Projekts stellen zu können, oder die Verwendung moderner Kommunikationstechniken nennen. Die Deutschen nennen in dieser Kategorie unter anderem die Fähigkeit, andere motivieren zu können, die Fertigkeit der konsequenten Durchführung von Aufgaben, sowie die Beherrschung simultaner Übersetzung und Moderation.

Bei fast jedem fünften Befragten kann man feststellen, dass die wichtigste Eigenschaft, die sich dank der Tätigkeit in der NGO entwickelt hat, Toleranz ist. Der Unterschied zwischen den polnischen und den deutschen Befragten ist in dieser Hinsicht nicht groß, dennoch erscheint die in den NGOs stattfindende Toleranzentwicklung bei den polnischen Befragten etwas stärker als bei den deutschen Befragten. Bei der Interpretation dieses Befundes ist zu berücksichtigen, dass die Deutschen schon früher Toleranz gegenüber anderen Nationalitäten erlernt haben, da die Multikulturalität seit längerem den Alltag der deutschen Gesellschaft prägt. Weniger günstige Bedingungen zur Entstehung positiver Verhaltensweisen gegenüber Ausländern herrschten bisher in Polen, wo nur ein Bruchteil der Gesellschaft keine polnische Staatsangehörigkeit besitzt. Polen wird deshalb oft als homogen bezeichnet, wenn es um die Nationalitätenfrage geht.

Zu den Eigenschaften, die sich bei den Teilnehmern gebildet haben, gehört auch die Operativität (16,3 %), verstanden als Fähigkeit zum effektiven und schnellen Handeln. Sie wird von den Deutschen häufiger genannt (19,6 %) als von den Polen (13,1 %). Den dritten Platz nimmt der Optimismus ein, der von 13,1 % den Polen und 5,9 % der Deutschen genannt wurde. Als weitere Eigenschaft, die in diesen zivilgesellschaftlichen Organisationen gebildet wird, wird von 8 % der Befragten die Kreativität genannt. In dieser Gruppe überwiegen die Deutschen mit 9,3 % (Polen 7,9 %).

Man kann allgemein feststellen, dass die Tätigkeit in einer binationalen NGO ein breites Spektrum von Mitgliederinteressen befriedigt. Die Interessen sind

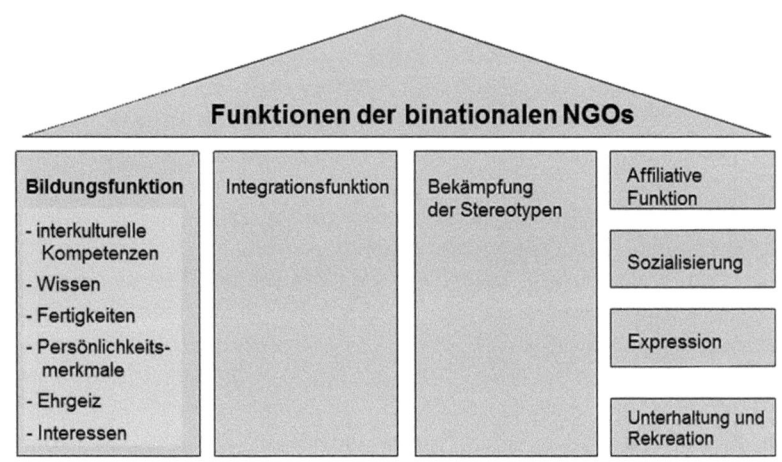

Abb. 1 Funktionen der binationalen NGOs. (Quelle: eigene Darstellung)

am häufigsten verbunden mit den deutsch-polnischen Beziehungen (Kontakte, Fremdsprache, Kultur, Politik, Geschichte, internationale Zusammenarbeit). Dies ist sowohl bei den deutschen als auch den polnischen Befragten der Fall, ungeachtet des Alters und Geschlechts. Zusammenfassend erkennt man, dass die binationalen NGOs ohne Zweifel ihre bildende Rolle erfüllen und bei ihren Mitgliedern viele Fähigkeiten, Fertigkeiten und Eigenschaften formen, was zur Erweiterung des eigenen Wissens beiträgt und neue Interessen wecken kann.

Bei 46,1 % der Befragten macht sich der Einfluss der Aktivität in einem Verein auf ihre Persönlichkeit bemerkbar. In dieser Gruppe sind unwesentlich mehr Deutsche (52,3 %) als Polen (40,3 %). Nur bei 16,7 % der Mitglieder war die Einstellung zu dem Nachbarn immer gut, und es hat sich bei ihnen durch die Arbeit in einem Verein nichts geändert. Diese Antwort gaben 25 % der Polen und 7,5 % der Deutschen (Abb. 1).

Die Erkenntnisse der Untersuchung erlauben es, folgende Funktionen binationalen NGOs darzustellen:

- Bildungsfunktion (interkulturelle Kompetenzen, Wissen, Fertigkeiten, Persönlichkeitsmerkmale, Ehrgeiz, Interessen)
- Integrationsfunktion
- Bekämpfung der Stereotypen
- Affiliative Funktion
- Sozialisierungsfunktion

- Expressive Funktion
- Unterhaltungs- und Rekreationsfunktion.

Man muss dabei bemerken, dass die angesprochenen Funktionen nicht separat auftreten, sondern miteinander in Verbindung stehen.

4 Fazit

Die binationalen NGOs sind auf dem richtigen Weg, Annäherung und Verständigung zu verbessern. Die in der Einleitung zitierte Aussage von Więckowski wird von den Befunden der hier vorgestellten Untersuchung nicht bestätigt. Die Ergebnisse zeigen, dass die Mitarbeit in binationalen Vereinen zu vielfältigen Lernprozessen beitragen: Entwicklung der Persönlichkeit, Entwicklung der interkulturellen Kompetenzen, Änderung der Wahrnehmungen über die Nachbarn, Entwicklung von Toleranz. Diese Merkmale ermöglichen das Leben in der heutigen Zeit, in der wir nicht mehr isoliert nebeneinander leben und verbessern das Aufeinander-Zugehen.

Doch auch außerhalb der untersuchten Organisationen werden viele Bürger der Begegnung mit anderen Kulturen ausgesetzt, denn „...*heute sind wir alle in Bewegung. Viele von uns verändern ihren Wohnsitz, ziehen um und reisen in Gegenden, die nicht ihre Heimat sind.*" (Bauman 2000, S. 92). Für sie wird Interkulturelles Lernen ein wichtiger Teil des Alltags. Von ihnen wird „*mobile Kompetenz*" verlangt, die Bewegung in fremden Gebieten ermöglichen würde, ohne dabei ihre eigene Identität zu verlieren. Dabei werden die Fähigkeiten und Kenntnisse benötigt, die sich bei den Mitgliedern der binationalen Organisationen oft schon entwickelt haben. Die Arbeit dieser NGOs kann daher sowohl für das Individuum als auch für die Gesellschaft einen wesentlichen Beitrag leisten, um ein verständnisvolles Zusammenleben zu ermöglichen.

Literatur

Barwińska D (2007) Edukacja międzykulturowa w dwunarodowych stowarzyszeniach. W świetle badań w Polsce i w Niemczech. Wydawnictwo Naukowe Novum, Płock

Bauman Z (2000) Globalizacja. I co z tego dla ludzi wynika. Państwowy Instytut Wydawniczy, Warszawa

Kamiński A (1980) Funkcje pedagogiki społecznej. Państwowe Wydawnictwo Naukowe, Warszawa

Więckowski A (2001) Wypowiedzieć wojnę Niemcom. Państwowe Wydawnictwo Naukowe, Kraków

Zur Konzeptualisierung kultureller Differenz für Lern- und Bildungsprozesse in Unternehmen am Beispiel der Expatriierung nach China

Steffi Robak

Der Diskurs um Lebenslanges Lernen macht eine Neuplatzierung von Auslegungen des Kulturbegriffs sowie kultureller Differenz in der jeweiligen Rolle für Lernen und die Realisierung von Bildung notwendig. Die Vielfalt der Migrationsprozesse bringt binnengesellschaftliche Veränderungen mit sich; Globalisierung als wirtschaftliche Verflechtungsprozesse und Transnationalisierung als neue sich vielfältig realisierende Interaktionsräume lassen Anforderungen der Gestaltung von Arbeits- und Lernzusammenhängen sichtbar werden. Der Beitrag diskutiert Optionen der Konzeptualisierung kultureller Differenz in ihrer Rolle für Lernen und Bildung in Unternehmen, die in China operieren.

Eingangs wird die Schwierigkeit thematisiert, kulturelle Differenzen zu fassen und für bildungswissenschaftliche Forschungen zu konzeptualisieren. Es folgt eine Darstellung eines Zuganges der Erschließung kultureller Differenzen für China. Anschließend wird der spezifisch entwickelte Teil eines abduktiven Forschungsmodells erläutert, der kulturelle Differenzen in einer ausgewählten Auslegung für den chinesischen Kulturraum aufnimmt. Dieses Modell bildet die Grundlage für eine empirische Analyse der Erfahrungen von und des Umgangs mit kulturellen Differenzen in Prozessen der Zusammenarbeit und des Lernens deutscher Expatriates in China (Robak 2011).

S. Robak (✉)
Institut für Berufspädagogik und Erwachsenenbildung, Leibniz Universität
Hannover, Schloßwender Str. 1, 30159 Hannover, Deutschland
E-Mail: Steffi.Robak@ifbe.uni-hannover.de

M. Göhlich et al. (Hrsg.), *Organisation und kulturelle Differenz,*
Organisation und Pädagogik 12, DOI 10.1007/978-3-531-19480-6_20,
© VS Verlag für Sozialwissenschaften | Springer Fachmedien Wiesbaden GmbH 2012

Zur Schwierigkeit der Konzeptualisierung eines bildungswissenschaftlichen Verständnisses kultureller Differenzen im Horizont kultureller Interessenlagen in Unternehmen Will man Lern- und Bildungsprozesse in anderen Kulturen untersuchen, so ist es schwer ein adäquates Verständnis kultureller Differenz zu entwickeln. Kulturelle Differenz ist, wie der Kulturbegriff auch, ein viel diskutierter, ja „brisanter" Begriff, der ein hohes Konstruktionspotential vorhält. Konstruktionen bezüglich des Begriffs der kulturellen Differenz haben im Bildungsdiskurs unterschiedliche Phasen durchlaufen. Eine weitreichende Konstruktion mit hoher Bindekraft – deshalb soll sie hier hervorgehoben werden – ist die Beschreibung nationalkultureller Unterschiede. Diese wurden in strukturellen und interaktiven Auslegungen an identitäre Zuschreibungen gekoppelt (s. die Kritik bei Meyer 2002) und verstellten den Blick auf Bildungs- und Entwicklungsmöglichkeiten einzelner Individuen.

Eine breitere Auslegung kultureller Differenz ist besonders für den binnengesellschaftlichen Diskurs erforderlich, wenn Fragen individueller Förderung und Entwicklung berührt werden. Es wird dafür folgende bildungswissenschaftlich begründete Auslegung kultureller Differenz unter Einbeziehung von Bourdieu (1982) und Reckwitz (2006) vorgeschlagen: Kulturelle Differenzen formen sich sozialisatorisch in unterschiedlichen Milieus und werden über Habitusformen und Praktiken eingeübt. Sie sind durchwirkt mit Kodierungen „national-kulturell" konstituierter Wertestrukturen, befinden sich aber aufgrund von Modernisierungs- und Transnationalisierungsprozessen im Prozess der Neuformung. Sie können also nicht an territorialen Grenzen festgemacht werden.

Wenn z. B. in Deutschland über Bildungsauslegungen, Ansätze und Konzepte für Bildungsinstitutionen nachgedacht wird, braucht es differenzierte Sichten auf kulturelle Differenz.[1] Diese differenzierte Sichtweise erwies sich – hier nehme ich ein Ergebnis vorweg – für die Untersuchung der Erfahrungen und Deutungen von Expatriates mit kulturellen Differenzen in China als nicht umsetzbar.[2] Es konnte

---

[1] Das Spektrum an Bildungsaufgaben ist unter binnengesellschaftlicher Perspektive sehr breit. Erwachsenenbildungsorganisationen können das Thema Interkulturalität/Transkulturalität als eine differenzielle Kulturperspektive nur intermediär anlegen zwischen beruflicher, allgemeiner, politischer und kultureller Bildung. Eine breitere Bildungsauslegung zielt dann auf aktive Teilhabe Aller an Gesellschaft und Prozessen der Kulturgestaltung, indem spezifische und gestufte Angebote für Qualifizierung, Deutungserweiterung, Identitätsbildung, Erlernen und Reflektieren kultureller Praktiken sowie Kulturschaffung entrichtet werden, dies unter Berücksichtigung kultureller Diversität (vgl. Heinemann und Robak 2011).

[2] Zum einen realisierten die Expatriates selbst diese Perspektiven auf chinesische KollegInnen, Mitarbeiter/innen nicht, zum anderen war in der Untersuchung ein analytischer Blick auf die konkreten Interaktionen der Zusammenarbeit sowie auf die soziodemographischen

nur ein operationalisierbarer Zugang entwickelt werden, der als essentialistisch[3] geltendes Wissen aufnimmt, um kulturelle Differenzen überhaupt sichtbar zu machen.

Für Forschungen im globalen Raum, besonders wenn sie sich auf sehr „fremde" Kulturen beziehen, ist historisches und gesellschaftliches Wissen über die andere Kultur unerlässlich (Cappai 2010). Einerseits ist auch zu berücksichtigen, dass eine „Weltgesellschaft" im Entstehen ist, andererseits ist gleichzeitig von unterschiedlichen kulturellen Bedeutungswelten (vgl. Schriewer 2007) auszugehen. D. h. kulturelle Differenzen verweben sich neu, sie bestehen aber weiter und zeigen sich in Erfahrungen und Deutungen. Dies wird in Unternehmen, die sich in Transnationalisierungsprozessen befinden, besonders sichtbar, da sie Kultur transportieren und kulturelle Räume ausformen (Buhr 1998). Die zunehmende Dichte der Verflechtungen und Interaktionsformen, gebunden an Expansionsprozesse, lässt vermuten, dass gerade in Unternehmen, die mit der Entwicklung und dem Verkauf von Produkten und Dienstleistungen beschäftigt sind, Struktur- und Organisationsbildungsprozesse spezifische kulturell geprägte Verläufe nehmen, deshalb nur spezifisch zu fassen sind und die organisationale Absicherung von lebenslangem Lernen unter Vielfaltsgesichtspunkten besondere Strukturen braucht. Hinzu kommt in Unternehmen die besondere Herausforderung, dass verschiedene Interessen über Kultur in die Organisationen hineingetragen werden und auf Seiten der Unternehmensführung eine Skepsis gegenüber „landeskulturell" gespeisten Differenzen vorhanden ist. Von einer Unternehmenskultur verspricht man sich u. a. die „politische Einheit" der Angestellten zu sichern. Kultur und damit kulturelle Differenz entwickelt auf verschiedenen Ebenen Wirkmächtigkeit (z. B. Rathje 2004).

Inwiefern werden dabei kulturelle Differenzen, die in Unternehmen in China als „landeskulturell" begründete Differenz gedeutet werden, Teil von Lernkulturen und inwiefern beeinflussen diese Lern- und Arbeitsprozesse vor Ort? Verlieren sie ihre Wirksamkeit in transnationalen Unternehmen, welche die bislang extensivste Form global operierender Unternehmen darstellt (vgl. Köhler 2004)?

Im Folgenden wird ein Spannungsbogen aufgenommen, einerseits mit dem Wissen umzugehen, dass gesellschaftliche und kulturelle Veränderungsprozesse in China geradezu rasant im Prozess sind und andererseits die Notwendigkeit, für

---

und milieuspezifischen Hintergründe aller Beteiligten in Arbeitszusammenhängen nicht möglich.

[3] Essentialisierungen sind Festschreibungen des Anderen auf seine Andersheit. Als essentialistisch ird im kulturellen Kontext Wissen bezeichnet, das z. B. entweder aus universalistischen Kulturmodellen (z. B. Hofstede 1980) generiert wurde oder aus kulturspezifischen Modellen (z. B. Thomas 1996). Dieses Wissen versucht, Kernaussagen über die „Wesensart" anderer Kulturräume zu treffen.

empirische Untersuchungen einen operationalisierbaren Zugriff zur Erfassung des Umgangs mit kultureller Differenz zu entwickeln. Besonders herangezogen werden dafür, erstens, die Kulturstandards nach Thomas (1996). Es werden weiterhin, zweitens, kulturelle Differenzen aufgrund der Deutungen generiert und es wird, drittens, über Partizipationstore kultureller Bildung[4] (Gieseke et al 2005) nach den Bildungsprozessen bezüglich Kulturwissen und kultureller Praktiken gefragt. Letzteres bezieht sich nicht auf Erfahrungen mit und Deutungen über kulturelle Differenz, sondern fragt nach den aktiven Anstrengungen der Expatriates sich kulturelles Wissen zu erarbeiten. Untersucht wurden kulturelle Differenzen, indem Praktiken (Reckwitz 2003, 2006) als kleinste kulturelle Einheit zugrunde gelegt wurden (s. dazu Robak 2011).

Komplexe Modernisierungsprozesse in China Die gesellschaftlichen Veränderungsprozesse in China vollziehen sich momentan sehr schnell. Annäherungen an ein Verstehen Chinas können aus verschiedenen Disziplinen mit unterschiedlichen Interessen erfolgen. Die Disziplin der Sinologie beklagt zu wenig Anerkennung, wenn es um die Produktion und Rezeption grundlegenden kulturellen Wissens geht (Kubin 2008). Große makrostrukturelle Gesellschaftsanalysen beschreiben Prozesse der Modernisierung und versuchen Eigenheiten und Spezifika dieser Prozesse zu bestimmen. Als eine sogenannte „Achsenzeit-Kultur" (Eisenstadt 2006) hat China spezifische politische und kulturelle Programme kultiviert, die an der Schwelle zur Moderne durch Revolutionen vorangebracht wurden (ebd.). Eine grundlegende transzendierende Idee, die sich immer mit neuen Ideologien verknüpfen ließ, war das „Mandat des Himmels", d. h. die Ausbalancierung elitärer Kräfte zur Steuerung des Reiches unter einem Herrscher, der die „göttliche" Aufgabe der Führung erhält. Konfuzianische Auslegungen orientieren sich im Verlaufe immer wieder an der „kosmischen Harmonie" als Leitprämisse für den Aufbau gesellschaftlicher, politischer und kultureller Ordnung. Nur ausgewählte Eliten besitzen dabei den Zugang zum Zentrum (ebd., S. 84 ff.). Gesellschaftliche Transformationen bewegten sich immer im konfuzianischen Wertesystem. Ein Bruch mit dem konfuzianischen Wertesystem und den Ordnungsstrukturen wurde mit der Kulturrevolution vollzogen (Haug 2006, S. 2). Die Erfahrungen dieser Zeit in den 1960er und 1970er Jahren sind als kollektive und individuelle Erfahrungen vorhanden und wirken, je nach Generation, in die heutige Gesellschaft und damit in die institutionellen Strukturen hinein. Dies wird für Führung und Zusammenarbeit relevant.

---

[4] Partizipationstore kultureller Bildung sind Zugangswege zu kultureller Bildung, die auf der Grundlage der Angebotsstruktur empirisch erschlossen wurden (vgl. Gieseke et al. 2005).

In China hat die Koppelung zwischen kommunistischer Führung und Hyperkapitalismus nun eine Hybridform erzeugt, die von außen betrachtet schwer nachzuvollziehen ist und sowohl wirtschaftlich als auch politisch weitreichende Fragestellungen aufwirft, die die Optionen globaler Machtverteilungen und die Konsequenzen im Hinblick auf die Entstehung einer Weltgesellschaft völlig neu stellen (Deudney et al. 2011). Die Qualität der globalen Abhängigkeiten und die Komplexität der Vernetzungen zwischen Europa und China lassen ein noch nicht fassbares Gewebe aus wettbewerbsorientierten und kooperativen Strukturen entstehen. Die zu behandelnden Aspekte, wenn diese Verbindungen als Prozess auf dem Weg zu transnationalen Räumen verstanden werden können, sind nun, so Deudney et al., weitreichender zu fassen: Energie und Umwelt, „Global Commons", wie z. B. die Behandlung der Ozeane, Rüstung und Verteidigung sind neu zu verhandeln. Die Weiterentwicklung einer Global Governance wird, so die Annahme, auch eine Verbreitung der „westlichen Werte" wie Menschenrechte und Freiheit mit sich führen (ebd.).

Es ist davon auszugehen, so zeigen die Ergebnisse meiner Studie, dass die Expatriates vor Ort aufgrund von Handlungsnotwendigkeiten Marktwissen und strategisches Handeln historischem Wissen und Wissen über gesellschaftspolitische Entwicklungen vorziehen. Differenzierte Kulturinformiertheit würde breite Wissensbereiche umfassen. Wissen um die Komplexität der Modernisierungsprozesse erarbeiten sich die Expatriates vor Ort nicht. Sie operieren aber mit einem erfahrenen Wissen, das in den Kulturstandards eine Entsprechung findet (vgl. Robak 2011).

Zur Konzeptualisierung kultureller Differenzen über Kulturstandards und Partizipationstore kultureller Bildung Die Fragestellung der vorliegenden Untersuchung integriert mehrgliedrig die Perspektive kultureller Differenz: Zum einen wurde auf der Grundlage von Kulturstandards (Thomas 1996) nach den Erfahrungen und Deutungen über kulturelle Differenzen gefragt. Diese Erfahrungen und Deutungen bildeten die Grundlage, um das Einfließen dieser Differenzen in die Arbeitspraktiken zu rekonstruieren (in Anlehnung an Reckwitz 2006). Derartige Prozesse verweisen auf kulturelle Hybridbildungen und es interessierte, inwiefern diese sich weiterentwickeln zu hybriden Identitätsausformungen. Weiterhin wurde danach gefragt, welche Art kulturellen Wissens sich die Expatriates aneignen über Bildung und Qualifizierung.

Für den ersten Teil der Fragestellung wurden Vorinterviews durchgeführt, die kulturelle Differenzen auf der Ebene von Erfahrungen, Erlebnissen und Deutungen erfragten. Als relevant erwiesen sich hier einzelne von Alexander Thomas (1996) ermittelte und konzeptualisierte Kulturstandards. Dies steht nun im Gegensatz

zum eingangs vorgeschlagenen Begriff kultureller Differenz. Um eine Operatio-
nalisierbarkeit zu realisieren, musste die Untersuchungsanlage mit einem empirischen Differenzbegriff operieren, der kulturelle Differenz als „nationalkulturell"
geprägte Auslegung aufnimmt. Diese Essentialisierung wurde aufgefangen durch
theoretische Grundlagen und Kategorien, die interindividuelle und intersubjektive Faktoren erfassen, wie z. B. Wissensdifferenzen, die aus Unterschieden in der
Ausbildung resultieren und Differenzen in den Arbeitspraktiken. Kulturstandards[5]
werden in der interkulturellen Trainingspraxis vermittelt und haben Relevanz im
erlebten Alltag. Eine Problematik besteht darin, dass mit einem Außenblick Konstruktionen kultureller Spezifika über chinesische Kultur vorgenommen werden.
Gleichzeitig ist darauf hinzuweisen, dass an den entworfenen Kulturstandards auch
chinesische WissenschaftlerInnen mitwirkten.

Als zentrale Kulturstandards wurden in den 1990er Jahren ermittelt: Gesicht
wahren, Hierarchieorientierung, soziale Harmonie, Bürokratie, Etikette, Danwei
(Einheit, Arbeitseinheit oder Studiengruppe), Guanxi (Beziehungsnetz), List und
Taktieren sowie Humor (Thomas 1996, S. 125). In meinen Untersuchungen gehe
ich davon aus, dass die hier dargestellten Kulturstandards historisch gewachsen
sind, dass sie sich aber im Wandel befinden und sich je nach ihrer Funktion im
kommunistisch-kapitalistischen System verändern, aber dennoch in den Interakti-
onskontexten der Expatriates im Kontakt mit chinesischen KollegInnen, Vorgesetzten und MitarbeiterInnen ihre Wirkung entfalten.

Als wichtige Kulturstandards für Zusammenarbeit, die sich in der Interaktion
auswirken, gelten nach den Vorinterviews und bestätigt durch die anschließende
Untersuchung: Hierarchien einhalten verbunden mit indirekter Kommunikation,
das Gesicht wahren und Gesicht geben sowie Beziehungen herstellen können. Soziale Harmonie erweist sich eher als ein politisch verordneter Kulturstandard, der
im kapitalistischen Wettbewerb obsolet wird.

Über den kulturellen Standard „Gesicht wahren und geben" ist bereits sehr viel
an Wissen vorhanden. Obwohl „Gesicht" eine universelle Komponente in allen Interaktionen kulturübergreifend zuzuschreiben ist (Goffman 1966), scheinen damit
in China besondere soziale Kodierungen von hoher kommunikativer und kulturel-

---

[5] Kulturstandards sind für Thomas der sozialisierte Kern des kulturellen Orientierungs-
systems. Sie regulieren und leiten die alltägliche Kommunikation und das Handeln. Thomas
geht davon aus, dass die Wirkmächtigkeit der Kulturstandards besonders in kritischen Interaktionssituationen zum Vorschein kommt, da in diesen Situationen Bewältigungsschwie-
rigkeiten auftreten. Besonders für den nach wie vor als sehr fremd geltenden chinesischen
Kulturraum versprach man sich Hilfestellungen für Lernen und Qualifizierung, wenn es gelingen würde, die essentiell unterschiedlichen Kulturstandards zu analysieren, zu vermitteln
und zu verstehen (Thomas 2006, S. 116).

ler Reichweite verbunden zu sein. Sie beschreiben ein Spektrum an kommunikativen, zum Teil strategisch gestuften Handlungsstrategien (Weidemann 2004). Der Kulturstandard „Gesicht wahren" wurzelt in Vorstellungen von höflicher Zurückhaltung (Liang 1992; Lee-Wong 2000). Er konstituiert einen sozialen Code, der sich in den klassischen Ritualen und Büchern des Alten Chinas wiederfindet und bis heute lebendig geblieben sein soll. „Gesicht geben" konstituiert darüber hinaus die durch die konfuzianische Lehre vorgegebenen Respektsbezeugungen entlang hierarchischer Beziehungsstrukturen (ebd., S. 22 f.). Von herausragender Bedeutung ist der Kulturstandard „Beziehungen herstellen". Sein Stellenwert scheint sukzessive zuzunehmen, alle setzen sich damit auseinander und beginnen u. U. damit, sich darin „einzuüben". Unklar ist, wie sich die Expatriates mit den besonderen Anforderungen der Beziehungsherstellung im Unternehmen und darüber hinaus auseinandersetzen und ob dies Bildungsprozesse auslöst.

Kulturstandards formen im abduktiv entwickelten Modell eine eigene Lerndimension und sind als Erhebungs- und Analysedimension aufgenommen. Erfragt wurde, wie diese Kulturstandards in die Konstitution von Arbeitspraktiken einwirken sowie ob und wie sie Gegenstand von Lernen und Bildung sind. Die erste Frage verweist auf Aneignungsprozesse, die dem eigenen strategischen Handlungsrepertoire zuarbeiten, die zweite Frage zielt auf Lern- und Bildungsprozesse; d. h. finden sich in unterschiedlicher Form und mit unterschiedlichen Lernformen Zugangsportale zur kulturellen Bildung? Diese Fragen nimmt eine eigene Prozessebene des Lernens auf, sie heißt: Bildung und Kulturalität – individuelle Zugänge zum kulturellen Lernen und zu kultureller Bildung. Diese Prozessebene erfasst nicht kulturelle Differenz in einem essentialistischen Sinne, sondern legt China als kulturellen Raum, als Inhalt kultureller Bildung aus, der durch drei empirisch entwickelte Partizipationsportale (vgl. Gieseke et al. 2005) erschließbar ist:

- verstehend-kommunikativ (z. B. Sprache, Erlernen von Kulturstandards)
- systematisch-rezeptiv (z. B. Auseinandersetzung mit Geschichte)
- selbsttätig-kreativ (Aneignung kultureller Praktiken, z. B. ein Instrument erlernen).

Die Studie (Robak 2011) erfasst u. a. das organisationale Wirken verschiedener Lerndimensionen in transnationalen Unternehmen und zeigt, wie kulturelle Differenz in die Konstitution von Arbeit hineinwirkt und in Weiterbildung und Lernkulturen (k)einen Platz erhält. Es kann hier aus Platzgründen nur angedeutet werden, dass kulturelle Differenzen Hybridbildungen auf der Ebene von Praktiken erzeugen und unter bestimmten Konstellationen hybride Identitäten entstehen können. D. h. die oben dargestellten kulturellen Differenzen entfalten durchaus Wirkungen und fließen in das Verhalten, in die Arbeitspraktiken und in Lern- und Bildungsprozesse ein. Gleichzeitig gewinnen aber kulturelle Anforderungen die Oberhand, die aus der Ausdehnung kapitalistischer Arbeitsanforderungen und Verhaltensvorstellungen resultieren. Kulturelle Differenzen lassen sich darin ein, können aber auch dahinter zurücktreten.

Literatur

Bourdieu P (1982) Die feinen Unterschiede. Kritik der gesellschaftlichen Urteilskraft. Suhrkamp, Frankfurt a. M.

Buhr R (1998) Unternehmen als Kulturräume. Edition Sigma, Berlin

Cappai G (2010) Kultur und Methode – Über die Relevanz rekonstruktiver Verfahren für die Erforschung fremdkultureller Lagen. In: Cappai G, Shingo S, Straub J (Hrsg) Interpretative Sozialforschung und Kulturanalyse. transcript, Bielefeld, S 129–158

Deudney D et al (2011) Global Shift. How the west should respond to the rise of china. Transatlantic Academy, Washington, DC

Eisenstadt SN (2006) Die großen Revolutionen und die Kulturen der Moderne. VS Verlag für Sozialwissennschaften, Wiesbaden

Gieseke W, Opelt K, Stock H, Börjesson I (2005) Kulturelle Erwachsenenbildung in Deutschland. Exemplarische Analyse Berlin/Brandenburg. Waxmann, Münster

Goffman E (1966) On face work. An analysis of ritual elements in social interaction. Psychiatry 18:213–231

Haug WF (2006) Großer Widerspruch nach vorn? Editorial. In: Cao W et al (Hrsg) Großer Widerspruch China. Das Argument, Berlin 48(268):1–10

Heinemann A, Robak S (2011) Interkulturelle Erwachsenenbildung. Erscheint in: Enzyklopädie EEO Erziehungswissenschaft online. Juventa, München

Hofstede G (1980) Culture's consequences: international differences in work-related values. Sage, Beverly Hills

Köhler B (2004) Strukturen und Strategien transnationaler Konzerne. Empirische Soziologie der „inneren Globalisierung". Deutscher Universitäts-Verlag, Wiesbaden

Kubin W (2008) Wider die Neofiguristen. Warum China wichtig, die Sinologie aber unbedeutend ist. In: Kontroverse über China. Sino-Philosophie. Merve, Berlin, S 65–76

Lee-Wong SM (2000) Politeness and face in Chinese culture. P. Lang, Frankfurt a. M.

Liang Y (1992) Höflichkeit als interkulturelles Verständigungsproblem. Eine kontrastive Analyse Deutsch/Chinesisch zum kommunikativen Verhalten in Alltag und Wirtschaftsbetrieb. In: Wierlacher A, Eggers D, Engel U, Krumm H-J, Krusche D, Picht R, Bohrer K-F (Hrsg) Jahrbuch Deutsch als Fremdsprache, Bd 18. Indicium, München, S 65–86

Meyer T (2002) Identitätspolitik. Vom Missbrauch kultureller Unterschiede. Suhrkamp, Frankfurt a. M.

Rathje S (2004) Unternehmenskultur als Interkultur: Entwicklung und Gestaltung interkultureller Unternehmenskultur am Beispiel deutscher Unternehmen in Thailand. Verlag Wissenschaft und Praxis, Sternenfels

Reckwitz A (2003) Grundelemente einer Theorie sozialer Praktiken: Eine sozialtheoretische Perspektive. Z Soziol 32:282–301

Reckwitz A (2006) Das hybride Subjekt. Velbrück Wissenschaft, Weilerswist
Robak S (2011) Kulturelle Formationen des Lernens. Zum Lernen deutscher Expatriates in kulturdifferenten Arbeitskontexten in China – die versäumte Weiterbildung. Habilitation. Schriewer, Berlin
Schriewer J (2007) Weltkultur und kulturelle Bedeutungswelten – zum Thema des Bandes. In: Schriewer J (Hrsg) Weltkultur und kulturelle Bedeutungswelten. Zur Globalisierung von Bildungsdiskursen. Campus, Frankfurt a. M., S 7–22
Thomas A (1996) Analyse der Handlungswirksamkeit von Kulturstandards. In: Thomas A (Hrsg) Psychologie interkulturellen Handelns. Hogrefe, Göttingen, S 107–135
Weidemann D (2004) Interkulturelles Lernen. Erfahrungen mit dem chinesischen Gesicht: Deutsche in Taiwan. transcript, Bielefeld

„Organisation" als Kategorie des Lernens über Globalisierung in Begegnungen im Nord-Süd-Kontext

Susanne Krogull und Annette Scheunpflug

In diesem Beitrag fragen wir danach, welche informellen *Lerneffekte* eine *Organisation* im Hinblick auf das Verständnis von Weltgesellschaft induziert. Wie beeinflussen Organisationen (Schule, internationale Jugendverbände, Kirchen) interkulturelles bzw. weltgesellschaftliches Lernen und wie werden sie in diesem Sinne pädagogisch? Wir bearbeiten diese Frage anhand von Daten aus unserem von der DFG geförderten Projekt[1], zum Lernen von Jugendlichen in Begegnungsreisen.

1 Der Forschungskontext: Jugendliche in Begegnungsreisen

Lernen in Begegnungen, so zum Beispiel im Jugendaustausch, ist nicht mehr nur im europäischen Kontext, sondern auch in weltweiten Dimensionen ein wichtiges Lernfeld des interkulturellen Lernens geworden. Im Nord-Süd-Kontext stoßen dabei nicht nur unterschiedliche kulturelle Muster, sondern auch unterschiedlich

---

[1] Wir danken der DFG für die Förderung.

S. Krogull (✉)
Lehrstuhl für Allgemeine Erziehungswissenschaft I,
Friedrich-Alexander-Universität Erlangen-Nürnberg,
Regensburger Str. 160, 90478 Nürnberg, Deutschland
E-Mail: Susanne.Krogull@ewf.uni-erlangen.de

A. Scheunpflug
Institut für Erziehungswissenschaft,
Friedrich-Alexander-Universität Erlangen-Nürnberg,
Regensburger Str. 160, 90478 Nürnberg, Deutschland
E-Mail: Annette.Scheunpflug@ewf.uni-erlangen.de

M. Göhlich et al. (Hrsg.), *Organisation und kulturelle Differenz*,   239
Organisation und Pädagogik 12, DOI 10.1007/978-3-531-19480-6_21,
© VS Verlag für Sozialwissenschaften | Springer Fachmedien Wiesbaden GmbH 2012

ökonomische Möglichkeiten aufeinander. Mit Begegnungsreisen zwischen Jugendlichen aus Deutschland und Jugendlichen aus armen Ländern (sogenannte „Dritte Welt Länder") sind in der Regel zwei Zielsetzungen verbunden: 1) Jugendliche
sollen den jeweils anderen Lebenskontext kennenlernen und 2) Verständnis für
die Gestaltbarkeit von Globalisierungsprozessen erfahren. Solche Reisen werden
von Schulen und von Kirchengemeinden angeboten, aber auch von Jugendlichen
in internationalen Jugendverbänden selber organisiert. Häufig sind Begegnungsreisen von Industrie- in Entwicklungsländer einerseits mit dem normativen Anspruch
verknüpft, Engagement für die „Verlierer der Globalisierung" zu wecken, und andererseits mit der Befürchtung verbunden, nicht hinreichend auf die schwierigen
Lebensbedingungen vor Ort vorbereitet zu sein (vgl. Studienkreis für Tourismus
1977; Stock 1997). Begegnungsreisen aus Entwicklungs- in Industrieländer werden meistens von Organisationen aus Industriestaaten bezahlt und gleichzeitig
mit dem Anspruch der gleichberechtigten Begegnung durchgeführt. Aufgrund
der wirtschaftlichen Disparität ist dieser Anspruch allerdings schwierig einzulösen
(vgl. Häußler 1993; Datta 1998; Disney 2004; Leonhard 2007; Martin 2008). Die
hier vorgelegte Untersuchung bezieht sich auf Gruppen aus Deutschland, Ruanda
und Bolivien.

2   Der methodologische und methodische Zugang

Bei der Studie handelt es sich um eine qualitativ-rekonstruktive Arbeit. Zur Datenerhebung wurden Gruppendiskussionen (vgl. Loos und Schäffer 2008) durchgeführt, die mit der dokumentarischen Methode nach Bohnsack (Bohnsack 2008;
Nohl 2007a, b) ausgewertet werden. Aufbauend auf die Wissenssoziologie Mannheim (1928/1964) kann mit dieser Methode zwischen theoretischem, expliziten,
kommunikativ-generalisierenden Wissen, das auf der semantischen Ebene deutlich
wird, und dem atheoretischen, impliziten Wissen, das das Handeln der Personen
leitet, unterschieden werden und damit nicht nur Meinungen sichtbar gemacht,
sondern auch Handlungsorientierungen rekonstruiert werden.

Die Auswahl der Gruppen erfolgte zunächst nach Reiseland, nämlich deutsche
Gruppen, die nach Bolivien bzw. Ruanda reisten, Gruppen aus Ruanda, die in
Deutschland waren sowie bolivianische Gruppen, die ebenfalls in Deutschland waren. Hinzu kommen Gruppen, die an einer Begegnung in ihrem eigenen Land teilgenommen haben. Das Sample umfasst momentan 24 Gruppendiskussionen (elf
bolivianische, zehn ruandische und drei deutsche). Es handelt sich um Jugendliche
und junge Erwachsene (bis 35 Jahre) aus dem schulischen und außerschulischen

Bereich. Um die Anonymität der Beteiligten zu ermöglichen, wurden alle Hinweise, die Rückschlüsse auf die Gruppen erlauben, verändert oder herausgenommen.

Mit den Teilnehmenden der Begegnungsreisen wurden ein halbes Jahr bis zwei Jahre nach der Reise in ihrem Heimatland und in ihrer Mutter- bzw. Verkehrssprache (deutsch, französisch oder spanisch) eine Gruppendiskussion durchgeführt. Um die Interpretation intersubjektiv überprüfbar zu machen, wurden die Ergebnisse in zwei unterschiedlichen Interpretationsgruppen diskutiert, an denen auch Personen teilnahmen, die des Spanischen und Französischen mächtig sind. Für die weiteren Teilnehmenden wurde eine Übersetzung der Transkripte vorgenommen, die von einer zweiten Person korrigiert wurde.

Bei den nachfolgend dargestellten Befunden handelt es sich noch nicht um Ergebnisse, die den Standards qualitativer Forschung (vgl. Bohnsack 2005) entsprechen, da das Sample noch nicht als gesättigt angesehen werden kann.

3   Ergebnisse

Nach dem bisherigen Stand der Auswertungen zeichnet sich im Material u. a. eine organisationale Typik ab, die wir im Folgenden vorstellen. Offensichtlich wird auf Begegnungsreisen je nach Organisationsform unterschiedliches gelernt.

3.1   Der Blick aus nationalen Organisationen: Reisen in Schulen

Häufig finden interkulturelle Begegnungen – auch im Nord-Süd-Kontext – im Rahmen eines schulischen Austausches statt. In unserem Material dokumentiert sich bei Teilnehmenden, die mit Schulen gereist sind (seien es Lehrkräfte oder Jugendliche), tendenziell Unsicherheit im Umgang mit Differenz.

Dies zeigt sich in der Gruppe Smaragd, vier Schülerinnen im Alter zwischen 16 und 19 Jahren eines deutschen Gymnasiums, die im Rahmen einer Schulbegegnung vier Wochen in Bolivien waren. Ein besonderer Programmpunkt der Begegnung war die gemeinsame Arbeit der deutschen und bolivianischen Austauschpartner in sozialen Einrichtungen. Bei der Gruppe Smaragd liegt eine konsensuelle Diskursorganisation vor. Nachdem auf den Eingangsimpuls hin das Programm der Reise berichtet wurde, kommt die Gruppe selbstläufig auf das Thema „Fröhlichkeit trotz Armut" zu sprechen.

Transkriptausschnitt 1: Passage Erfahrungen und erste Eindrücke während der Reise; Zeile 37 bis 55

Cw   Also die Leute da sind (2) anders anders als hier sehr offen freundlich man
      lernt schnell neue Leute kennen es ist immer gute Stimmung fast überall und
      auch ehm in den Einrichtungen ich zum Beispiel war in dem Zentrum für
      Jugendliche ähm zum Teil auch sehr arm und so aber auch die armen Leute
      (.) hatten so ne Art Lebens- die haben so was ausgestrahlt so was (.) fröh-
      liches irgendwie das war sehr schön mit denen was zu machen (2) ja @.@

Dw   Insofern hatten wir ja auch ziemlich den Kon- Kontrast zwischen arm und
      reich gesehen also einmal wir kommen ja aus nem ganz anderen Umfeld als
      erst mal Bolivien und wir waren unsere Gastfamilien gehörten ja eigentlich
      so zur oberen Mittelschicht und in den Institutionen in denen wir gearbeitet
      haben ich war im Kinderdorf da hat man eben schon gemerkt dass das eben
      ja dass aus ganz armen Verhältnissen gekommen sind mit teils ehm schlim-
      men Vergangenheiten und Erlebnissen und ehm für mich persönlich war
      es einfach auch mal schön zu sehen dass trotz wenn man so ne schlimme
      Vergangenheit hat irgendwie da wurden Kinder in der Mülltonne oder so
      gefunden weil die Eltern kein Geld hatten ehm dass die eben trotzdem noch
      so fröhlich und ausgelassen spielen können °das finde ich schön°

Cw führt das Thema Offenheit/Fröhlichkeit zunächst als Gegenhorizont zu
Deutschland ein. Im Anschluss an Cw elaboriert Dw das Thema im Hinblick auf
ihre Erfahrungen in einem Kinderdorf, in dem die Kinder teilweise aus schlimmen
Verhältnissen kamen und trotzdem fröhlich und ausgelassen spielen konnten. Sie
greift den Aspekt der Armut auf, um daran einen zweifach erlebten Gegensatz zu
verdeutlichen: einen Kontrast zwischen Deutschland und Bolivien und einen innerbolivianischen Kontrast zwischen reich und arm.

Es wird deutlich, dass die Schülerinnen in den Projekten gesehen haben, dass
Armut nicht notwendigerweise ein „fröhlich sein" ausschließt. An dieser Stelle
dokumentiert sich jedoch eine Verharmlosung von Armut – im Sinne von „arm
aber glücklich und fröhlich". Die Diskrepanz zwischen Armut und Reichtum, die
sie durch den Aufenthalt bei reichen Gastfamilien und der Arbeit in den sozialen
Einrichtungen erlebt haben, wird nicht reflektiert. Es dominiert eine entpolitisier-
te Sicht auf Armut. Die Bilder, mit denen die Jugendlichen die Armut beschreiben, sind drastisch (z. B. das Kind in der Mülltonne). Der bestehende Unterschied
zwischen arm und reich wird zwar wahrgenommen, jedoch nicht problematisiert,
weder im innerbolivianischen Kontext, noch in der Nord-Süd-Beziehung. Die
Schülerinnen lösen den Konflikt vielmehr auf, indem sie das Problem als nicht so
schlimm darstellen und dieses mit dem Klischee „arm aber fröhlich" belegen. Sie
ziehen keine Konsequenzen aus der Tatsache, dass sie unterschiedliche Lebenswelten in Bolivien kennen gelernt haben. Hierin zeigt sich eine Strategie, sich des

Problems in seiner existenziellen Bedeutung zu entledigen; denn sonst wäre erwartbar, dass die Jugendlichen nach der Verantwortung der Bolivianer, wie auch ihrer eigenen fragen.

Zusammenfassend kann festgestellt werden: Durch fehlende Kategorien im Hinblick auf eine mögliche Einheit dieser Differenzen zwischen Arm und Reich entsteht eine *potenzielle Überforderung* in der Wahrnehmung und im Umgang mit den Erfahrungen der jeweils anderen Kultur. Insgesamt kann gezeigt werden, dass diese (und die weiteren im Sample vorhandenen schulischen) Gruppen über *keine gesellschaftliche Perspektive auf die Einheit der Differenz in der Weltgesellschaft* verfügen.

3.2   Der Blick aus einheitlichen internationalen Organisationen: Reisen in katholischen Gemeindegruppen

Eine andere Form zeigt sich in interkulturellen Begegnungen von Gruppen, die Teil einer hierarchischen internationalen Organisation sind. Ein typisches Beispiel dafür ist die katholische Kirche, die sich in ihrem Selbstverständnis als *eine universelle Organisation*, als Weltkirche versteht. Im Material zeigt sich bei Reisenden, die mit der katholischen Kirche gereist sind, eine deutliche Orientierung an Einheitsvorstellungen. Dies lässt sich z. B. bei der Gruppe Lapislazuli, einer Jugendgruppe aus Ruanda, rekonstruieren. Die Gruppe war drei Wochen in Deutschland und hat – neben der Teilnahme an einer kirchlichen Großveranstaltung – vorher und nachher bei deutschen Familien gewohnt. Die Mitglieder dieser Gruppe sind etwas älter (zwischen 25 und 30 Jahren alt) und engagieren sich ehrenamtlich in der Jugendarbeit der katholischen Kirche.

Bereits zu Beginn der Gruppendiskussion nimmt die Gruppe Lapislazuli eine Rahmung der Reise mit religiösen Begriffen (Wallfahrt, christliches Leben) vor und stellt die Reise in einen katholisch-christlichen Kontext. Dieser konjunktive Erfahrungsraum wird anhand unterschiedlicher Themen elaboriert. Die Form der Reduzierung von Differenz durch den Bezug auf Einheit zeigt auch die Passage „Unterbringung in christlichen Familien", in der es um Ängste im Vorfeld der Reise geht.

Transkriptausschnitt 2: Unterbringung in christlichen Familien, Z. 315–322

Cw   [...] bevor (2) (.) vor der Abreise (.) als wir in der Vorbereitung hier bei uns waren, (.) fragte ich mich aber wie, wie werden wir (.) dort sein () wo ich mir vorstellte da (.) ich nicht wu- (.) ich hatte nicht ich war noch nicht dort angekommen (.) und ich fragte mich wie werden uns diese Leute dort aufnehmen, (.) wir sprechen nicht die gleiche Sprache, (.) unterschiedliche Kulturen, (.) wie also ich stellte mir (.) mehrere Fragen; (.) aber ich fand das Gegenteil (1) diese Familien die uns aufnahmen, (.) das sind wirklich (.) christliche (.) Familien ja

Während der Vorbereitung der Reise in Ruanda fragte sich Cw, wie es ihr in Deutschland angesichts von Sprach- und Kulturdifferenz ergehen würde. Diese Sorgen erweisen sich als unnötig, denn die Familien, die sie aufnahmen, waren „wirklich christliche Familien". Im internen Fallvergleich mit drei weiteren Stellen der Gruppendiskussion dokumentiert sich in den Fragen von Cw Unsicherheit mit Blick auf die Reise und den Umgang mit Deutschen. Anders als in einer anderen (hier nicht vorgestellten) Gruppe aus Ruanda wird diese Unsicherheit nicht mit der Differenz der Hautfarbe (schwarz vs. weiß) begründet, sondern mit Sprach- und Kulturunterschieden. Cw beschreibt die Aufnahme durch die christlichen Familien als Gegenhorizont zu ihren Erwartungen und bekräftigt das Christliche durch ein betontes „ja" (Z. 324). Mit dem Wort „christlich" werden die Familien in die Universalität der Kirche eingebettet und es bedarf keiner Erläuterungen mehr.

Differenz wird zwar nicht negiert (wie z. B. durch die Beschreibung der unterschiedlichen Essensgewohnheiten an anderer Stelle), aber durch die Zuschreibung „christlich" werden sowohl die Unsicherheit als auch die Differenzen aufgehoben; die Gemeinsamkeit steht im Vordergrund. Gleichzeitig eröffnen diese Gemeinsamkeiten und die Reduzierung von Unsicherheit der Gruppe den Raum für eine Art instrumentelle Wahrnehmung von Differenz. So kann diese Gruppe, anders als andere Gruppen, einige Aspekte von Differenz im Alltag dezidiert als Lernerfahrung beschreiben, so z. B. den Gebrauch von Stadtplänen:

Transkriptausschnitt 3: Umgang mit Karten, Z. 190–203

Cw   [...]oder wenn man uns sagte (.) z. B. ihr geht heute (.) zur Andacht an einem Ort (.) denjenigen (.) wir schauten auf die Karte (.) man sagte gut, ich werde den Zug nehmen (.) in diese Richtung um diese Uhrzeit also (.) das gab nicht nur die Zeit (.) für das Gebet (.) sondern die Wallfahrt hat uns auch gelehrt; (.) z. B. hier bei uns in Ruanda ist man nicht gewöhnt Karten zu verwenden (.) man stellt nur (.) Straßen- (.) karten auf oder () (.) man weiß an einem Ort anzukommen derjenige hier ist X-Stadt (.) man hat keine Karte, wir wir hatten die Zeit zu lernen wie man kann (.) wie man sich orientieren kann an einer Karte (.) also (.) das ist nicht nur (.) e::h die Zeit des Gebets (.)das war auch (.) eine Zeit der Öffnung des Geistes (.) also (.) wir haben viel von der Wallfahrt nach Deutschland profitiert; danke (5)

Wenn die Gruppe zur Andacht wollte, gab die Karte Orientierung. In der Darstellung von Cw war die Reise damit auch eine Lernerfahrung, eine „Öffnung des Geistes". In der Ausführlichkeit der Darstellung wie auch in der Verbindung, die Cw sowohl zwischen der Wallfahrt und dem Gebet, als auch zwischen der Wallfahrt und dem Gelernten herstellt („die Wallfahrt lehrte uns auch", Z. 194 f.) zeigt sich die besondere Relevanz dieses Themas. Die erfahrene Horizonterweiterung geht einher mit der Erfahrung von Selbstwirksamkeit und Selbstorganisation. Die Gruppe hat gelernt, sich in einer abstrakten Situation mithilfe der Karte orientieren zu können, da ihnen der Glaube die Angst genommen hat. Die Differenzerfahrung hinsichtlich des Kartenlesens wird nüchtern beschrieben. Die Leistung der Gruppe besteht darin, sich der Lernherausforderung zu stellen.

Zusammenfassend kann festgehalten werden, dass sich hier über die Zugehörigkeit zur katholischen Kirche ein gänzlich anderer Umgang mit interkulturellen Erfahrungen ausdrückt, als in den unter 3.1. beschriebenen Gruppen. Hier wird die Organisation zu *dem* einheitlichen Dach, unter dem kulturelle Differenzen absorbiert werden bzw. als Spielart ein und derselben Kultur erscheint (z. B. in der Vielfalt der Lieder und Gesänge). Vor diesem Hintergrund wird es möglich, *Differenz im Alltag zu akzeptieren* und *neue Dinge* (wie das Lesen von Karten) *wahrzunehmen*. Fremdheit wird damit auf der einen Seite systematisch ausgeblendet, um dann in kleinen Aspekten des Alltags zugelassen zu werden.

3.3 Der Blick aus Einheit in der Vielfalt: Internationale Verbände

Die dritte Gruppe von Organisationen im Sample sind Gruppen, die aus internationalen Verbänden stammen, in diesem Beispiel eine Pfadfindergruppe. Diese Organisationsart ist dadurch gekennzeichnet, dass sie als Zusammenschluss aus einer Vielfalt an eigenständigen Gruppen oder Verbänden besteht, die je eine eigene Identität haben, aber weltweit in einer internationalen Organisation verbunden sind.

Ein Beispiel hierfür ist die Gruppe Jade, zwei bolivianische Pfadfinderinnen und zwei bolivianische Pfadfinder, alle Anfang 20, die im Rahmen einer Begegnung vier Wochen in Deutschland waren. Bei dieser Gruppe zieht sich die Koppelung von Differenzerfahrung und Lernen durch die gesamte Gruppendiskussion hindurch.

Transkriptausschnitt 4: Passage Erfahrungen und erste Eindrücke während der Reise, Z. 27–40

Bw   [...] ich habe <u>unglaubliche</u> Dinge erlebt und es würde mich sehr freuen diese zu wiederholen, weil ich viel darüber gelernt habe, was die deutsche Kultur ist, <u>so viele</u> Formen darüber wie eine Familie lebt zum Beispiel dass sie sich die Schuhe ausziehen wenn sie in ein <u>Haus</u> kommen (.) dass das Frühstück **reichhaltig** ist und das Mittagessen ist weniger als <u>hier</u> hier ist der Unterschied dass das Mittagessen reichlich ist und das Frühstück wenig (.) eh Spaß haben mit ihren Freunden (.)in <u>Diskotheken</u> gehen wo die Leute, **nur wenig tanzen** (.) dann; dann das Lager zum Beispiel wo sie

Zeit haben zum Lesen in meinen Lagern sind die Kinder in Aktivität die meiste Zeit in Aktivität, (.) es wäre mir nie eingefallen sagen wir; eine Zeit zur <u>Lektüre</u> zu haben (.) [...] sie haben sehr interessante Dinge mir °mich hat es begeistert° (2)

Cm   Hmmm gut, für mich war es ei- eine andere Erfahrung weil (.)ich oft ein komisches Konzept von anderen Ländern habe, a:ber (.)ich glaube wirklich dass ich eine <u>sehr</u> wichtige Erfahrung gemacht habe darin was ein neues Konzept der <u>Ordnung</u> ist (.) die Ordnung in der Gesellschaft die Ordnung im Verhalten, (.) die Ordnung ei:ner (.) ganzen Gesellschaft die arbeitet um eine Gesellschaft darzustellen (.) e:h das sind Dinge die leider in Bolivien noch nicht sehr bestimmt sind, jeder einzelne hat seine eigene Vorstellung von Ordnung, und es ist kein kein kein Konzept das komplett (.) globalisiert ist in unserer Gesellschaft deshalb hat mich <u>das</u> stark beeindruckt (.) am Anfang ist es ziemlich (.) äh ziemlich verschieden und ein bisschen (.) <u>be-eindruckend</u> (.) <u>aber</u> ehh (.) aber gerade weil sie diese ganze Ordnung haben kann sich eine Person daran gewöhnen in einer gewissen Weise zu leben; (2)

Bw berichtet, viel über die deutsche Kultur und Formen des Familienlebens gelernt zu haben. Cm macht die Erfahrung eines neuen Konzeptes von Ordnung in der Gesellschaft und im Verhalten; „Ordnung einer ganzen Gesellschaft, die arbeitet, um eine Gesellschaft darzustellen". In Bolivien gäbe es einen solchen Konsens nicht, jeder habe seine eigene Vorstellung von Ordnung. Auch wenn diese Erfahrung zunächst neu und beeindruckend ist, eröffnet sie eine Perspektive, an die man sich gewöhnen könne.

Wie auch schon zu Beginn der Eingangspassage durch andere Gruppenmitglieder, beginnt Bw ihre Ausführungen mit einer positiven Bewertung der Reise, die in kausalen Bezug zum Lernen gesehen wird. Sie greift die von Aw zuvor genannten Aspekte auf, um daran ebenfalls Gelerntes zu verdeutlichen und in einen Vergleichshorizont mit Bolivien zu setzen. Hatte Aw die Aspekte nur allgemein benannt, so beschreibt Bw an dieser Stelle Details (Schuhe im Haus, Frühstück vs. Mittagessen, Spaß mit Freunden, Diskobesuch). Auch pfadfinderische Unterschiede werden beschrieben. An dieser Stelle dokumentiert sich ein unterschiedliches Konzeptverständnis der pädagogischen Arbeit: Im deutschen Zeltlager gab es im Kontext von Gemeinschaft Zeit für Individualität, während das bolivianische Zeltlager mit seinen Aktivitäten und gemeinsamen Spiele auf Gemeinschaft ohne individuelle Zeit ausgerichtet ist. Dies deutet auch auf eine andere Form des Zusammenlebens. Hinsichtlich der Rahmenbedingungen der Pfadfinderarbeit werden die Unterschiede zu Deutschland benannt und leicht positiv bewertet, ohne jedoch das Eigene dadurch negativ zu bewerten oder abzuwerten. Cm leitet seine Anschlussproposition mit einer Selbstzuschreibung ein („komische Konzepte von anderen Ländern haben"), anhand derer er seine Lernerfahrung bewertet und konkretisiert. Im Gegensatz zu Aw und Bw geht es nicht um Erlebnisse und Erfahrungen im persönlichen Nahbereich (Familie, Pfadfinder), sondern im gesellschaftlichen Kontext. Auf immanenter Ebene zeigt sich, dass Cm den Ländern Unterschiede zuschreibt. Das Konzept von Ordnung wendet er auf unterschiedliche Bereiche an (Gesellschaft, Verhalten) und gibt ihm somit sowohl eine abstrakte als auch eine für sein eigenes Verhalten orientierende Bedeutung. Es zeigt sich, dass es sowohl ein abstraktes Verständnis von Ordnung gibt, dass aber jeder einzelne darüber hinaus ein subjektives Verständnis von eben dieser Ordnung haben kann. Es dokumentiert sich hier ein Verständnis von Gesellschaft, die auf abstrakten Beziehungen aufgrund eines Konzeptes von Ordnung beruht und dem Einzelnen Verhaltensregeln auferlegt, an die er sich in unterschiedlicher Form halten kann. Letztlich beschreibt Cm für Deutschland ein Gesellschaftsmodell, das auf abstrakten Verträgen bzw. Regeln gründet und für Bolivien ein Gesellschaftsmodell, das dadurch geprägt ist, dass diese gemeinsame Ordnung weniger Bindungskraft ausübt. Im Unterschied zu den ruandischen Gruppen zeigt sich hier ein Gesellschaftsverständnis, das nicht an persönlichen Beziehung orientiert ist, sondern an einem – wenn auch rudimentären – Verständnis eines Gesellschaftsvertrages. Cm spricht von einem „neuen Konzept der Ordnung". Darin dokumentiert sich, dass mit der Reise nicht ein Konzept von Ordnung eingeführt, sondern lediglich die Differenz von möglichen Ordnungen bewusst wird. Des Weiteren schreibt Cm der deutschen Gesellschaftsform ein Integrationspotenzial zu. Es ist für Externe eine Hilfe, sich an solchen Regeln, solch einem Konzept der Ordnung zu orientieren und die eigene Lebensweise daran auszurichten.

In dieser Darstellung wird ein deutlicher Kontrast zu den ruandischen Gruppen sichtbar, die eine explizite Nahraum- und Beziehungsorientierung aufweisen, oder der Gruppe Smaragd, die keine Kategorien zum Umgang mit Unsicherheit und Differenz erkennen lässt. Auch die beschriebene katholische Gruppe Lapislazuli thematisiert Aspekte von Ordnung, setzt sie allerdings nicht in einen gesellschaftlichen Kontext, sondern interpretiert diese als Aspekte einer guten Organisation (Stadtpläne, Toiletten und Waschmöglichkeiten, Pünktlichkeit der Busse etc.).

Zusammenfassend kann festgehalten werden, dass sich in dieser Gruppe *Differenzerfahrungen mit Lernen* verbinden. Auch in anderen in internationalen Verbänden organisierten Gruppen zeigt sich, dass *Kontingenz durch Differenz über Lernen absorbiert* wird. Damit kann Fremdheit zugelassen werden, ohne sich selber oder andere abzuwerten; Vielfalt kommt konstruktiv in den Blick. Zudem wird es aus dieser Perspektive tentativ möglich, ein *Gesellschaftsbild* zu entwickeln, bzw. überhaupt Gesellschaft zu thematisieren. Während die Gruppen der beiden ande-

ren Organisationsformen keine Perspektiven auf Gesellschaft entwickeln, wird in
diesen Gruppen zumindest ansatzweise über Gesellschaft nachgedacht.

4 Interpretation

Gesetzt den Fall aber, dass sich diese Muster auch in anderen Fällen weiter finden
ließen, ergäben sich folgende organisationspädagogische Perspektiven:

a) Organisationstypische Umgangsformen mit Differenz und Transkulturalität
Zunächst einmal ist festzuhalten, dass sich im Material ein Zusammenhang zwischen der Zugehörigkeit zu einer bestimmten Organisationsform und den Orientierungen im Hinblick auf kulturelle Differenz und (Welt-) Gesellschaft erkennen
lässt:

- Die Menschen, die als Schüler oder Lehrkraft kulturelle Differenzerfahrungen
  in der Organisation Schule machen zeigen eine Orientierung, die Differenz
  kaum zulässt und Fremdheit durch die Brille der eigenen Alltagserfahrung reflektiert. Fremdheit provoziert hier potenziell normative Dissonanz. Diese Organisationsform stiftet offensichtlich kaum Kategorien der Dechiffrierung von
  Fremdheit oder transkulturelle Sinnangebote.
- Dieses ist anders in den Gruppen, die im Rahmen der katholischen Kirche organisiert sind. Hier zeigen sich Orientierungen an der (universalen) Einen Weltkirche und damit Orientierungen, die als Einheit von Differenzen fungieren
  können. Damit werden die gemeinsame Liturgie, die Erfahrungen der Messe
  etc. zu einer transkulturellen Perspektive, auf deren Hintergrund dann kulturelle Differenzen dechiffriert und kulturelle Hybriditätserfahrungen zugelassen
  werden. Allerdings sind die „Anderen" jene, die nicht katholisch sind – diese
  werden zwar thematisiert, aber kulturell nicht wahrgenommen.
- Die dritte Organisationsform des internationalen Verbandes hingegen korrespondiert mit Differenzerfahrungen, die in kognitive Dissonanz (zum Unterschied zwischen normativem und kognitivem Erwarten Luhmann 1975/1991,
  S. 69 ff.) führen. Kulturelle Differenz und Hybridität werden hier als Anregung für Lernen interpretiert und zudem wird der kontingente Charakter von
  menschlichen Gesellschaftsformen wahrgenommen und thematisierbar.

Offensichtlich ermöglichen die jeweiligen Organisationen unterschiedliche Formen der Beobachtung von Weltgesellschaft als „Gesamthorizont alles sinnhaften

Erlebens" (Luhmann 1997, S. 153). Sie bieten sehr unterschiedliche Formen, Hybridität zuzulassen und in Erfahrungen von Differenz Sinn zu konstruieren.

- Die Schule als Organisation der Exklusion von Differenz: Die Schule stellt als Organisation eine „totale Institution" dar, als dass es keine Alternative zu ihr gibt. Eine solch alternativlose, national verfasste Organisation eröffnet offensichtlich – trotz ihres universellen Charakters (vgl. Adick 1992) – keine Beobachtungskategorien für gesellschaftliche Differenz. Es wäre interessant zu untersuchen, ob beispielsweise Jugendliche aus internationalen Schulen (vgl. Hornberg 2010) andere Orientierungen in Begegnungsreisen ausprägen.
- Die Kirche als Organisation der Einheit von Differenz: Hingegen bietet die katholische Kirche über das Konzept der „Weltkirche" eine einheitsstiftende Formel der Reduzierung von Komplexität an, die kulturelle Differenz erlaubt. Zwar ist die Kirche keine Zwangsorganisation wie die Schule, jedoch wird man in diese in der Regel „ohne Entscheidung" (Wölber 1959) hineinsozialisiert. Es wäre interessant zu untersuchen, ob Jugendliche aus protestantischen Kirchen, die diese Einheitsperspektive nicht kennen, sondern Ökumene als „Einheit durch Vielfalt" erfahren (vgl. dazu Cullmann 1990), andere Orientierungen in Begegnungsreisen ausprägen.
- Internationale Verbände als Organisationen ausgehandelter Differenz: Verbände sind Organisationen, denen man sich als Individuum zuordnet und die sich selber als Verband einem internationalen Dachverband zuordnen. In ihnen wird Zugehörigkeit und Nicht-Zugehörigkeit durch Zuordnung und durch Aushandeln hergestellt. Diese Organisationen sind als Organisationen mit Mitgliedschaft und Verträge konstruiert, sowohl zwischen ihren Mitgliedern und sich selbst als auch in internationalen Dachverbänden. Sie sind damit selber hybride und auf transkulturelle Verständigung im Funktionserhalt angewiesen.

b) Organisationspädagogische Anschlussmöglichkeiten an die Weltgesellschaft Man könnte nun mutmaßen, dass Organisationen, die als Organisation ausgehandelte Differenz ermöglichen, in besonderer Weise dazu befähigen, Differenz als Lernanregung wahrzunehmen. Dieses wird durch weitere Untersuchungen in den Blick zu nehmen sein. Damit wäre – ähnlich wie in den Theorien zum „Raum als dritten Lehrer" – die Rolle von Organisationen als extensionales Lehrarrangement (vgl. zur extensionalen Erziehung Treml 2000, S. 74 ff.) zu beschreiben. Organisationen werden damit selber pädagogisch. Im hier untersuchten Fall ermöglicht die Lernerfahrung in einer Organisation über Selbstzuordnung bzw. Mitgliedschaft und Aushandlung offensichtlich Lernerfahrungen und kognitives Erwarten, das an weiteres Lernen anschlussfähig ist. Zudem entstehen Passungen an das Verständnis der Weltgesellschaft, da man sich der Weltgesellschaft ebenso zuordnen und diese als Gesellschaftsvertrag hybrider Kulturen verstehen lernen muss. Weltgesellschaft kann nach Luhmann als ein Kommunikationszusammenhang verstanden werden, in dessen Strom sich Menschen selber zuordnen (vgl. Luhmann 1975/1991, 1997, S. 145 ff.).

c) Lernen durch Organisation Wie diese Prozesse zu verstehen sind bzw. wie sie ablaufen, wie also im engeren Sinne Organisationen pädagogisch werden, stellt in unseren Augen eine interessante weiterführende Frage dar. Unsere Befunde verweisen auf den Reichtum, den das Lernen durch Organisationen zu versprechen scheint. Der Fokus der Organisationspädagogik liegt bisher auf lernenden Organisationen, d. h. dem Lernen *von* Organisationen oder *in* Organisationen. Ungeklärt ist der Beitrag von Organisationen für das Lernen selber. Macht es einen Unterschied, ob Lernerfahrungen in Organisationen und wenn ja in welchen stattfinden (im Gegensatz zum individuellen Lernen etwa ohne Organisationen)? Unsere Befunde deuten darauf hin, dass dieses der Fall ist. Und sie deuten darauf hin, dass die Verfasstheit von Organisationen eine Brille zur Wahrnehmung von Welt darstellt.

d) Organisationspädagogische Praktiken der Schule in der Weltgesellschaft Angesichts dieser Befunde bleiben Fragen an das Lernangebot von Schulen in einer globalisierten hybriden und durch Transkulturalität geprägten Weltgesellschaft. Hat die Schule als nationale Institution als Lernarrangement hier überhaupt eine Chance? Unsere Befunde verweisen auf die Notwendigkeit der Transkulturalisierung pädagogischer Organisationen. Wie ist das in der Schule, vor allem in armen Ländern möglich? Die Selbstzuordnung von Schulen in weltweiten Schulverbänden als internationale Organisationen wird hier vermutlich nicht ausreichend sein, um durch kognitives Erwarten den nationalen normativen Verweishorizont dieser Organisation zu durchbrechen.

Literatur

Adick C (1992) Die Universalisierung der modernen Schule. Schoeningh, Paderborn
Bohnsack R (2005) Standards nicht-standardisierter Forschung in den Erziehungs- und Sozialwissenschaften. ZfE 8(4):63–82
Bohnsack R (2008) Rekonstruktive Sozialforschung, 7. Aufl. Leske & Budrich, Opladen
Cullmann O (1990) Einheit durch Vielfalt. Mohr, Tübingen

Datta A (1998) Von der Bildungsreise zum Projekttourismus. epd-Entwicklungspolitik 19:23–25

Disney A (2004) Children's devloping images und representations of the school link environment. In: Catling S, Martin F (Hrsg) Researching primary geography. Register of Research in Primary Geography, London, S 139–147

Häußler N (Hrsg) (1993) Unterwegs in Sachen Reisen. Tourismusprojekte und Projekttourismus in Afrika, Asien und Lateinamerika. Saarbrücken

Hornberg S (2010) Schule im Prozess der Internationalisierung von Bildung. Waxmann, Münster

Leonhard A (2007) Global school relationship. School linking and future challenges. ZEP 3:22–27

Loos P, Schäffer B (2008) Das Gruppendiskussionsverfahren. Leske & Budrich, Opladen

Luhmann, N (1975/1991) Die Weltgesellschaft. In: Luhmann N (Hrsg) Soziologische Aufklärung, Bd 2. Westdeutscher, Opladen, S 51–72

Luhmann N (1997) Die Gesellschaft der Gesellschaft, 2 Bände. Suhrkamp, Frankfurt a. M.

Mannheim K (1928/1964) Wissenssoziologie. Luchterhand, Berlin

Martin F (2008) School linking: a controversial issue. Trentham, London

Nohl A-M (2007a) Komparative Analyse: Forschungspraxis und Methodologie dokumentarischer Interpretation. In: Bohnsack R, Nentwig-Gesemann I, Nohl, A-M (Hrsg) Die dokumentarische Methode und ihre Forschungspraxis. S 255–276

Nohl A-M (2007b) Komparative Analyse als qualitative Forschungsstrategie. In: Straub J, Weidemann A, Weidemann D (Hrsg) Handbuch Interkulturelle Kommunikation und Kompetenz. Metzler, Stuttgart, S 391–403

Stock C (Hrsg) (1997) Trouble in paradise. Tourismus in die Dritte Welt. Verlag Haus Altenberg, Düsseldorf

Studienkreis für Tourismus (Hrsg) (1977) Entwicklungspolitische Studienreisen. Praktische Hilfen und Richtlinien für Gruppenleiter von Jugendbegegnungsreisen. Starnberg

Treml AK (2000) Allgemeine Pädagogik. Kohlhammer, Stuttgart

Wölber H-O (1959) Religion ohne Entscheidung. Volkskirche am Beispiel der jungen Generation. Vandenhoeck & Ruprecht, Göttingen